AF534117

Maïté Millièroux
Marc Pouyet

LandArt Mandalas

Kreative Naturmandalas

aus dem Französischen von Andreas Klatt

Arun

Meiner Familie, Paul, Jeanne, Gérard, Anne-Marie, Emmanuel,
Isabelle, Axel und David
Maïté

Meinen Freunden, Seminarteilnehmern, allen Menschen,
Kindern und Erwachsenen, die am gemeinsamen Legen
der im Buch vorgestellten Mandalas beteiligt waren
Maïté, Marc

Arun Verlag, Engerda 28, D-07407 Uhlstädt-Kirchhasel,
Tel.: 036743-23314, info@arun-verlag.de,
arun-verlag.blogspot.com, www.arun-verlag.de
Originaltitel: Envie de Mandalas Nature.
Französische Originalausgabe © 2016 by Éditions Plume de carotte, 28, impasse des Bons-Amis, F-31200 Toulouse.
www.plumedecarotte.com
Texte und Fotografien: Maïté Milléroux und Marc Pouyet.
Grafische Gestaltung: Guy de Guglielmi.
Layout: Catherine Racine (Plume de carotte) und Janin d´Amandine, dt. Fassung Arun-Verlag.
Textredaktion: Audrey Calvo-Guiochet und Camille Boillet.
Übersetzung: Andreas Klatt.
Dt. Lektorat: Arun-Verlag.
Gesamtherstellung: Jelgavas Tipografija, Jelgava, Lettland.

ISBN 978-3-86663-119-9

Inhalt

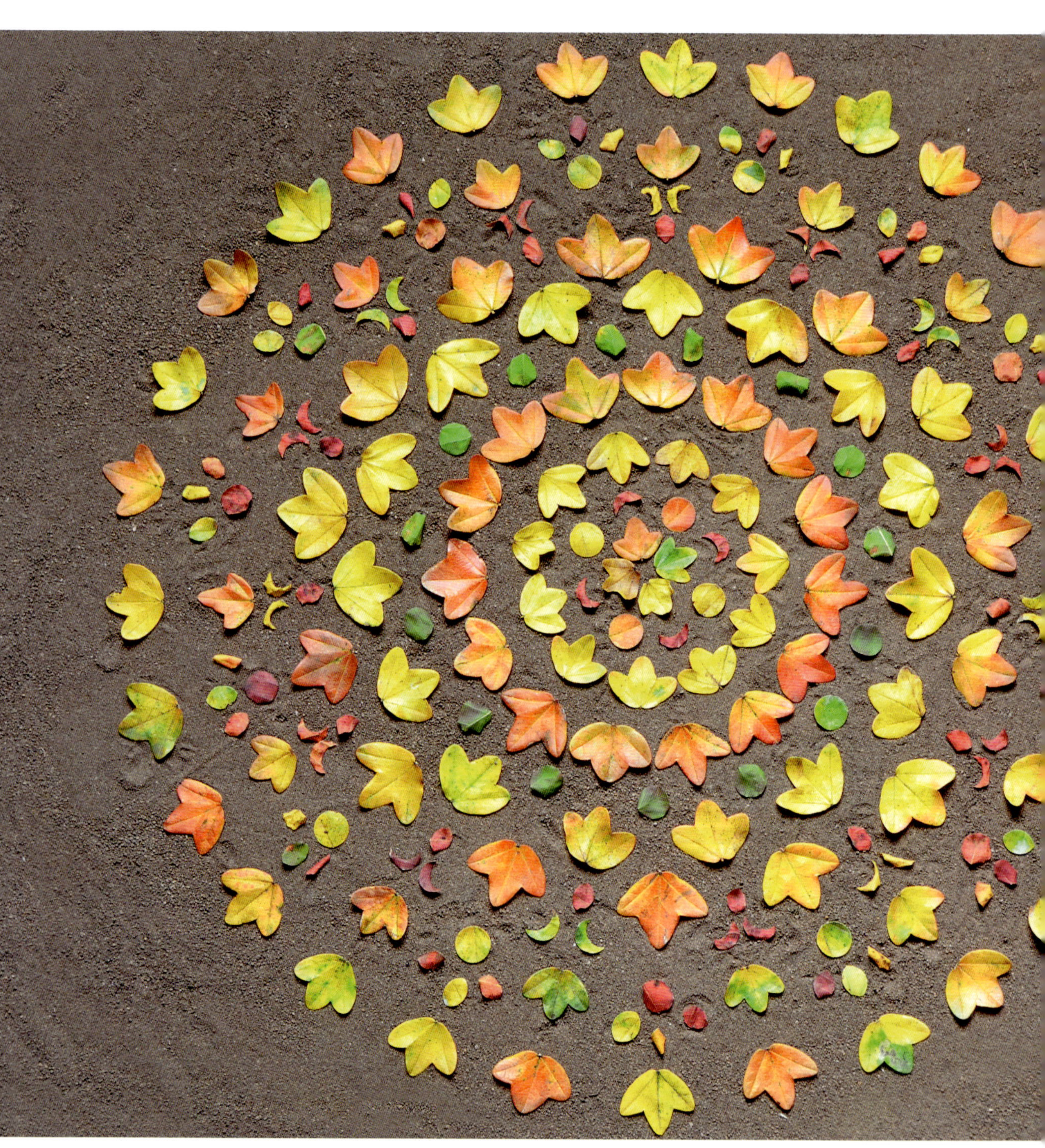

Als wir anfingen, uns mit Land Art zu beschäftigen, lag es nahe, mit Elementen aus der Natur auch Mandalas zu erschaffen. Allein oder in der Gruppe solche vergänglichen Kunstwerke zu bauen, geht mit einer solch tief empfundenen Freude einher, dass wir Lust bekamen, für dieses Buch einige Fotos unserer Werke zusammenzustellen und sie zu teilen. Auf Sanskrit bedeutet Mandala „Kreis" – in dieser Form begegnen sie uns am häufigsten. Als vollkommene Struktur, die sich um ein Zentrum herum organisiert, handelt es sich um Symbole der „Einheit". Wenn wir uns die Zeit zur Betrachtung nehmen, begegnen wir ihnen auf Felszeichnungen, in Form megalithischer Strukturen (Stonehenge), in griechischen Tempeln, in den Giebeln und auf dem Boden von Kathedralen (die Fensterrose von Notre-Dame in Paris, das Labyrinth der Kathedrale in Chartres) ... Tibetische Mönche streuen in einem genau festgelegten Ritual in Gebäuden ihr Mandala, geschützt vor Wind und Lärm. Sie nutzen gefärbten Sand, um mit äußerster Genauigkeit ein zuvor auf eine Unterlage gezeichnetes Muster zu streuen. Sobald es fertig ist, wird es zerstört und der zusammengefegte Sand wird einer Gottheit oder dem Universum gewidmet. Diese spirituelle Praktik möchte auch zum Ausdruck bringen, dass alles vergänglich ist. Auch wenn es vor allem mit dem Orient und dem Buddhismus in Verbindung gebracht wird, finden sich Mandalas seit Urzeiten überall auf der Welt, in den unterschiedlichsten Symboliken: keltische, arabische, hinduistische, chinesische, indigene...

Auf ebenen, sandigen Flächen erschaffen die Diné (Navajo-Indianer) ihre der Heilung gewidmeten Mandalas aus ockerfarbenem Sand, Mehl, Holzkohle, zerstoßenem Gips, einer gemahlenen Mischung aus Blütenblättern und Rinde.

Es ist bemerkenswert zu sehen, mit welch unendlicher Menge an Mandalas die Natur, die Kraft schöpferischen Lebens, aufwartet: die Sonne, das Zentrum einer Blume, eine Schneeflocke, die Pupille des Auges, ein Schneckenhaus ... die Spiralform ist nur eine Variante des Mandalas.

Ein Mandala zu legen, bringt nicht nur eine gewisse Konzentration, eine Beruhigung des Geistes, eine Meditation mit sich, es lässt uns auch unmittelbar mit der Natur in Verbindung treten, die unsere Lebensquelle ist. Es ist eine Möglichkeit, großen Reichtum zum Ausdruck zu bringen. Die Formen, die Farben, die Materialien, die Düfte, die Geräusche, die Bewegung, alles ist Sprache.

Alles kann verwendet werden: Blätter, Blumen, Zweige, Samen, Beeren, Kieselsteine, Sandkörner, Erde, Schneckenhäuser ... man kann es alleine legen, aber dies zusammen zu tun, ist ein geteilter Moment voller Harmonie und Freude, der einen die Sorgen des Alltags vergessen lässt. Die Schönheit der Natur beruhigt den Geist.

Ein Mandala beschränkt sich nicht auf den Moment seiner Erschaffung, man kann durchaus der Ansicht sein, dass das Eigentliche erst danach beginnt, mit dem Betrachten des Kunstwerkes.

Maïté und Marc

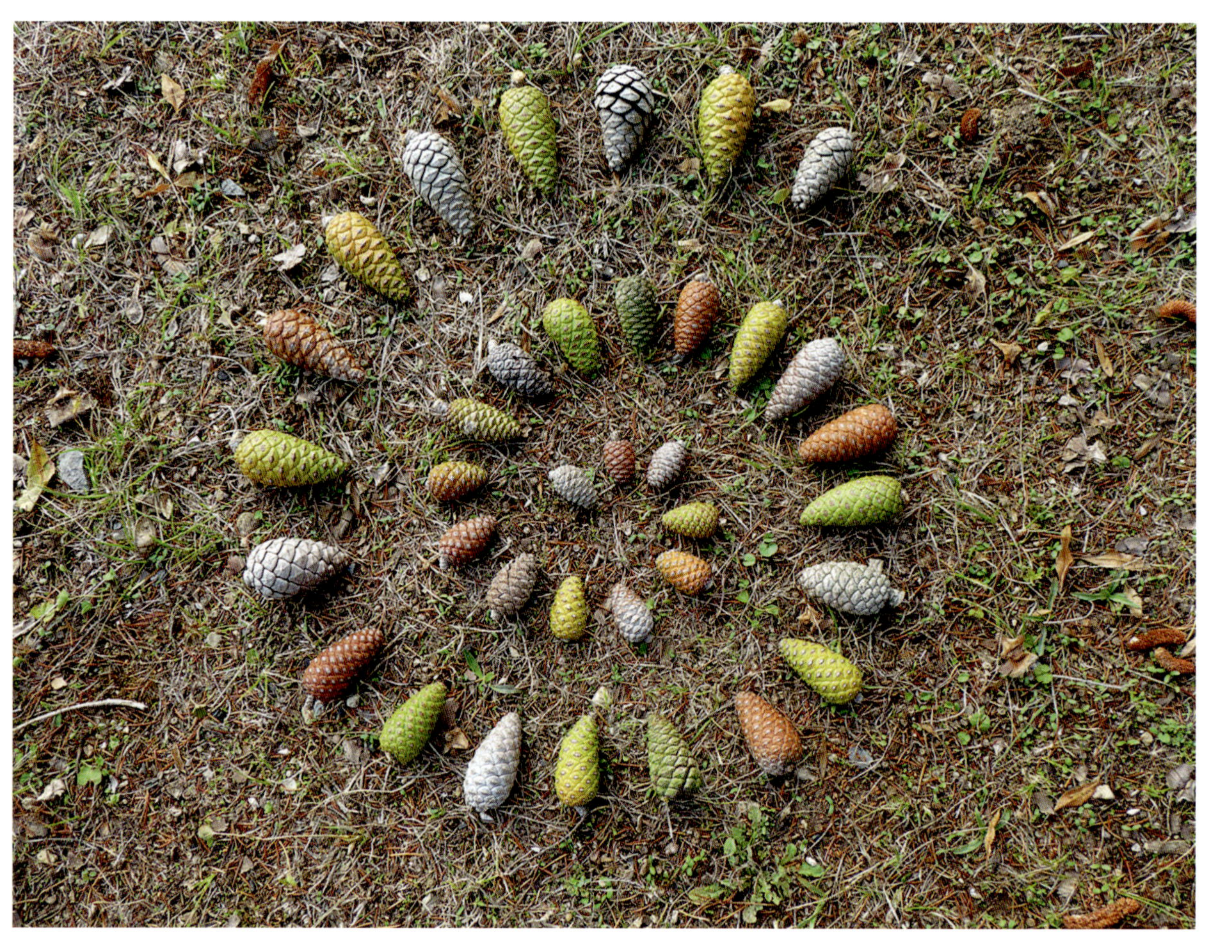

Zeugen des Wandels

Das klösterliche Mandala

Ein Ideal haben. Ist das Ideal Wirklichkeit? Einem Ideal hinterherzulaufen bedeutet, dem hinterherzulaufen, was sein müsste. Ist das, was sein müsste, Wirklichkeit? Wenn ich jetzt hier bin, kann ich gleichzeitig auch dort sein? Um von hier dorthin zu gehen, brauche ich Zeit. Ist Zeit etwas Fixes? Ihr habt zwei Stunden!
Maïté

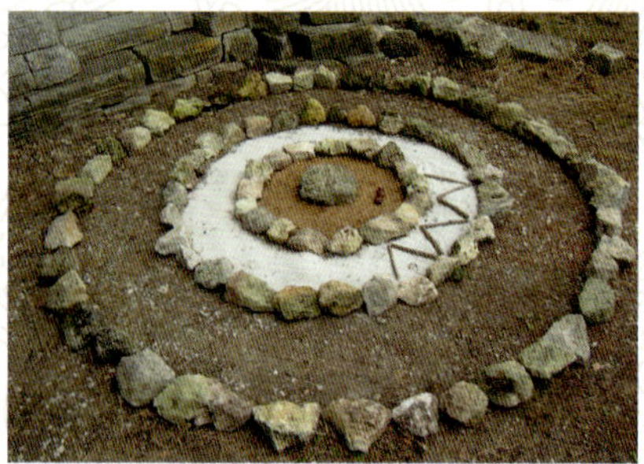

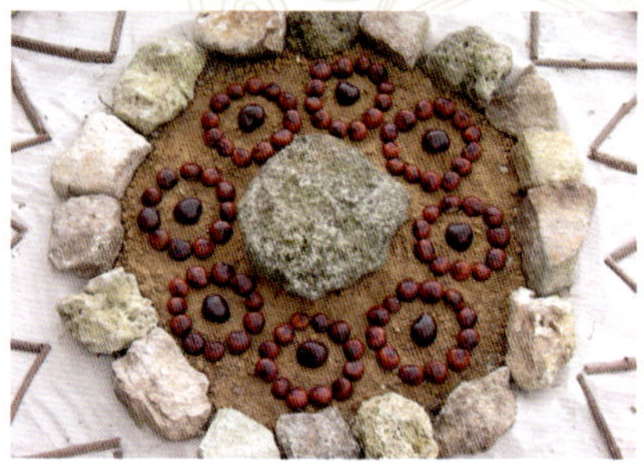

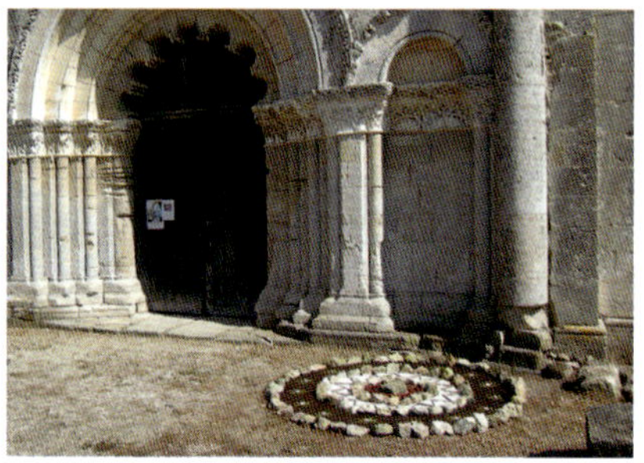

« Wie wir unser Leben inszenieren, ist genau so wichtig wie das Drehbuch. Jeder Schritt gleicht einem Stein, den wir unserem Werk hinzufügen. »
Michel Conte

September
Auf dem Land – Charente

Steine, Gartenerde, Sand, Holunderzweige, Kastanien, Eicheln.

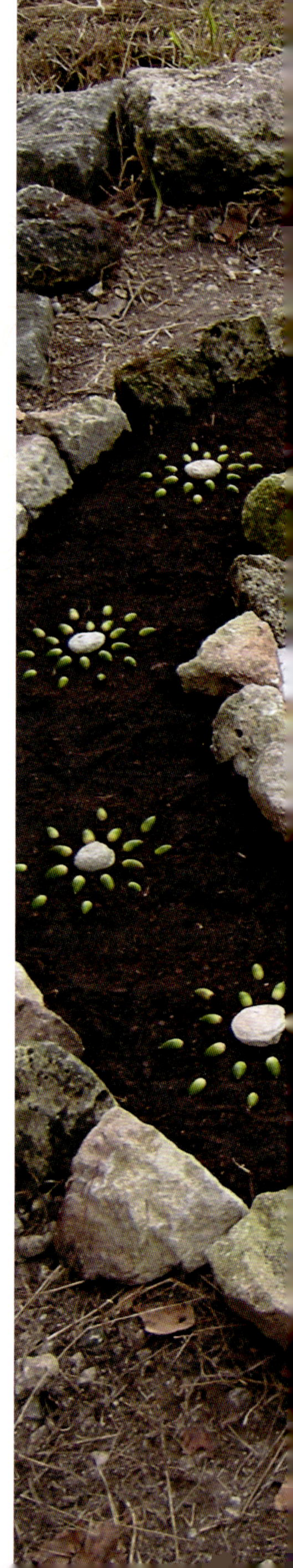

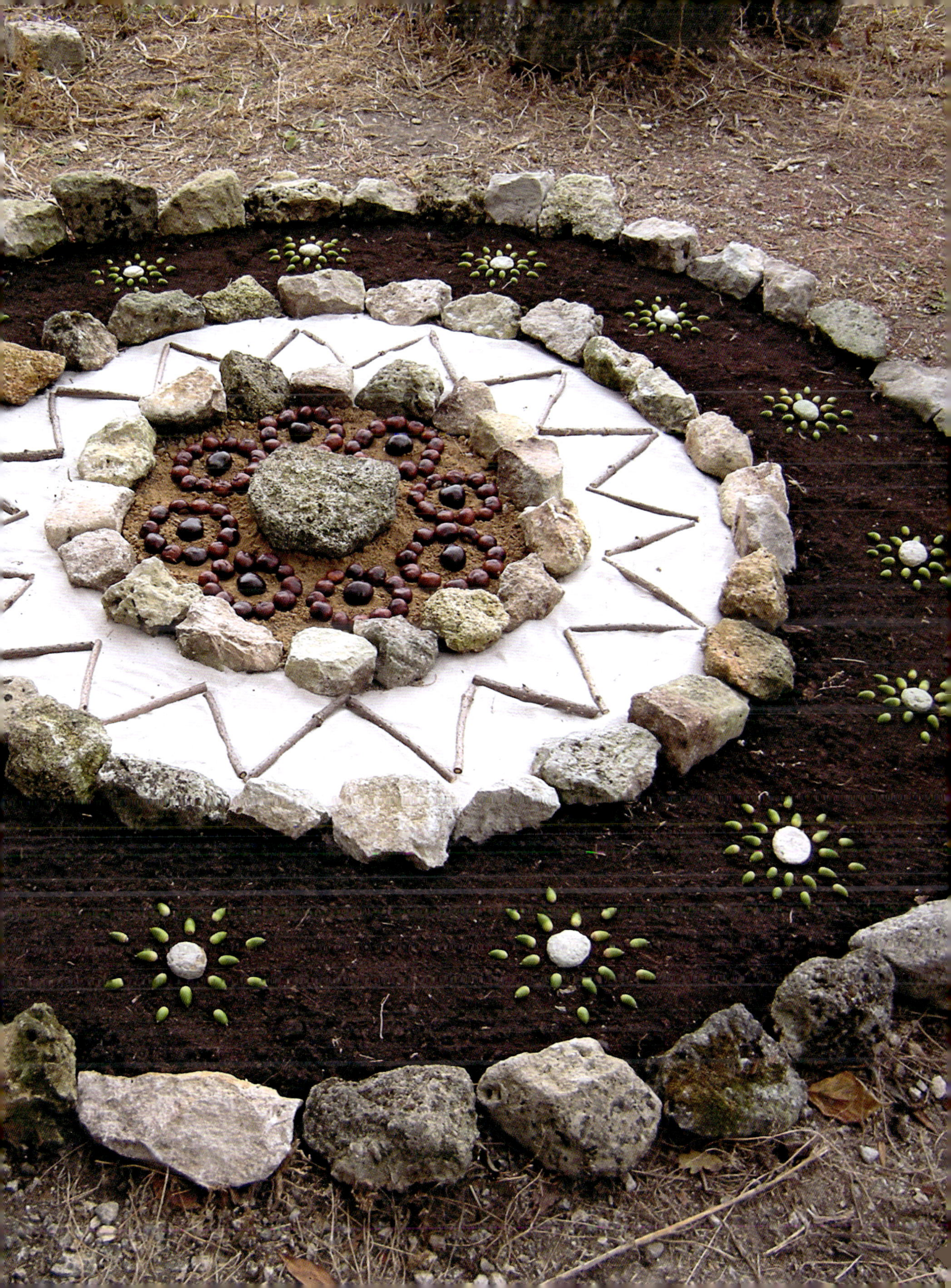

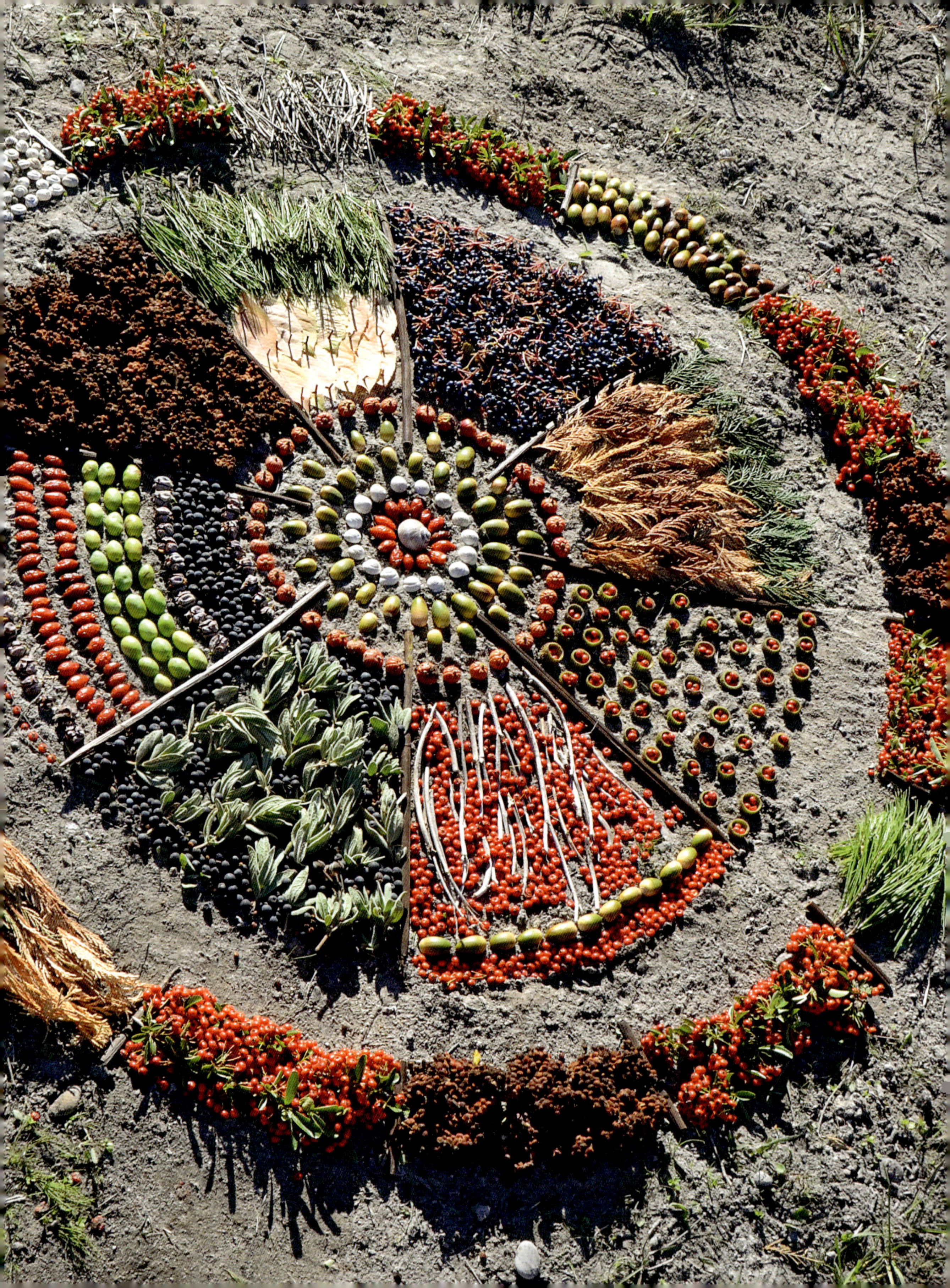

MANDALA DER FREUNDSCHAFT

Wenn ich mit Freunden fantastische Momente erlebe, bilden sich Funken, die das Ganze noch leuchtender machen. *Maïté*

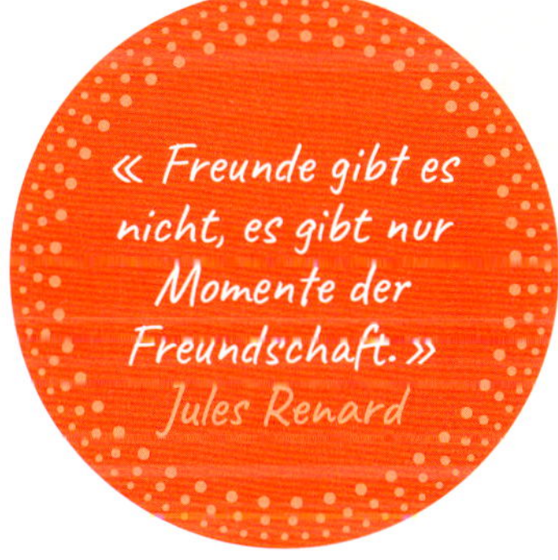

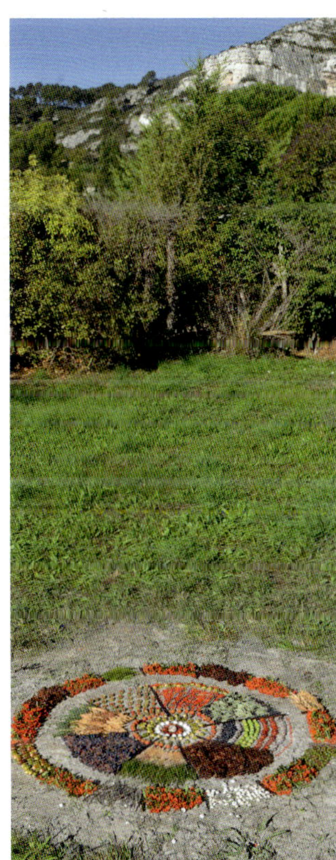

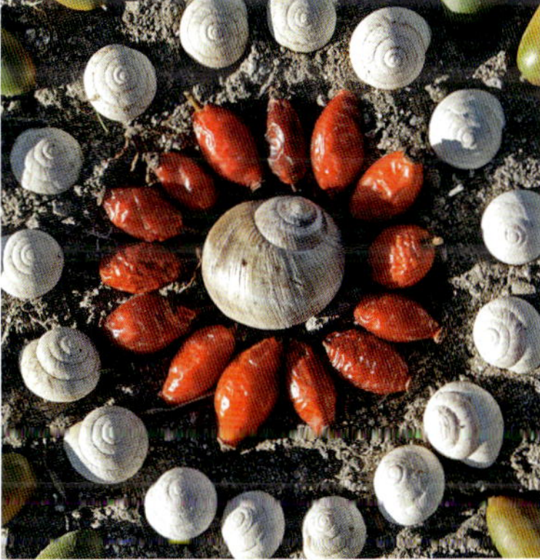

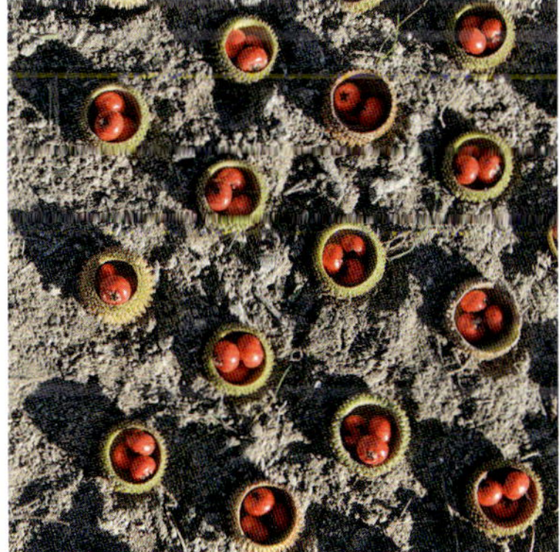

Februar
Bouches-du-Rhône - Provence

Schneckenhäuser, Piniennadeln, Zweige und Früchte vom Lebensbaum, Zweige der Zistrose, Stängel vom Fenchel, Zwergmispelbeeren, Beeren des Lorbeerblättrigen Schneeballs, Zweige der Heckenrose, Eicheln und Cupulae.

MANDALA DER LIEBE

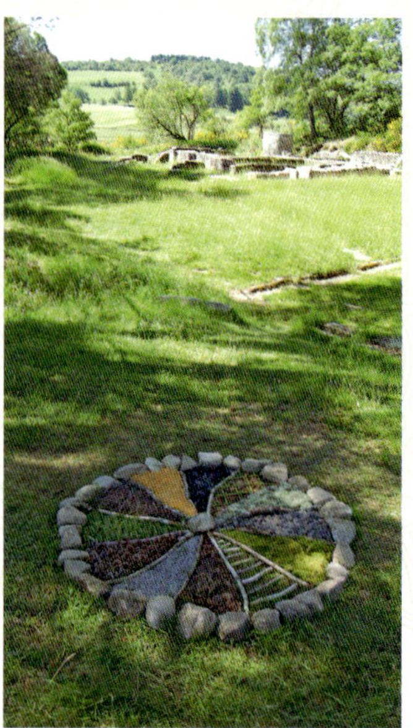

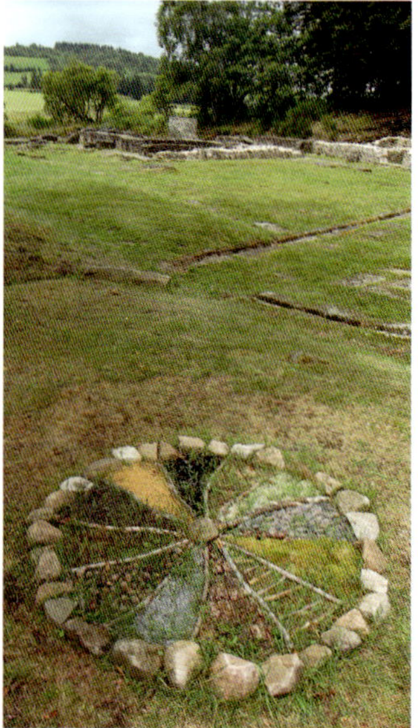

Um dem Weg zum Festival „Ligne de partage“ Tribut zu zollen, machen wir eine Picknickpause auf dem galloromanischen Gelände der Ruinen von Cars. Steine, Flechten, Holzkohle … Die Natur lädt uns ein, ein Mandala zu kreieren, das für unsere Begegnung steht. Ein Monat später, als wir zu dem Ort zurückkehren, treffen wir eine Frau, die in sich versunken auf unsere Kreation blickt: „Ich habe noch nie etwas so Schönes gesehen.“ Obwohl das Gras höher steht und der Farn verschwunden ist. Wir bringen es in die alte Form. Jemand anderes nähert sich, schaut und sagt: „Ich habe noch nie etwas so Schönes gesehen.“ Dies wird das Mandala der Liebe sein.

Maïté und Marc

« Die Schönheit entstammt der Liebe, genau wie der Tag der Sonne. »
Christian Bobin

Juni
Berge in Limousin – Corrèze

Granitstein, Sand, Holzkohle, Farn, Flechte, Moos, Äpfel und Piniennadeln, Zweige.

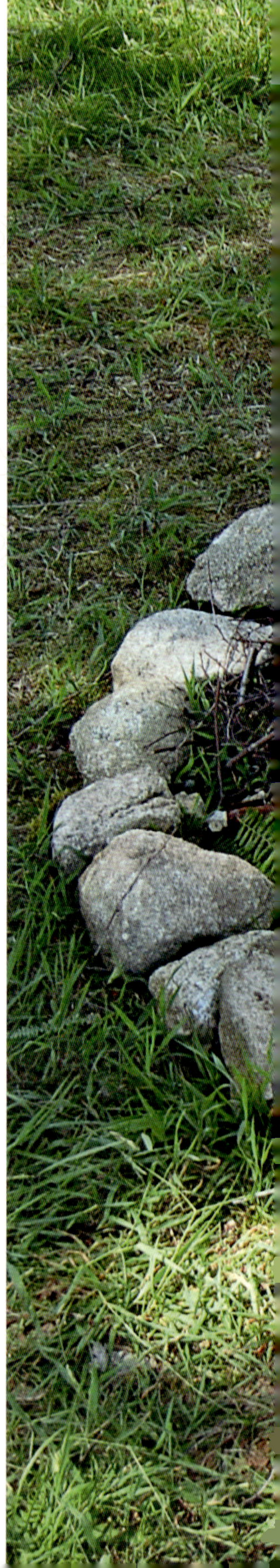

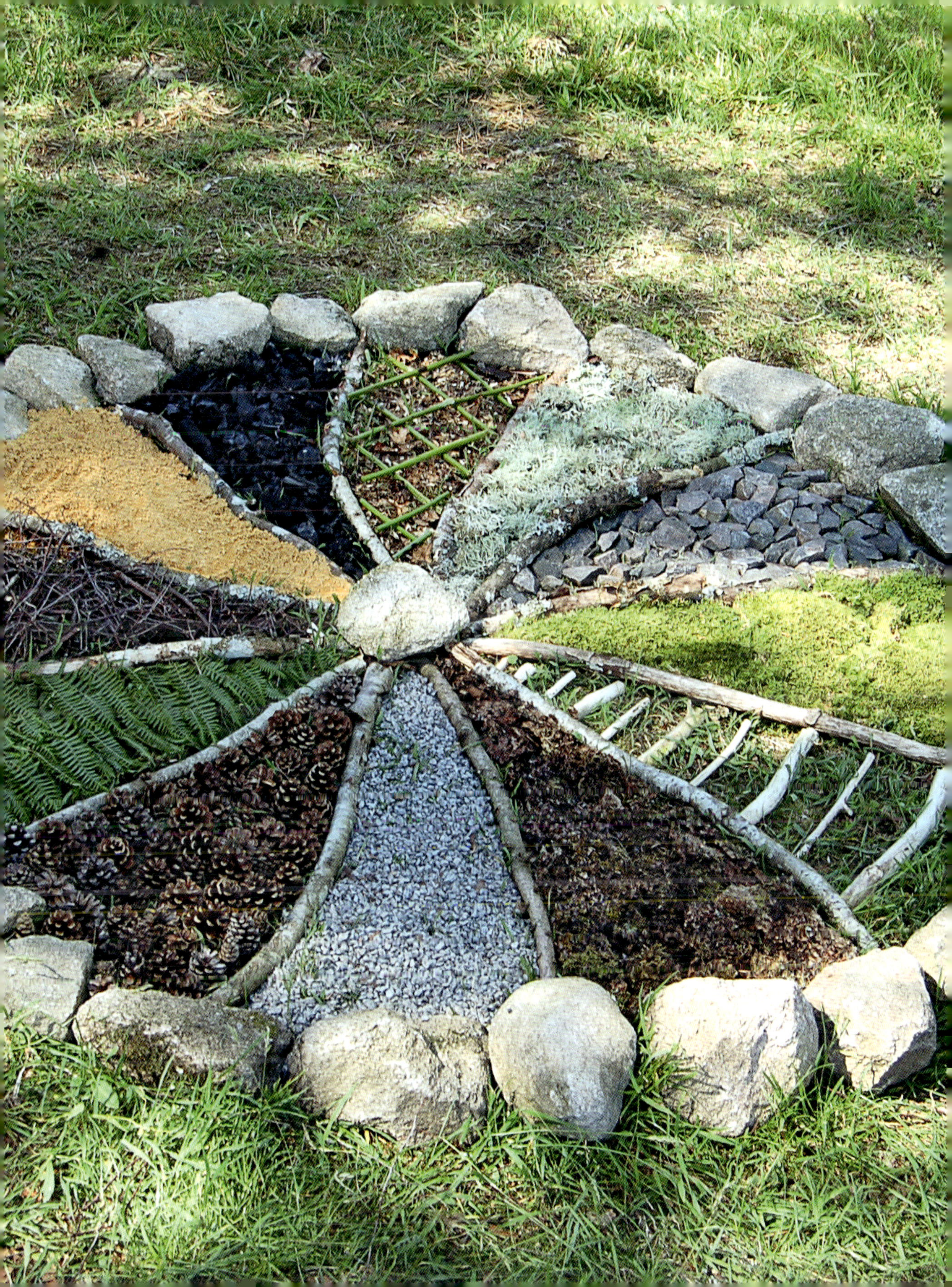

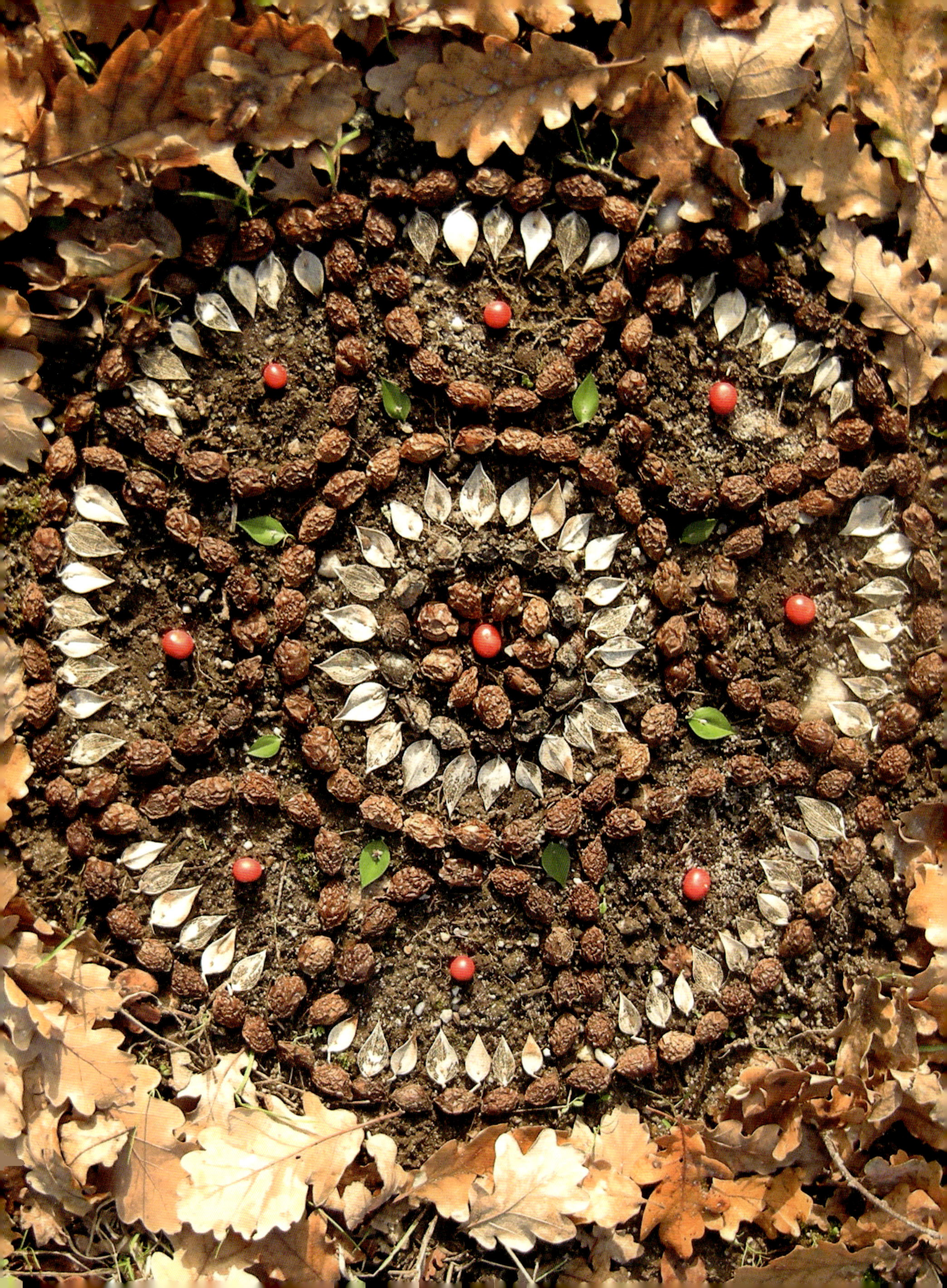

MANDALA DES HERBSTES

Kleine, einfache Glücksmomente: Über einen Laubteppich spazieren und ihrem Herbstgesang lauschen. Nach einer langen Wanderung meine Schuhe ausziehen.
Meine vom Regen durchnässten Kleider ablegen, mich abtrocknen und mich ganz von der Wonne und der Wärme umgarnen lassen.
Maïté

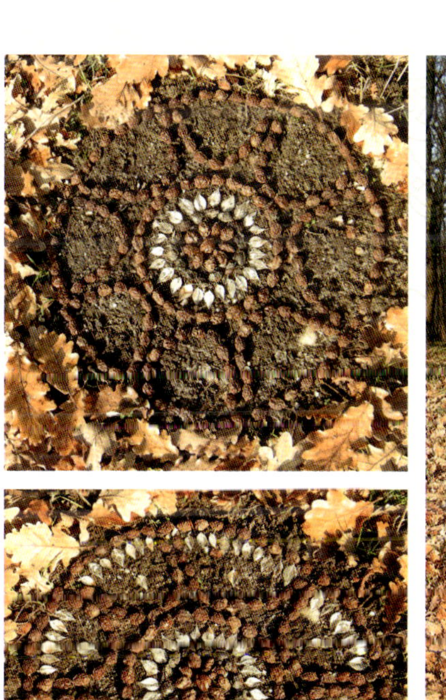

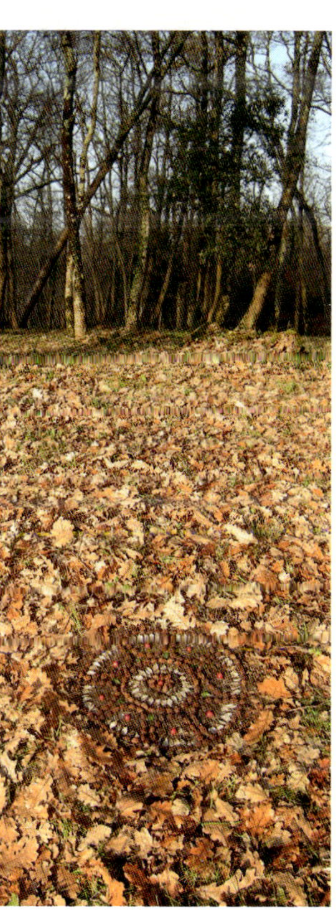

« Der Herbst ist ein melancholisches und anmutiges Andante, das dem feierlichen Adagio des Winters den Weg bereitet. »
George Sand

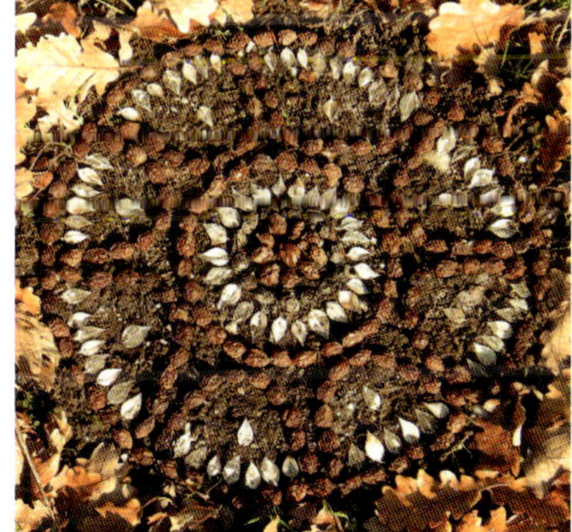

November
Cognac - Charente

Kastanienblätter, „Blätter" und Beeren vom Stechenden Mäusedorn, getrocknete Pflaumen.

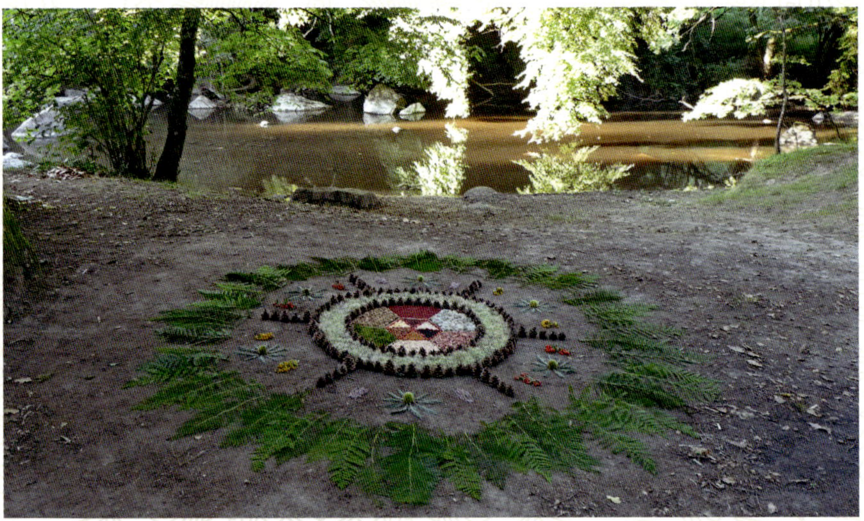

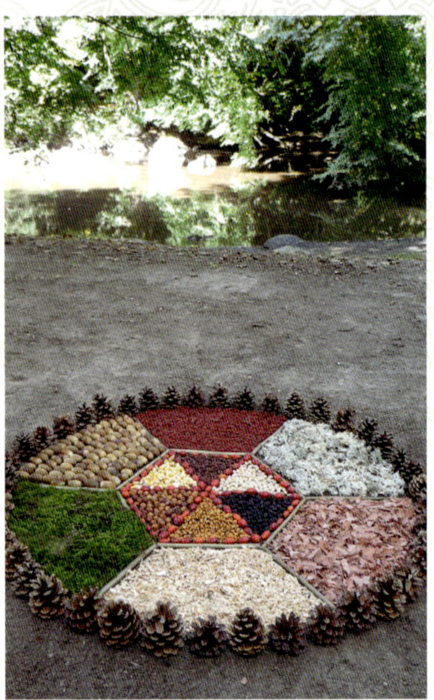

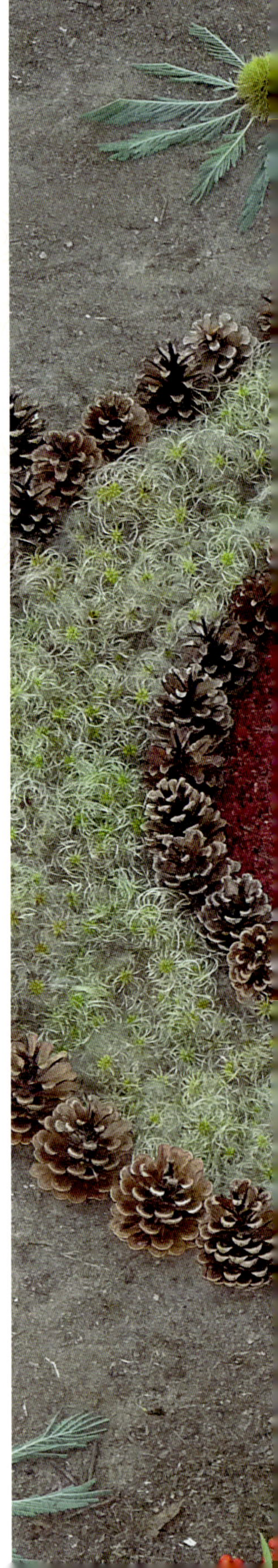

MANDALA DER RUHE

In der Begegnung mit der Natur finde ich Ruhe. Ich betrachte den Baum, den Stein, die Pflanze, die Eidechse… Und das Denken stellt sich ein. Ich nehme das, was ich sehe, in mich auf, oder das, was ich sehe, nimmt mich in sich auf, ich weiß es nicht. Es gibt keine Vergangenheit mehr, keine Zukunft, nur das Leben im Moment und diese Gegenwärtigkeit verteilt die Ruhe im Inneren meines ganzen Seins. *Maïté*

« Die Natur ist ein universeller und sicherer Lehrer für denjenigen, der sie betrachtet. »
Carlo Goldoni

September
Berges de la Glane – Haute-Vienne

Flechte, Farnkraut, Moos, Sägespäne, Pinienzapfen, Heckenrosenbeeren, Eicheln, Kastanienschalen, Maiskörner, Kirschkerne, Sumachbeeren, Beeren vom Stechenden Mäusedorn, Klematisfrüchte.

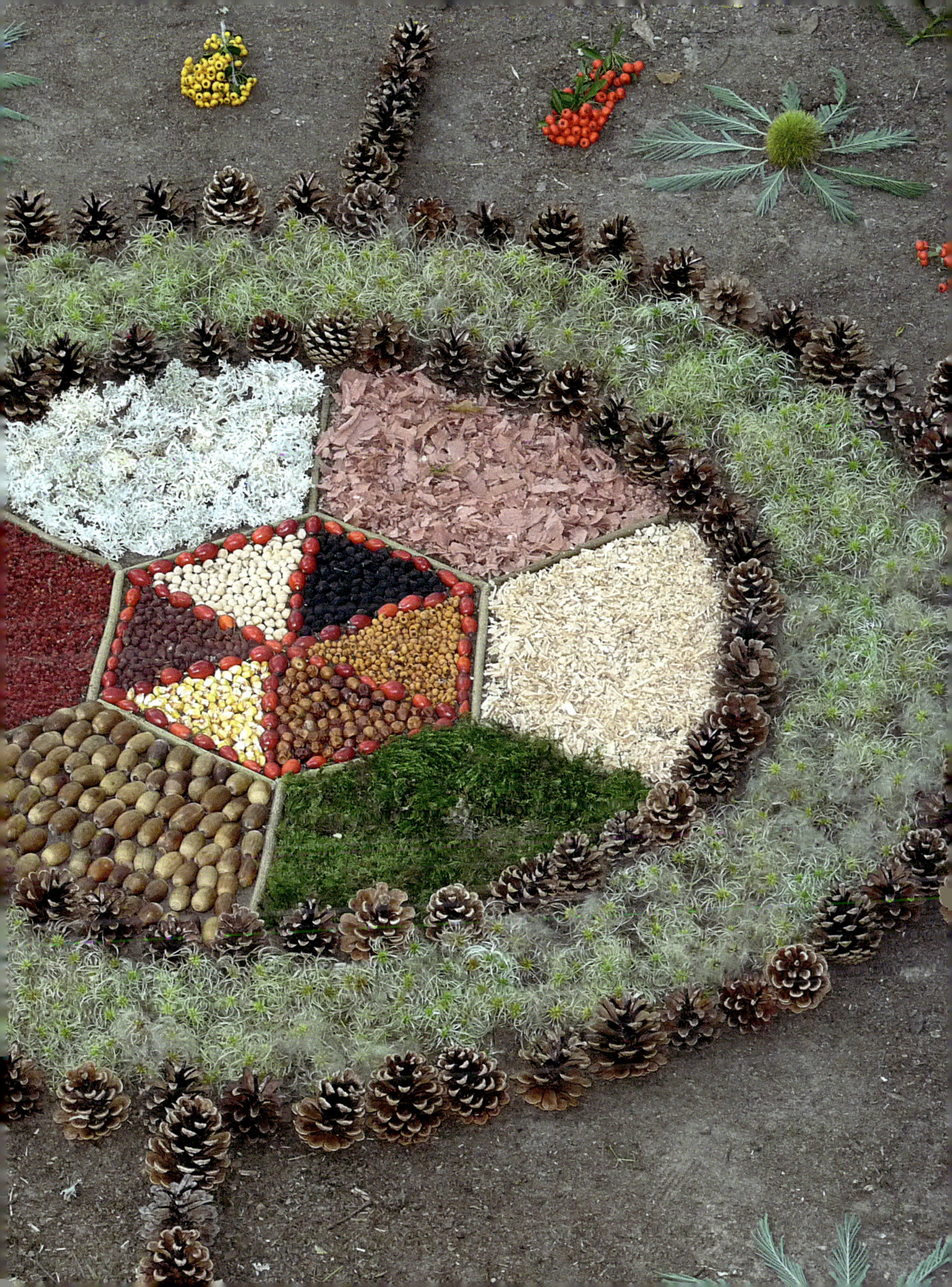

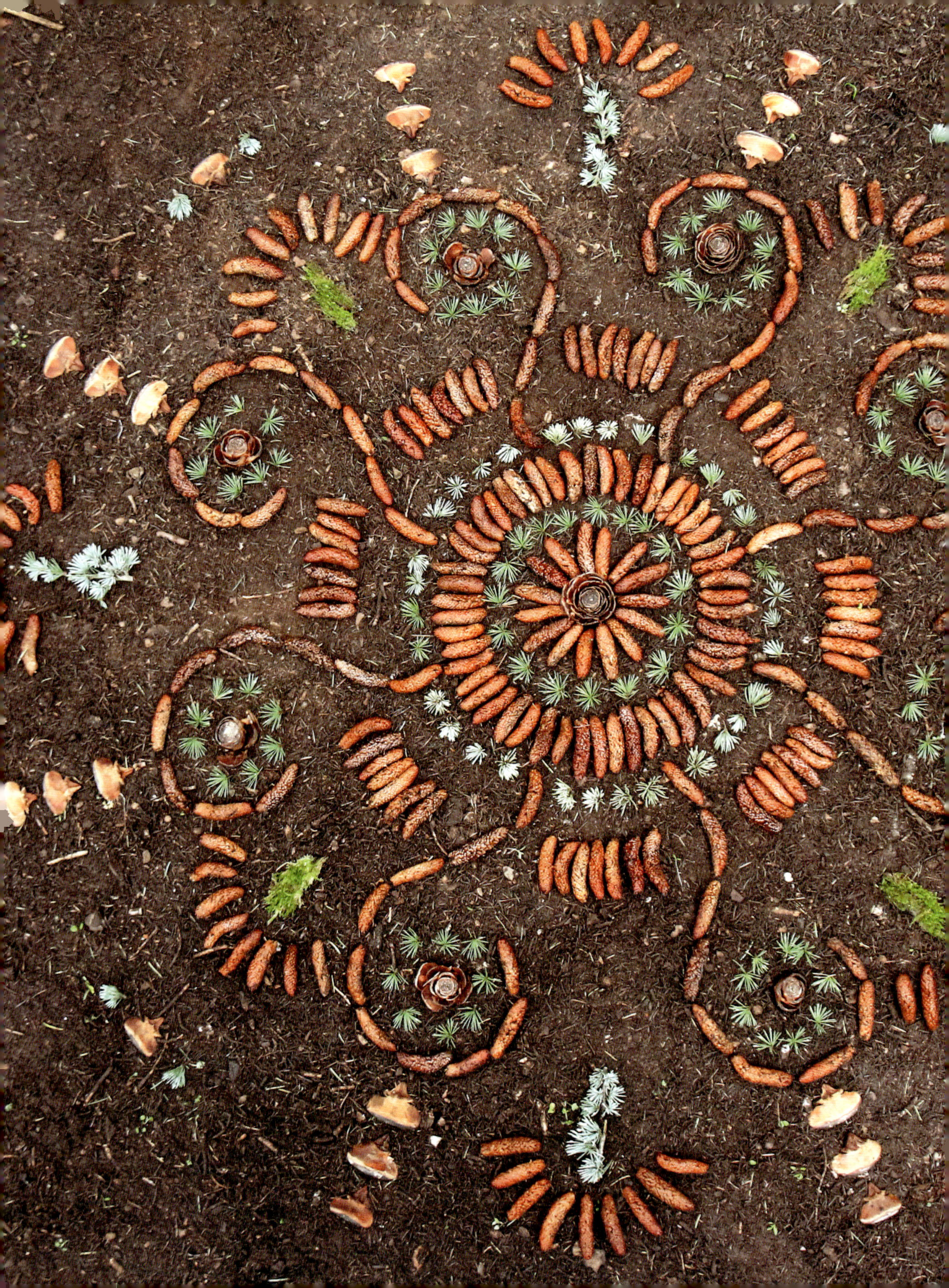

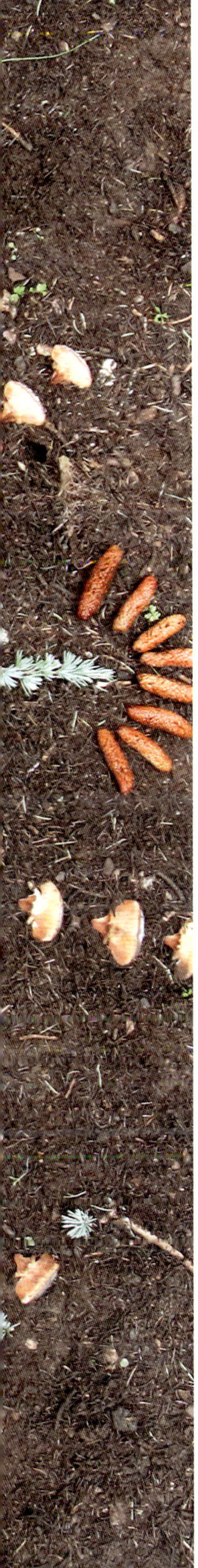

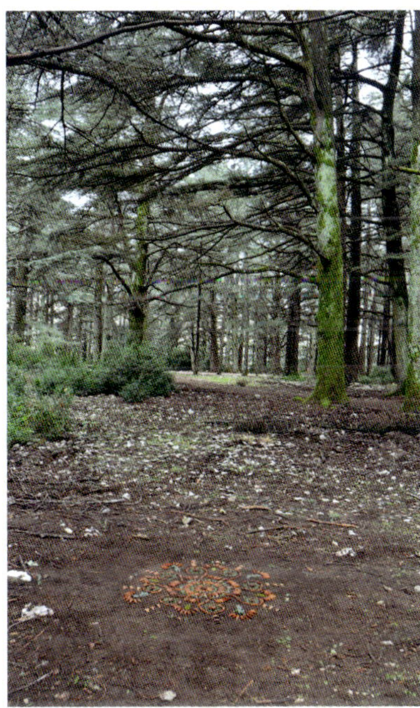

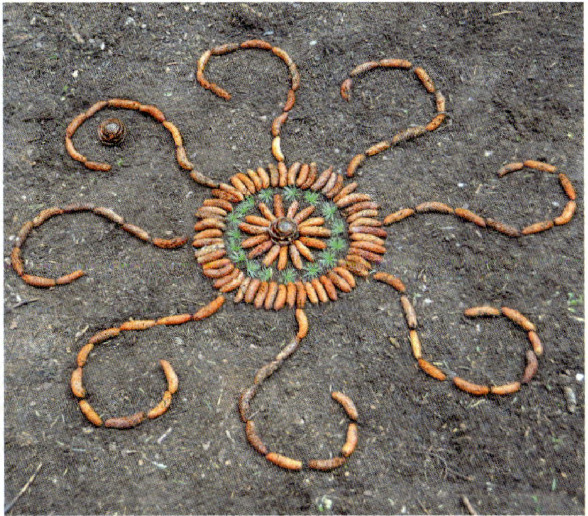

ZEDERN-MANDALA

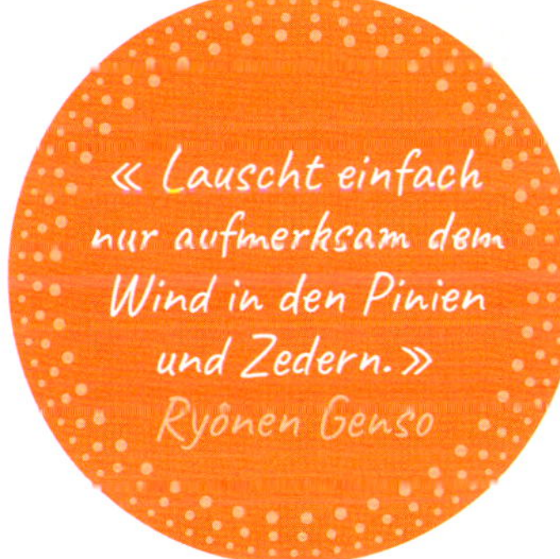

Kleine, einfache Glücksmomente
In einem unbekannten Wald spazieren gehen, ohne das Ende des Weges zu sehen. Eine Blume riechen, bis mich ihr Duft ganz umhüllt. Am Meer, die Füße im Wasser, aus vollem Hals singen, begleitet vom Orchester der Wellen. Es mir in einer Sommernacht mit Freunden auf einer Wiese bequem machen und in den Himmel schauen, grundlos lachen und jede Sternschnuppe mit einem Wunsch bedenken. An einem Weihnachtsabend zusehen, wie der Schnee fällt.
Maïté

Januar
Zedernwälder bei Lubéron

Zapfen, Kätzchen und Nadeln der Zeder, Moos.

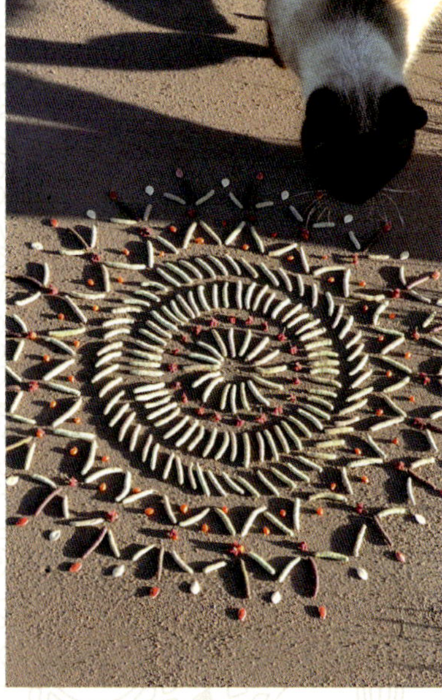

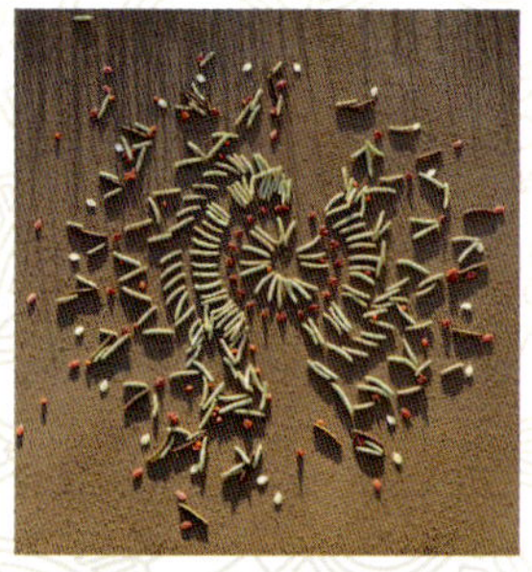

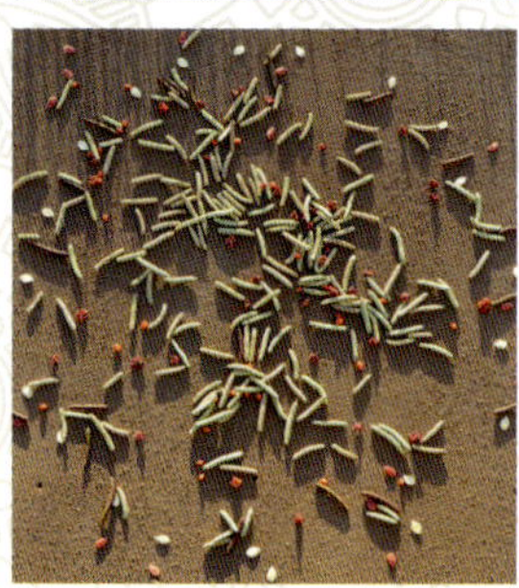

Mandala der Hasel

Wie kommt es,
dass Katzen im Gegensatz
zu Hunden niemals ein
Mandala zerstören? *Marc*

« Mensch und Natur gehören demselben Kreislauf von Transformation und Neuanfang an. Das Eine spiegelt das Andere wider. Ob nun tierisch, mineralisch oder pflanzlich, es handelt sich um dieselbe Welt, um denselben lebendigen, endlosen, ewigen Körper. »
Indigene Weisheit

Dezember
Creuse

Haselnusskätzchen, Früchte und Samen des Spindelbaums, Kürbiskerne.

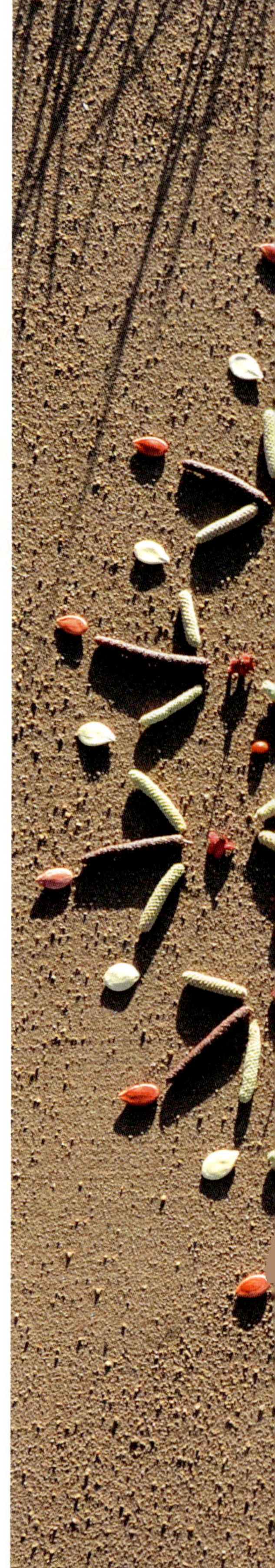

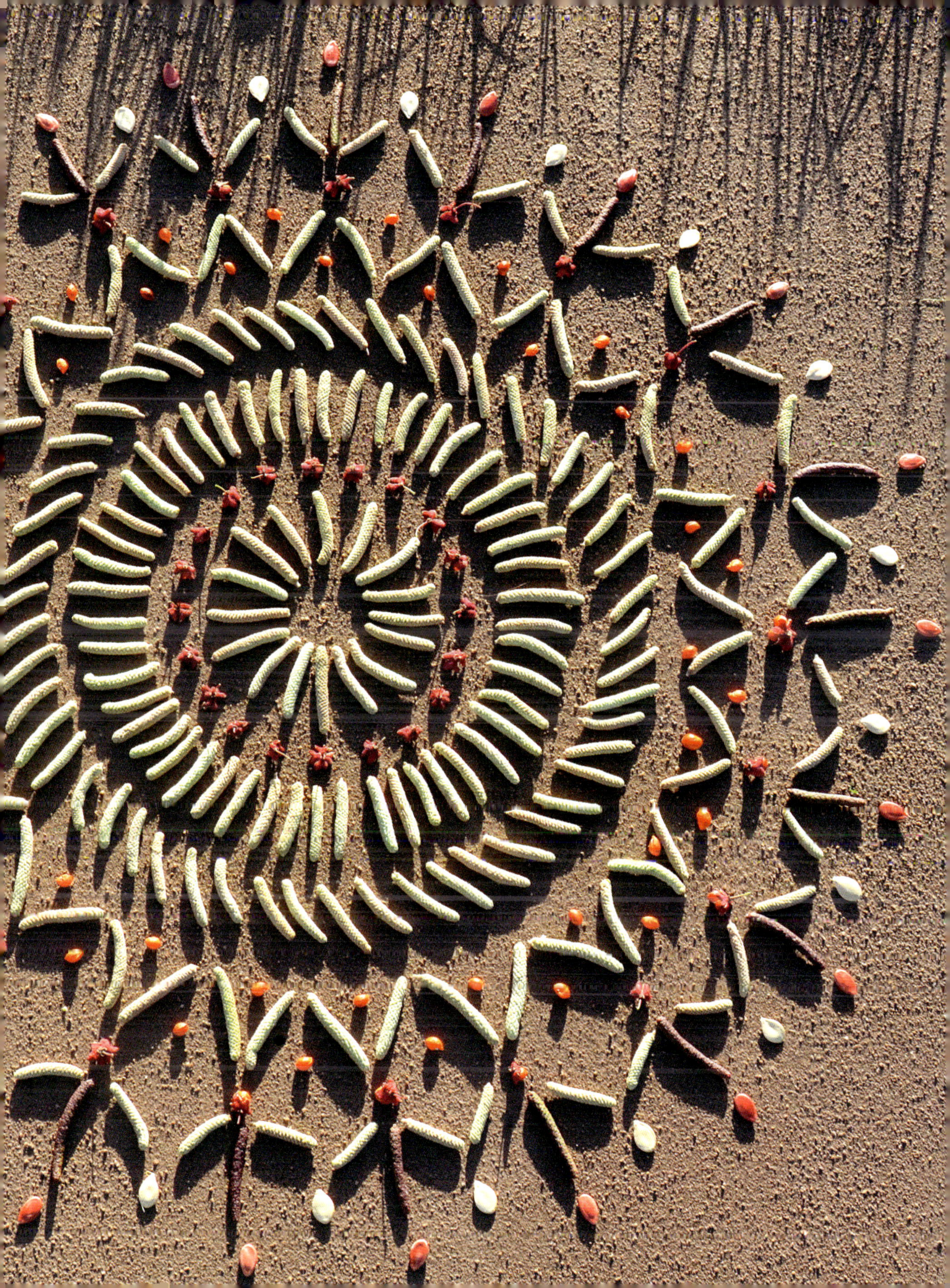

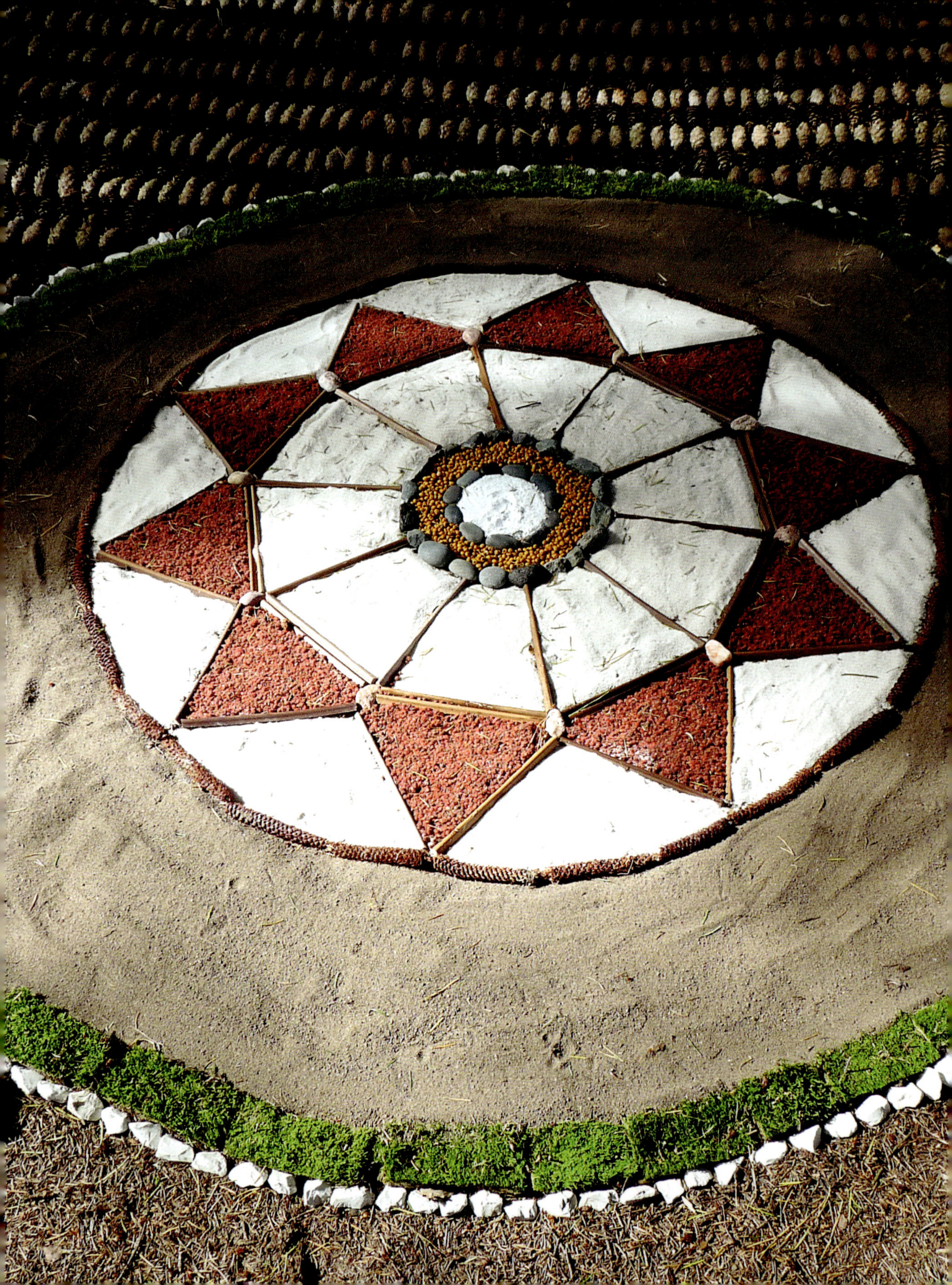

MANDALA DER WAHL

Im Leben stehen wir häufig vor einer Entscheidung. Aber haben wir wirklich die Wahl? Haben Sie sich entschieden zu atmen? Haben Sie sich entschieden, wie groß Sie werden möchten? Haben Sie entschieden, welche Farbe Ihre Haut, Ihre Haare, Ihre Augen haben sollen? Haben Sie sich entschieden, sich dieser oder jener Sache bewusst zu werden? Haben Sie sich entschieden, sich zu verlieben? Haben Sie sich entschieden, nicht mehr verliebt zu sein? Haben Sie sich entschieden zu sein, wer Sie sind? *Maïté*

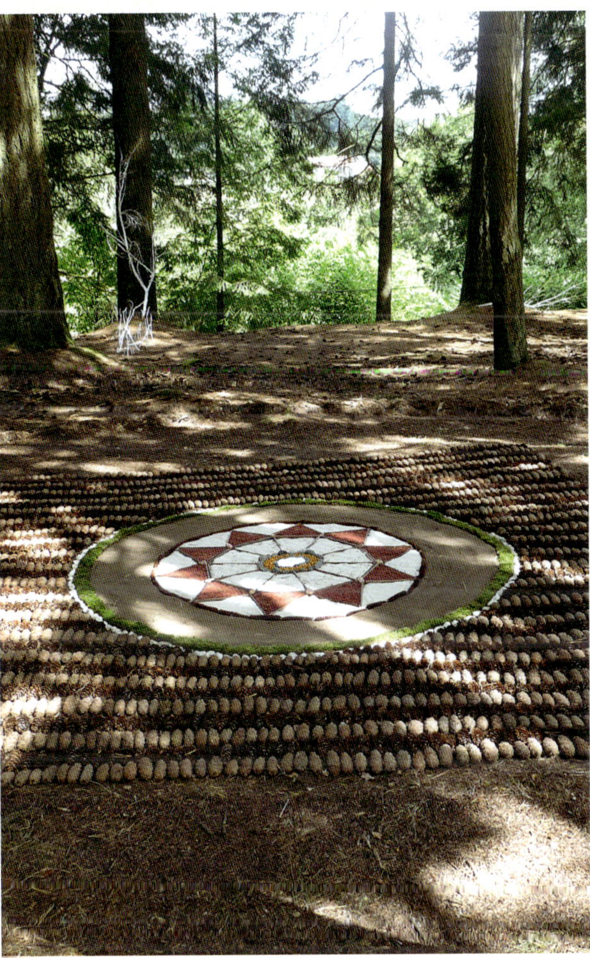

« ‚All diese Berge, all diese Flüsse und diese Erde selbst – woher kommt all das?', fragt der Mönch... ‚Und woher kommt deine Frage?', antwortet der Meister. »

Zen-Koan

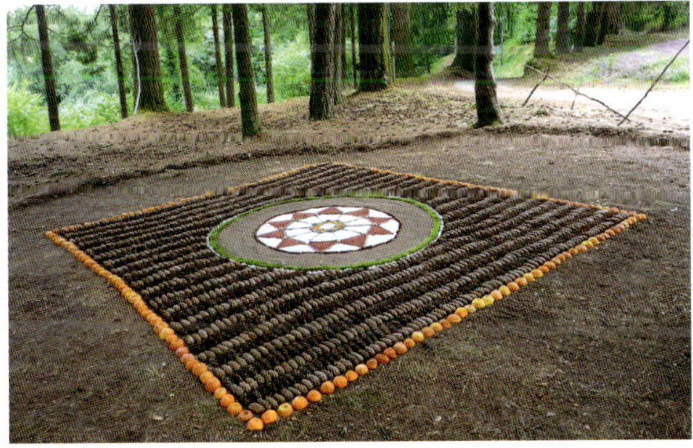

August
Ambazac-Gebirge – Haute-Vienne

Steine, Sand, Moos, Fichtenzapfen, Orangen, Sumachbeeren, Zwergmispelbeeren.

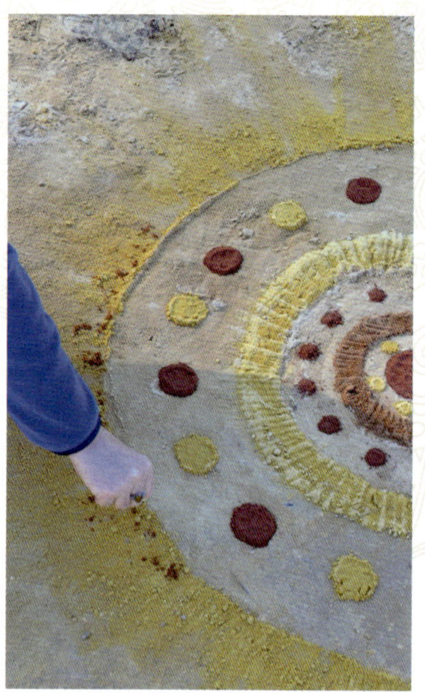
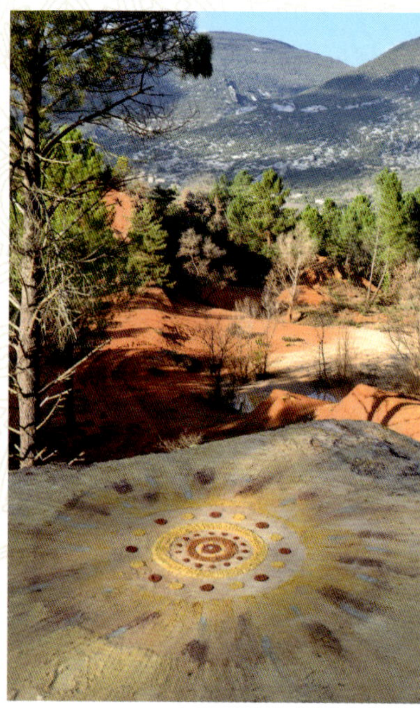
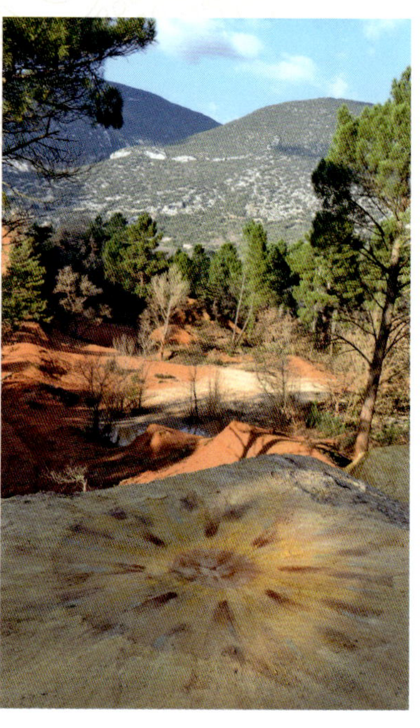

COLORADO-MANDALA

Wenn ich groß bin, werde ich Navajo, Apache, Cheyenne, Comanche … ich bin groß. In Colorado fertigen Tauwassertropfen und ich eine Sandzeichnung an – ein heiliges Ritual der Heilung – und verwenden dafür die Erde, die wir vor Ort sammeln. Die feenhaft anmutenden Wege, die Unendlichkeit der Farben, das Material, das Licht, von allem geht eine Inspiration auf mich aus und trägt mich fort. Zeit gibt es nicht mehr. Ich bin etwas mehr als acht Jahre alt, stehe mitten in Colorado, im Colorado der Provence. *Marc*

« Ein Poet kann nur Spuren hinterlassen, wo er gewesen ist, nicht Beweise. Nur Spuren laden zum Träumen ein. »
René Char

Dezember
Lubéron

Erde aus Lubéron.

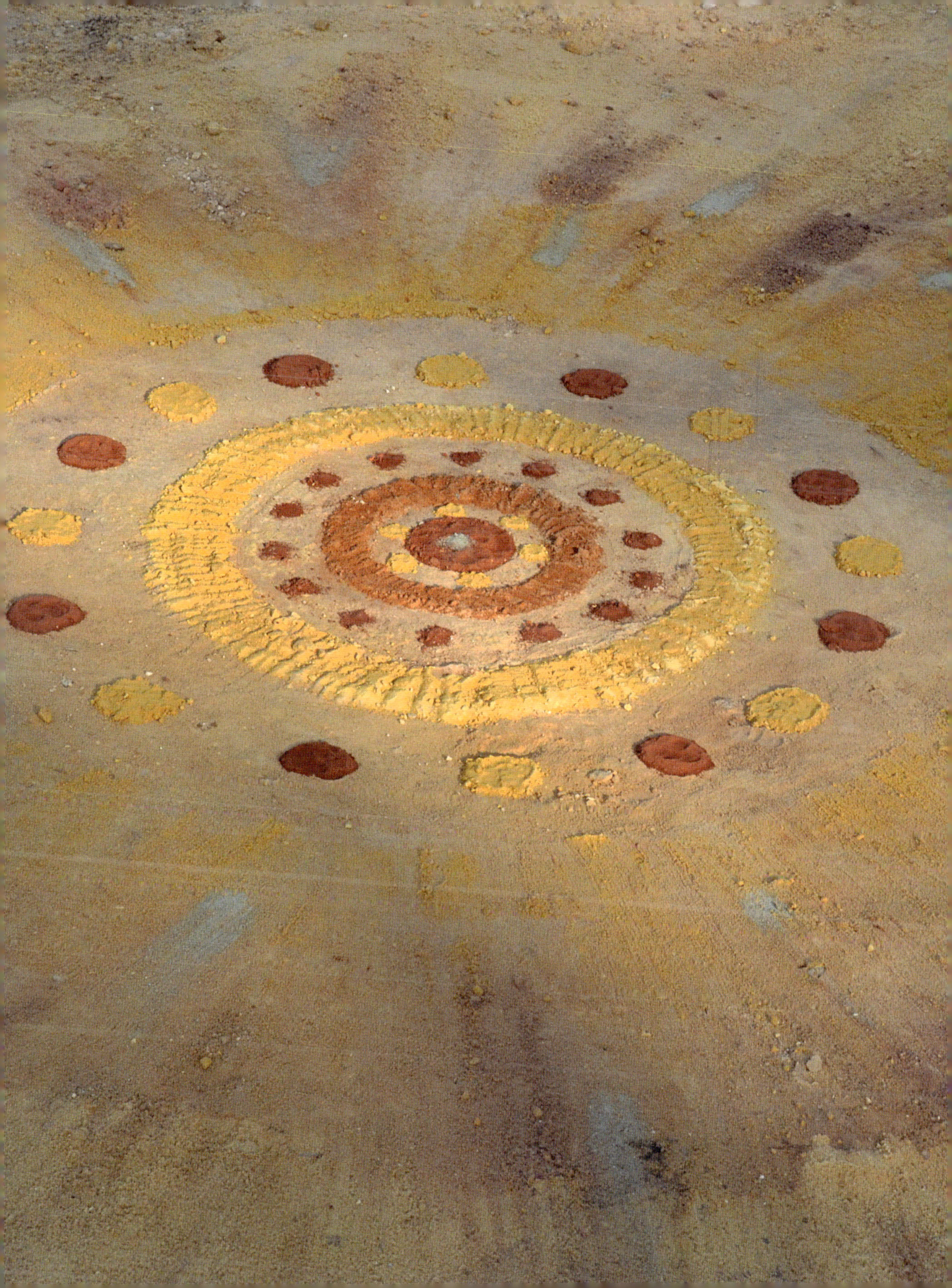

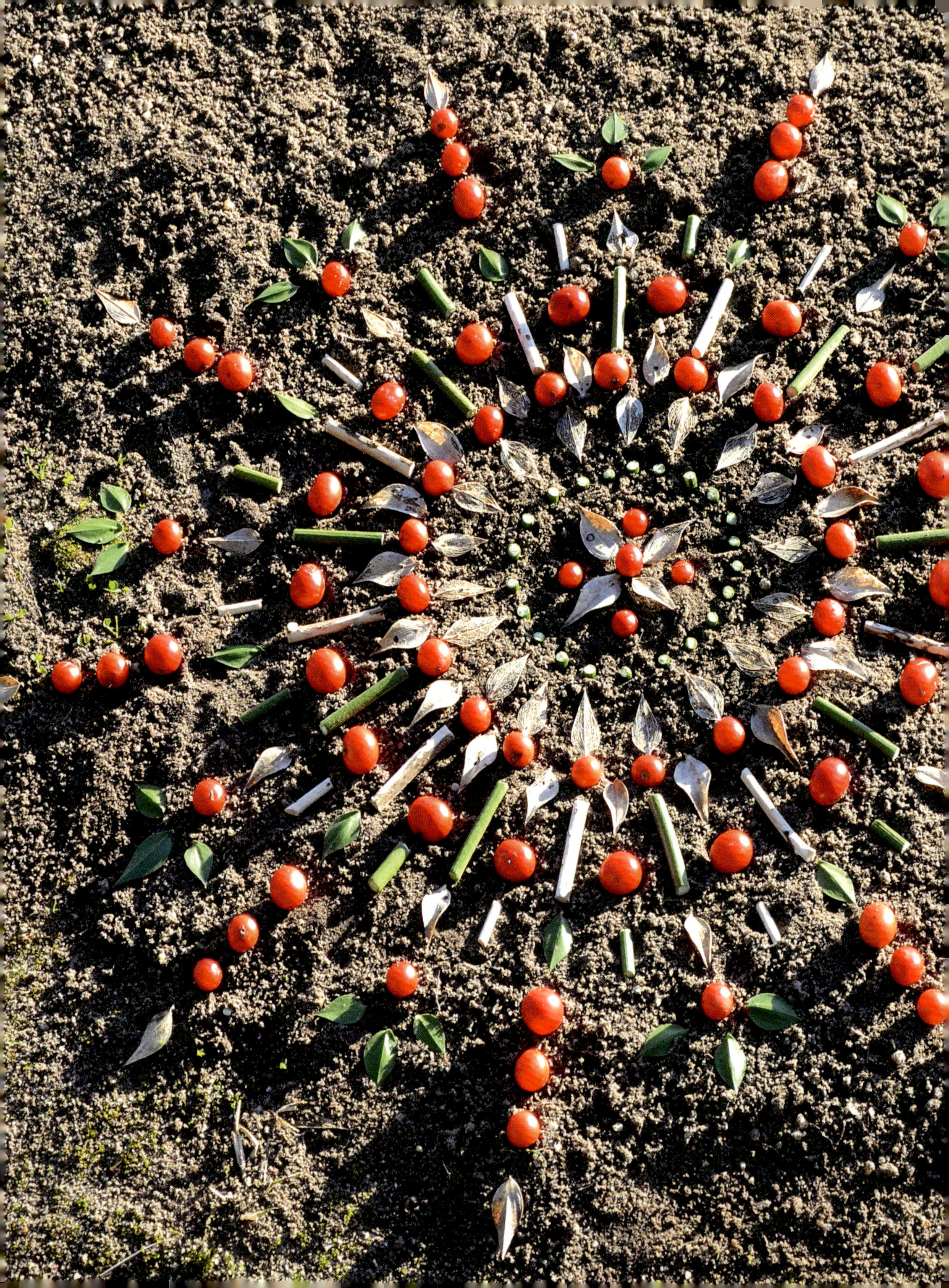

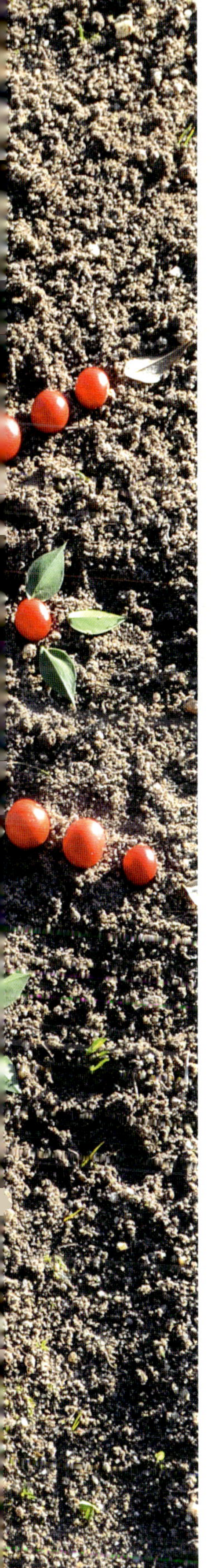

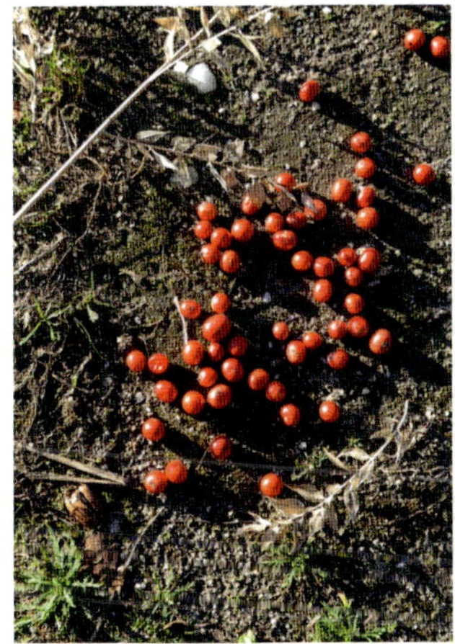

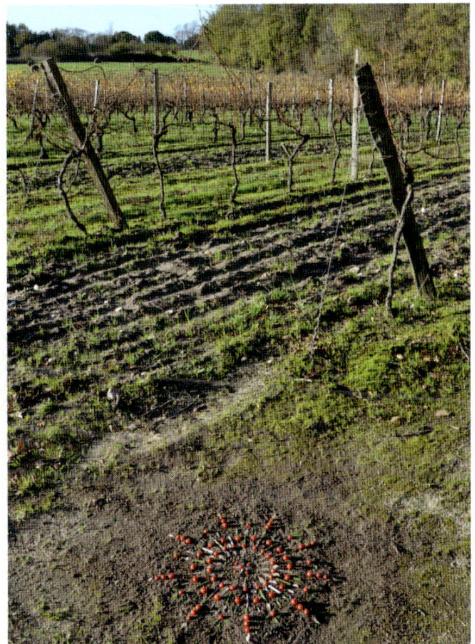

MANDALA DER KOMMUNIKATION

Wenn ich etwas Wahres sage, das vollkommen übereinstimmt mit dem, was ich in meinem tiefsten Inneren denke, weiß ich das sofort, oder vielmehr spüre ich es. Es gibt so etwas wie ein Vibrieren, das meinen ganzen Körper durchläuft. Und wenn ich dieses Vibrieren spüre, weiß ich, dass das Gesagte stimmt, es ist im Einklang mit der, die ich bin. *Maïté*

« Zwischen dem, was ich denke, dem, was ich sagen möchte, dem, was ich meine gesagt zu haben, dem, was ich gesagt habe, dem, was du hören möchtest, dem, was du hörst und dem, was du verstehst, kann die Kommunikation schwierig sein, aber versuchen sollten wir's trotzdem... »
Bernard Werber

November Weinreben bei Cognac

Halme, „Blätter" und Beeren vom Stechenden Mäusedorn.

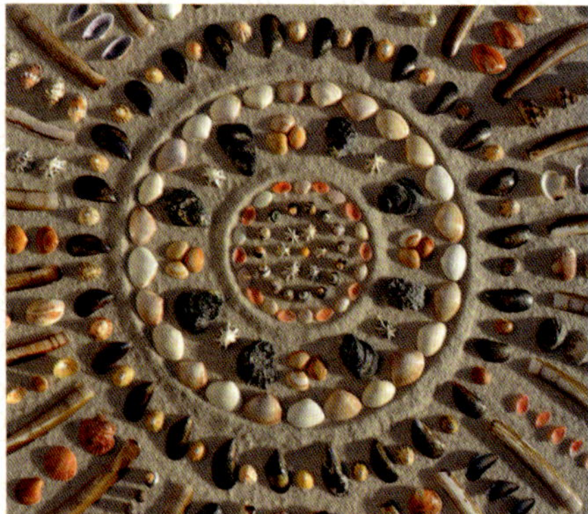

Mandala der Muscheln

Kleine, einfache Glücksmomente
Vor Überraschung zusammenzucken vom Klang, den ein einzelnes Herbstblatt beim Fallen vom Baum erzeugen kann. Dem Geplätscher der Bäche in den Gefilden Creuses lauschen. Im Spiel die verschiedenen Düfte eines Frühlingsnachmittages erraten. Veilchen, Holunder, Jasmin, Flieder… Diesen lange vergessenen Stein wiederfinden, den man vor langer Zeit mitgenommen hat. Mich genau erinnern an den Ort, die Situation seiner Entdeckung, diesen Ort wiederfinden. Gelernt haben, dass man diesen Geruch, den ich nach einem Schauer auf die heiße Erde so liebe, im Französischen als „Pétrichor“ bezeichnet. *Marc*

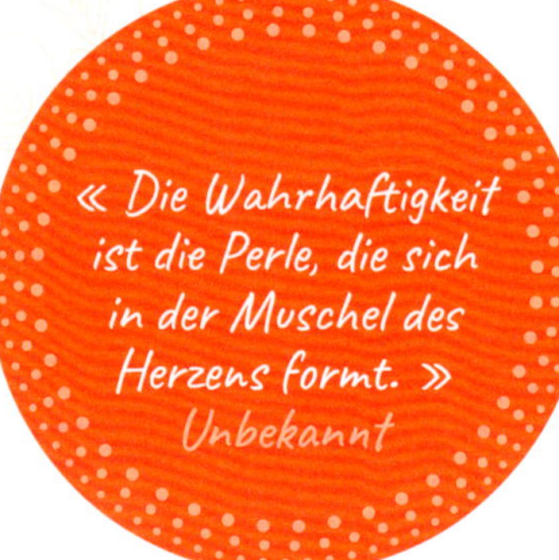

Januar
Verschiedene Muscheln der Atlantikküste

Venusmuschel, Herzmuschel, Strandschnecke, Schwertmuschel, Austern, Napfschnecke, Kammmuscheln, Miesmuscheln.

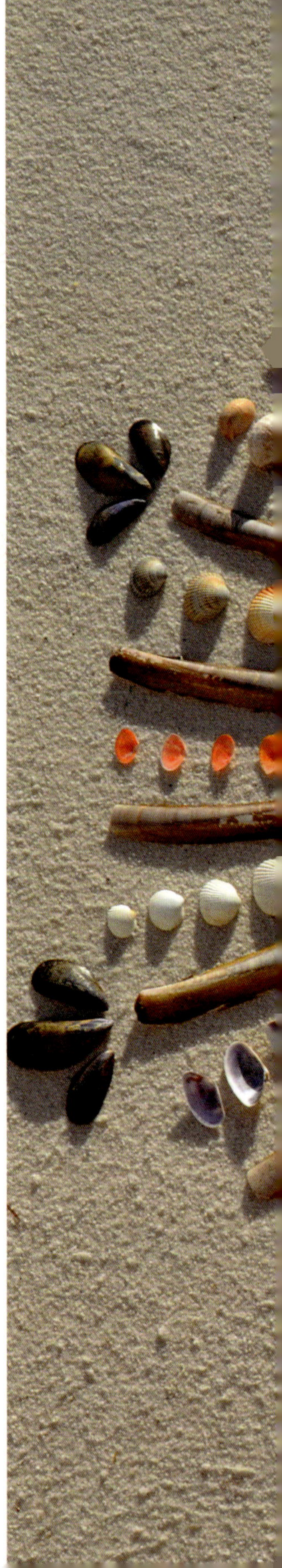

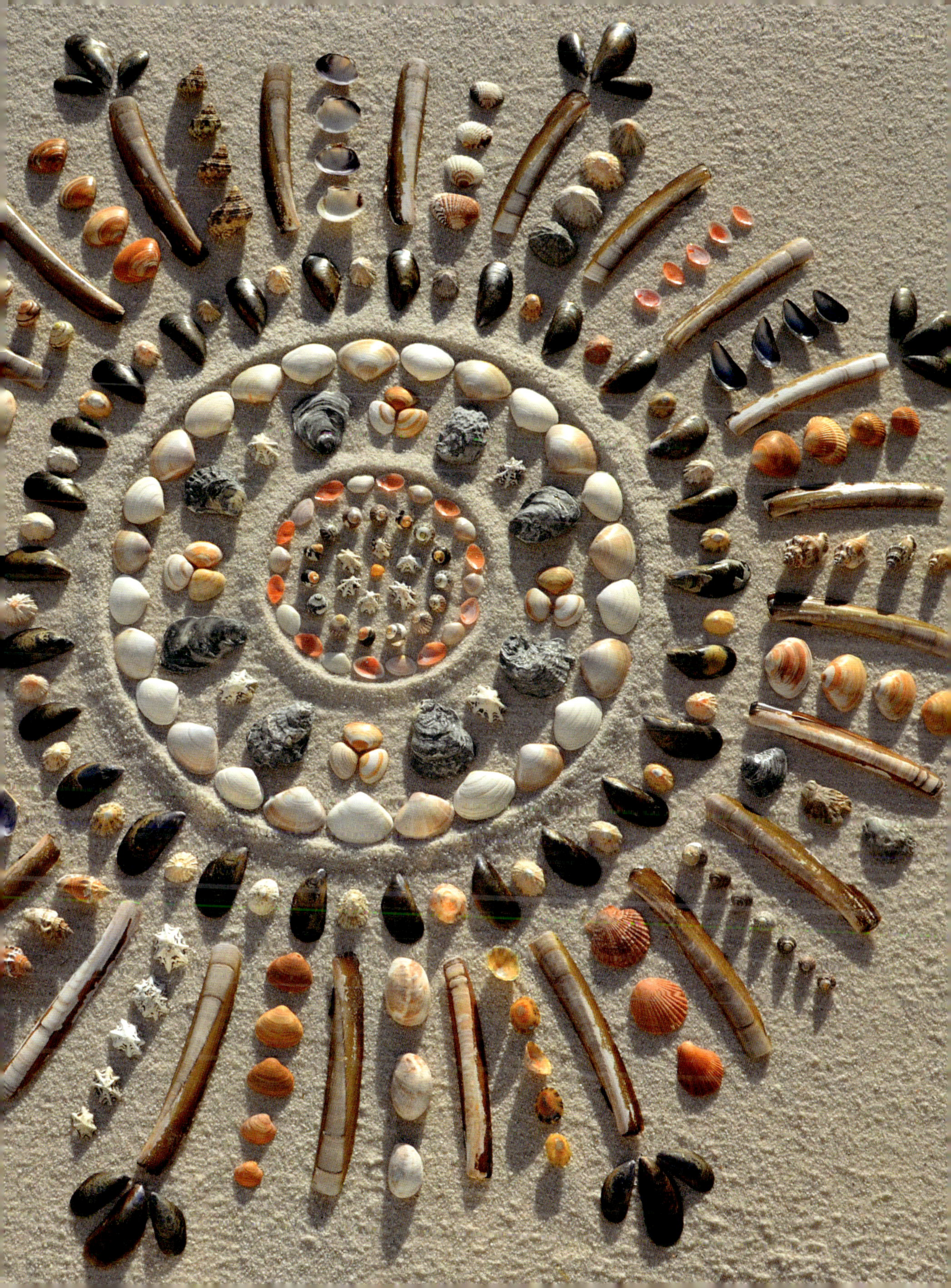

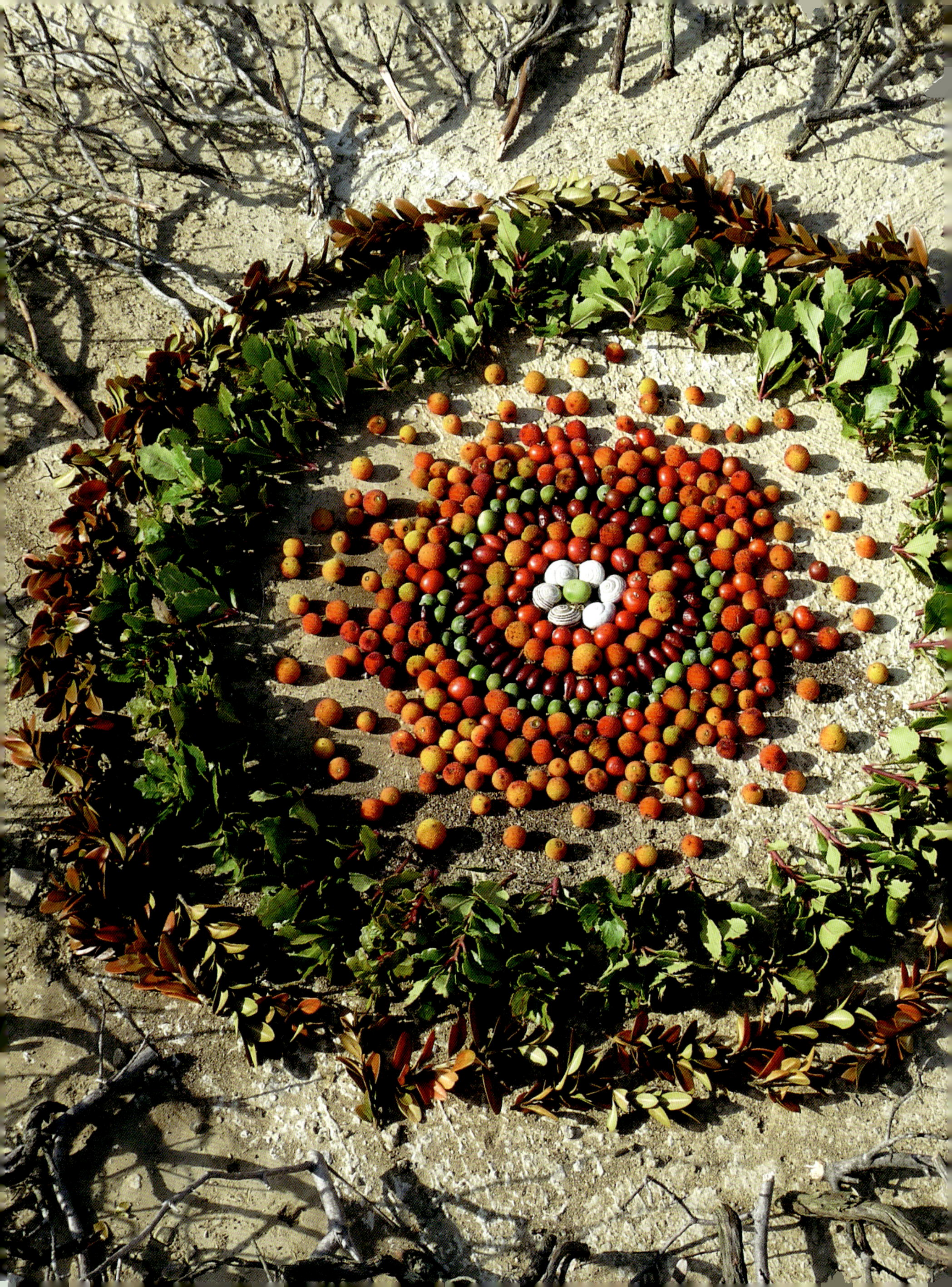

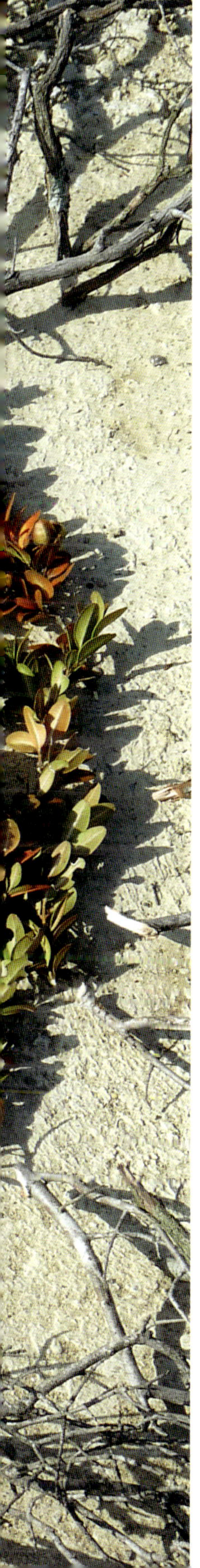

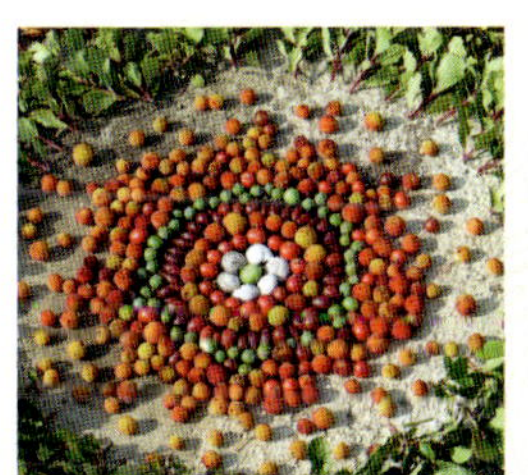

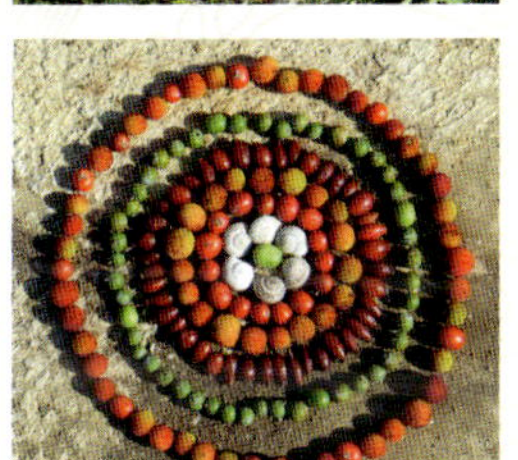

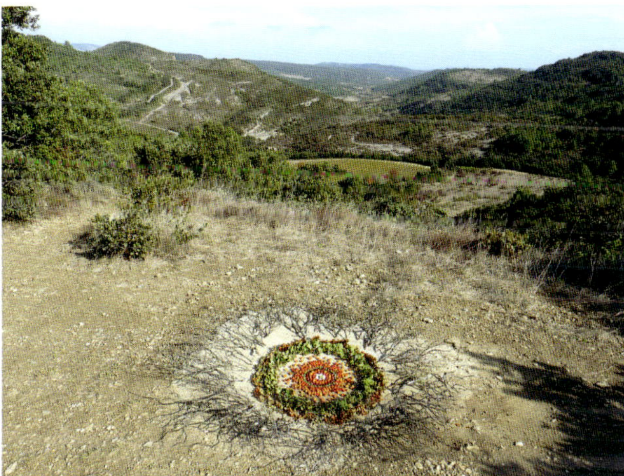

MANDALA DES MUTS

Wenn ich ein Mandala kreiere, erinnert mein steifer und manchmal schmerzender Körper mich an seine Krankheit. Anfangs dachte ich, es stehe in meiner Macht, diesen Körper zu besiegen. Ich habe meine Art und Weise, auf der Welt zu sein, verändert, in der Hoffnung, Krankheiten zum Verschwinden zu bringen … doch sie sind nach wie vor da, mehr oder weniger aktiv, unvorhersehbar! Mein Lebensglück hängt nicht von ihnen ab. Es hängt davon ab, wie ich mit der Tatsache lebe, einen kranken Körper zu haben. *Maïté*

Oktober
Katharerland

Schneckenhäuser, Mäusedornbeeren, Wacholderbeeren, Heckenrosebeeren, Blätter und Früchte vom Erdbeerbaum, Blätter und Zweige vom Buchsbaum.

« Mitten im Winter habe ich einen unsichtbaren Sommer entdeckt. »
Albert Camus

Mandala der Kindheit

Dies hier ist ein Ort meiner Kindheit, mit dem ich Erinnerungen verbinde. Wenn ich hierhin zurückkehre und den Fluss betrachte, in dem ich so oft gebadet habe, wird mir bewusst, dass dies hier nicht dasselbe Wasser sein kann. Ich kann im selben Fluss nicht zweimal baden, der Fluss von damals wird niemals zurückkehren. *Maïté*

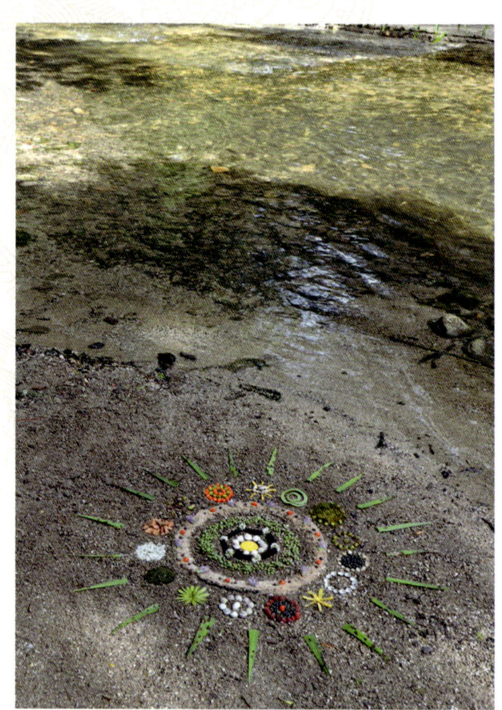

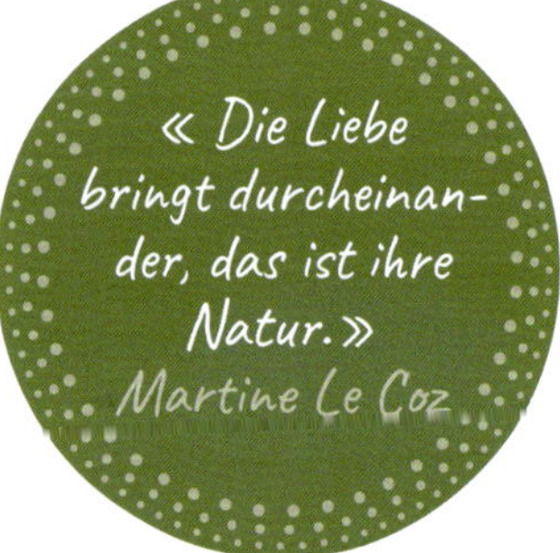

August
L'Antenne, Fluss in Charente

Schneckenhäuser, Kleeblüten, Glockenblumenblüten, Ton, Sand, Beeren vom Lorbeerblättrigen Schneeball, Brombeeren, (grüne) Früchte vom Spindelbaum, Früchte der Esche, Blätter der Schwertlilie, Algen, Moos, Seidelbastbeeren.

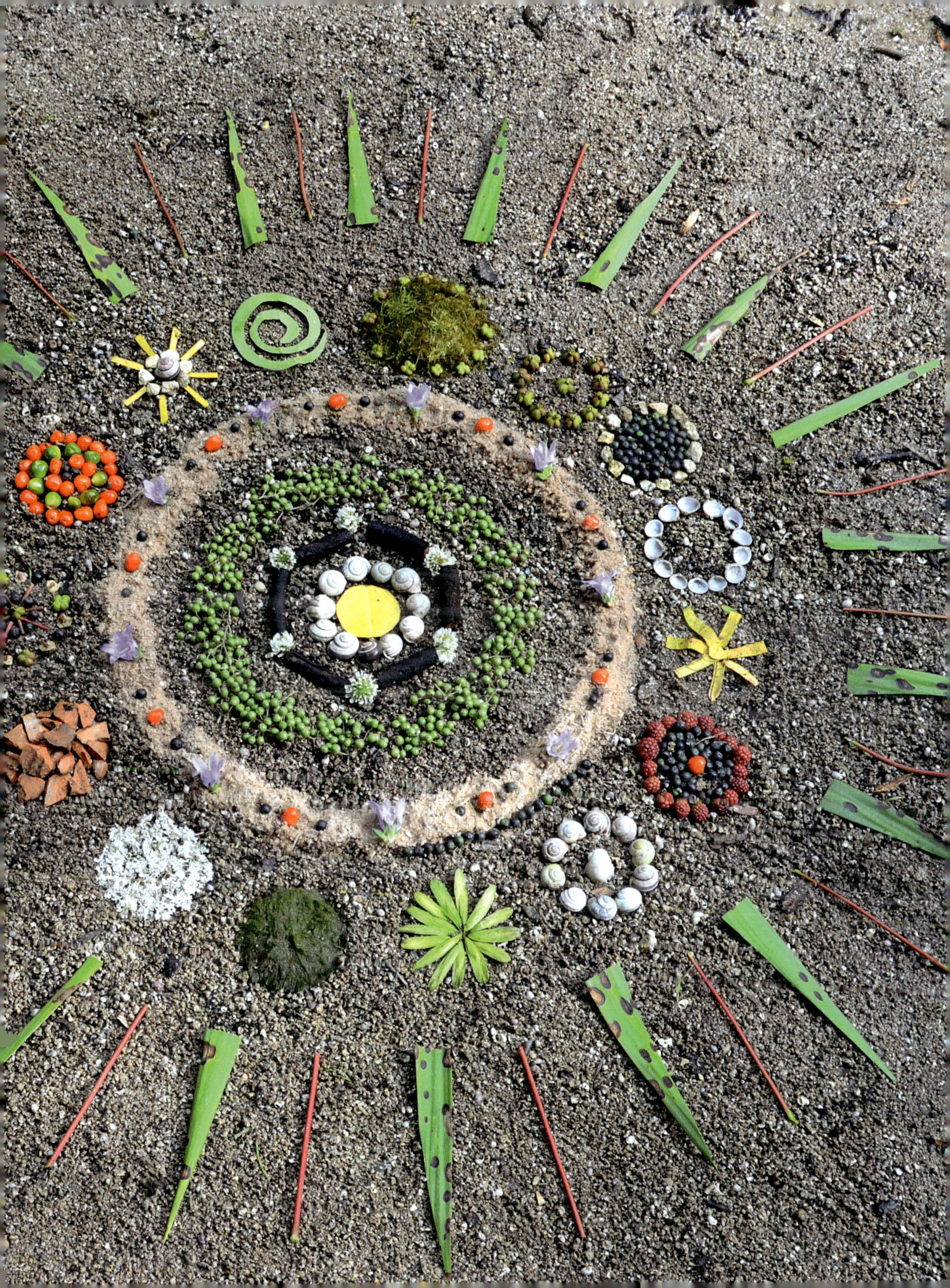

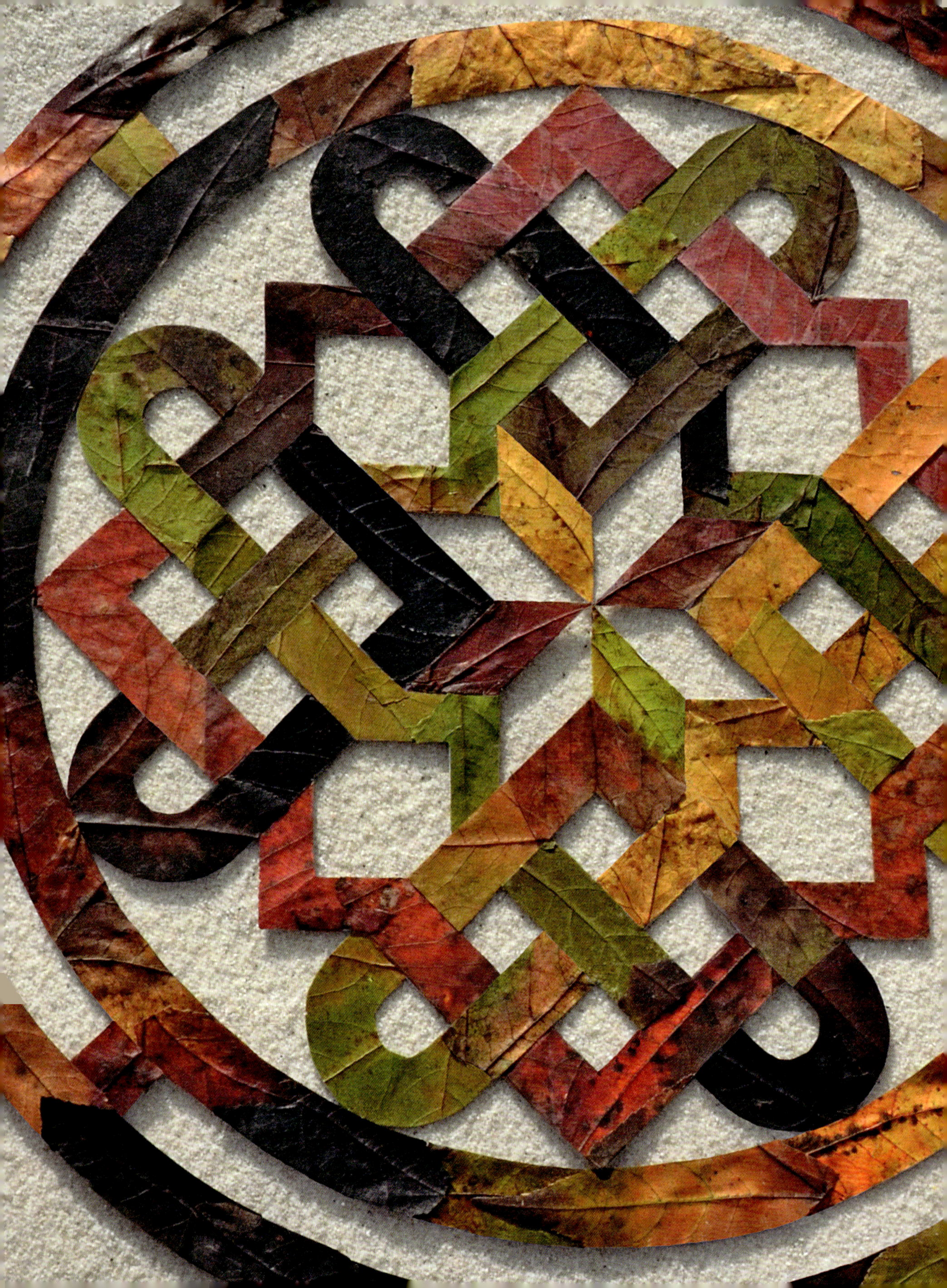

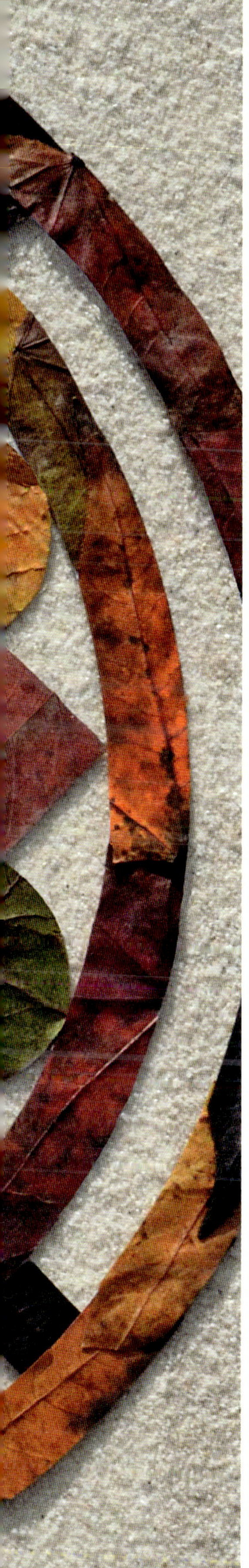

FLECHTWERK-MANDALA

In der keltischen, arabischen, hinduistischen, buddhistischen, chinesischen, … Tradition stehen Knoten ohne klaren Anfang und Flechtwerk für das Unendliche. Alle Dinge sind miteinander verbunden und halten einander. Es gibt weder Anfang noch Ende. *Marc*

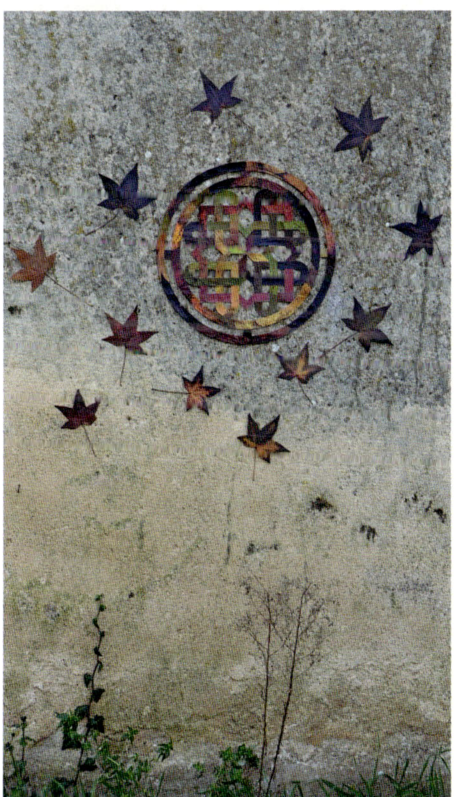

« Das Unendliche: ich spüre es, ich sehe es, es nährt mich und ich weiß, dass es unerschöpflich ist. Alles in mir revoltiert, wenn ich Naturzerstörung sehe: Meine Unendlichkeit wird mir genommen. »
Robert Hainard

Januar
Umland von Paris

Blätter vom Perückenstrauch und vom Ahorn.

Mandala der Ausdehnung

Nach einigen Jahren der Begleitung in Persönlichkeitsentwicklung, komme ich zu dem Schluss, das eine der größten Bestrebungen des Menschen die Liebe ist. Häufig sind Liebesbeziehungen vom Unverständnis und der Frustration geprägt, mit dem anderen nicht vollends entfaltet leben zu können. Beide sehnen sich danach, gehört zu werden, aber keinem gelingt es wirklich, sich selbst zuzuhören. Um das eigene Selbst zu entdecken, gilt es zunächst aufzuhören, allein den anderen für die Situation verantwortlich zu machen. Und sich dann der eigenen Innenwelt zuzuwenden. Sich zu kennen, bringt eine größere Öffnung anderen gegenüber mit sich, es führt zu authentischen Begegnungen und zur Ausdehnung. *Maïté*

« Deine Vision wird erst dann klar werden, wenn du in dein Herz blickst ... derjenige, der nach außen schaut, träumt. Derjenige, der nach innen schaut, wacht auf. »
C. G. Jung

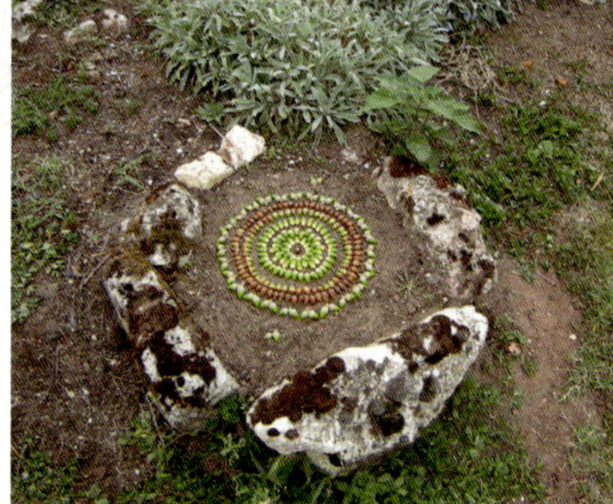

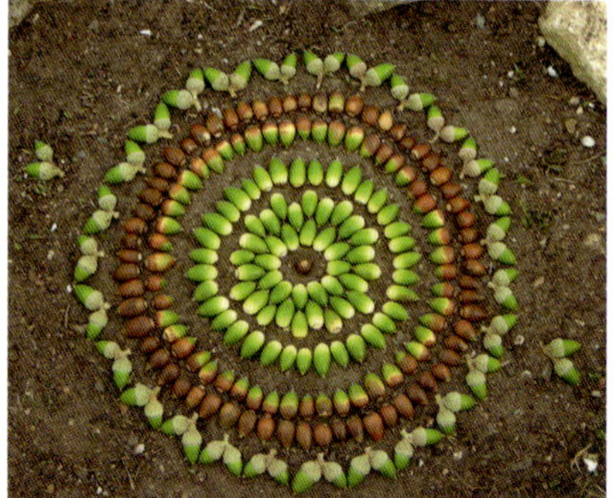

September
Charente

Eicheln.

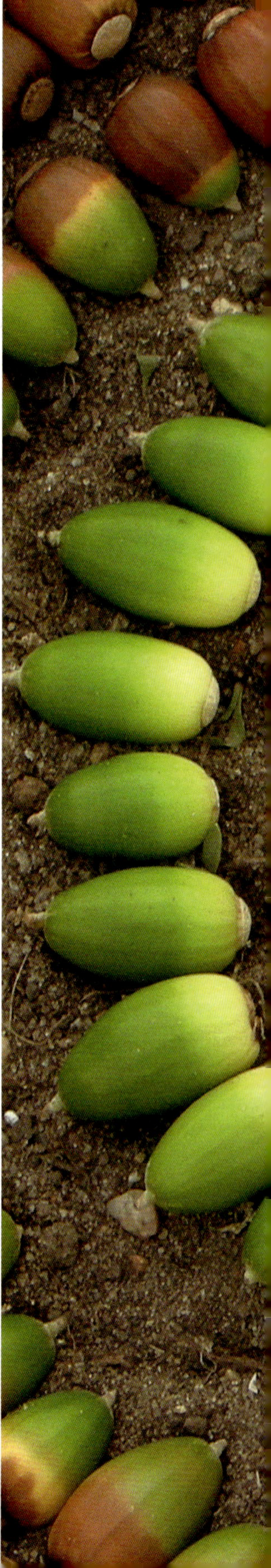

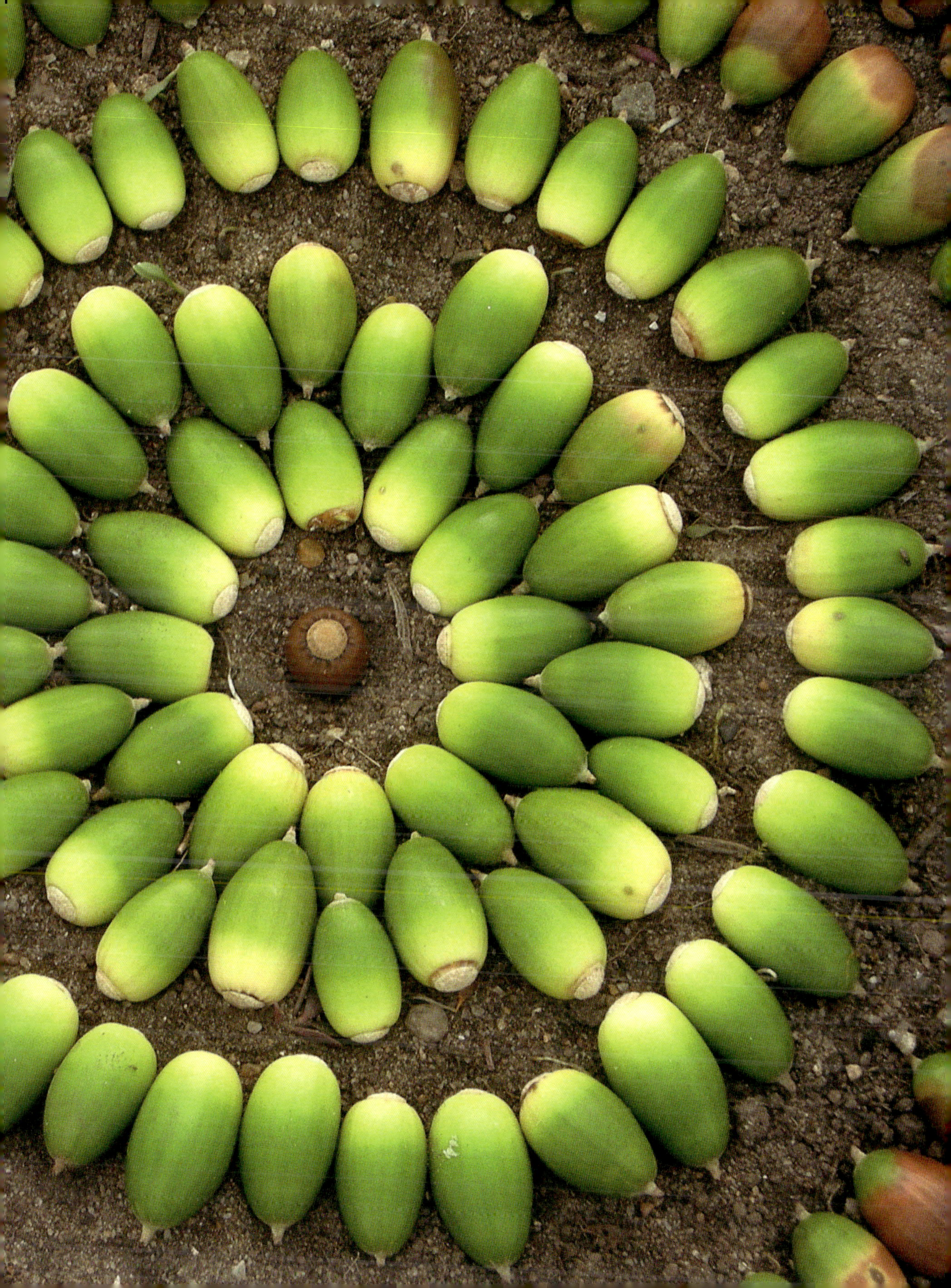

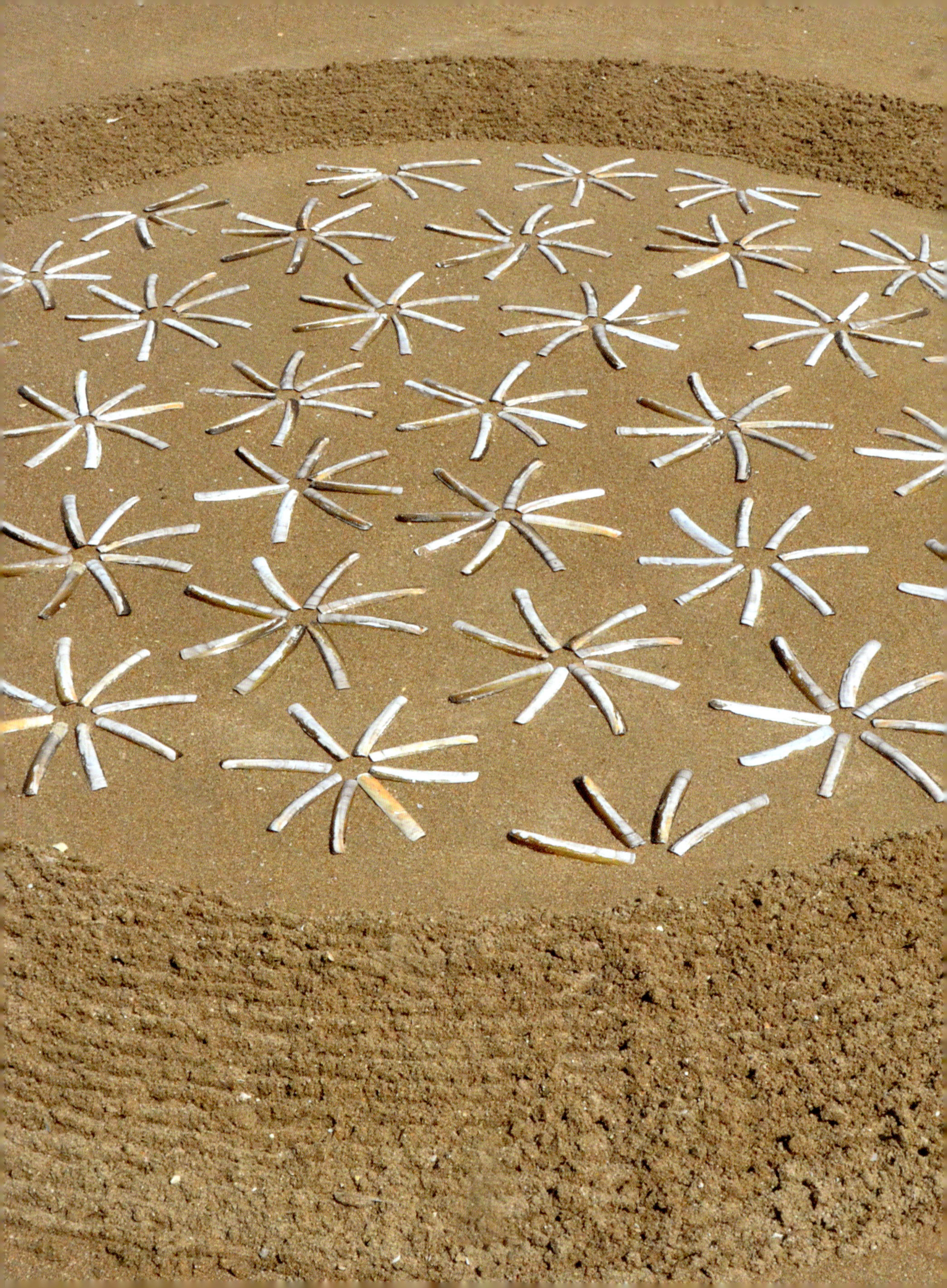

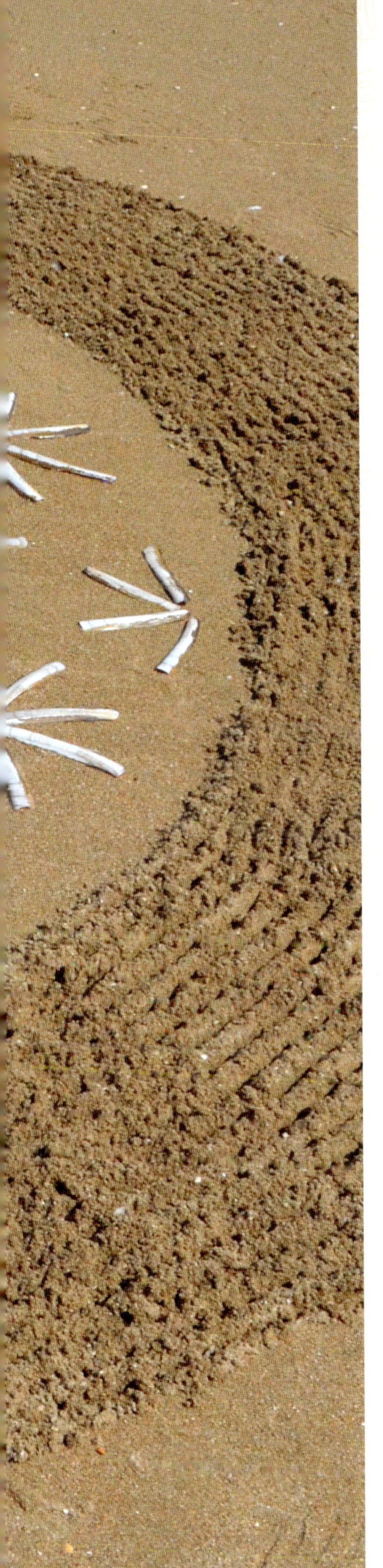

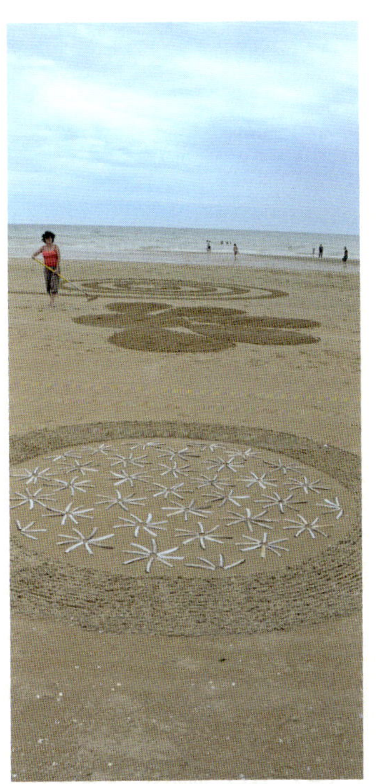

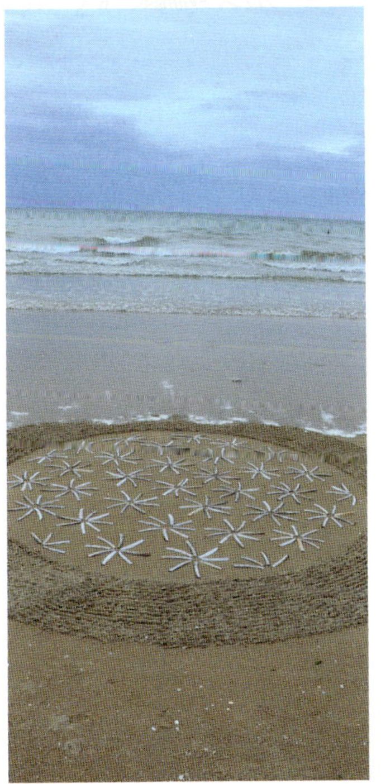

Mandala der Meer-Wirkung

Ende.
Marc

« Da Annehmlichkeiten vergänglich sind und das Verlangen dauerhaft, hat das Verlangen mehr Einfluss als die Annehmlichkeiten. »
Gustave Le Bon

August
Côte Fleurie – Calvados

Sand, Schwertmuscheln.

SEE-MANDALA

Die französische Region La Creuse – verlassen, sich selbst überlassen, unterschätzt, mit einem neuen Namen versehen, geteilt, neu abgesteckt … meine Güte! Sie mögen knifflige Probleme heraufbeschworen haben, aber der Schönheit dieser winterlichen Raureifmorgen, der Symphonie der Düfte an Frühlingsnachmittagen, der Purheit der sternenklaren Sommernächte, den verzauberten Herbstfarben, der können sie nichts anhaben.
Marc

« Sie haben versucht, uns zu beerdigen. Sie wussten nicht, dass wir Samenkörner sind. »
Mexikanisches Sprichwort

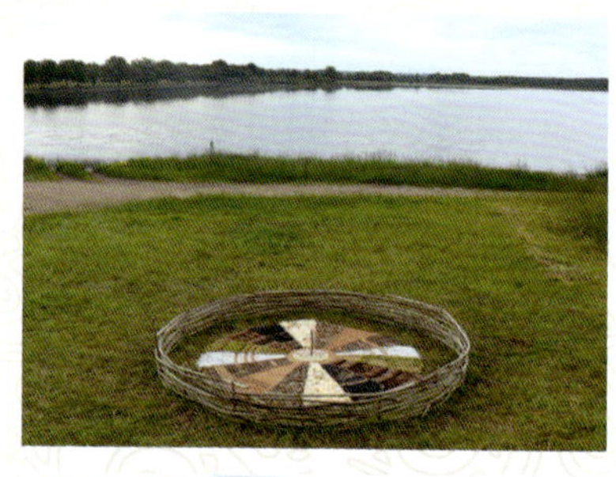

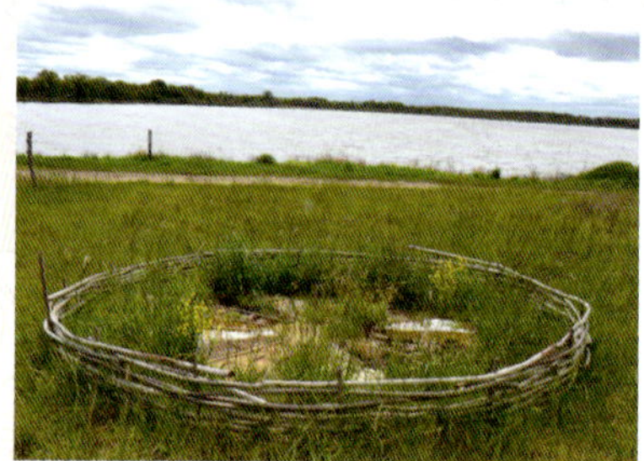

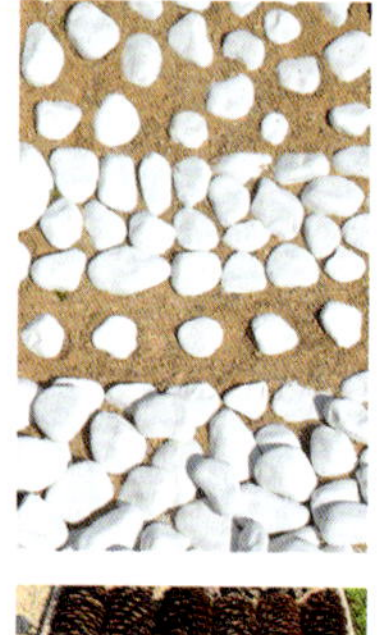

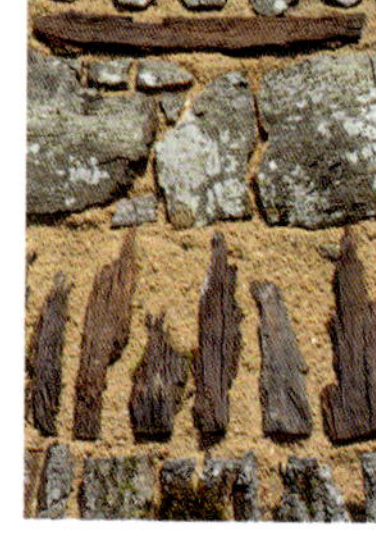

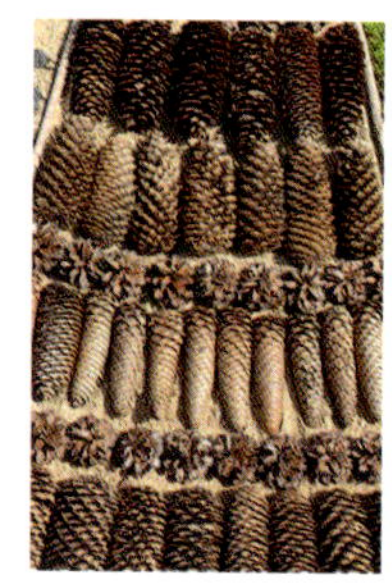

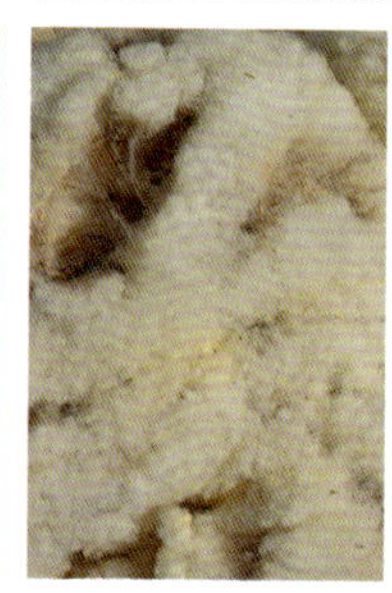

Juni
See „Étang des Landes“, Creuse

Steine, Sand, Zapfen von Pinie und Fichte, Eichenrinde, Nussbaumblätter, Moos, Margeriten, Wolle.

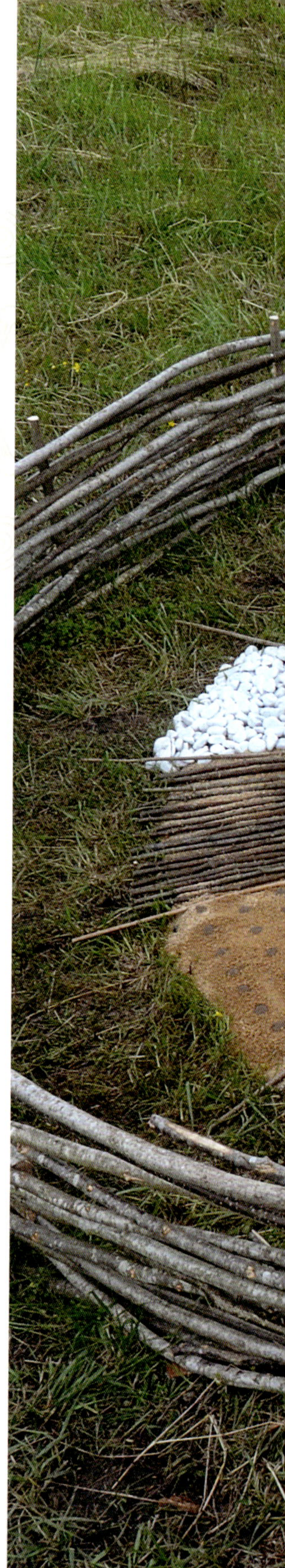

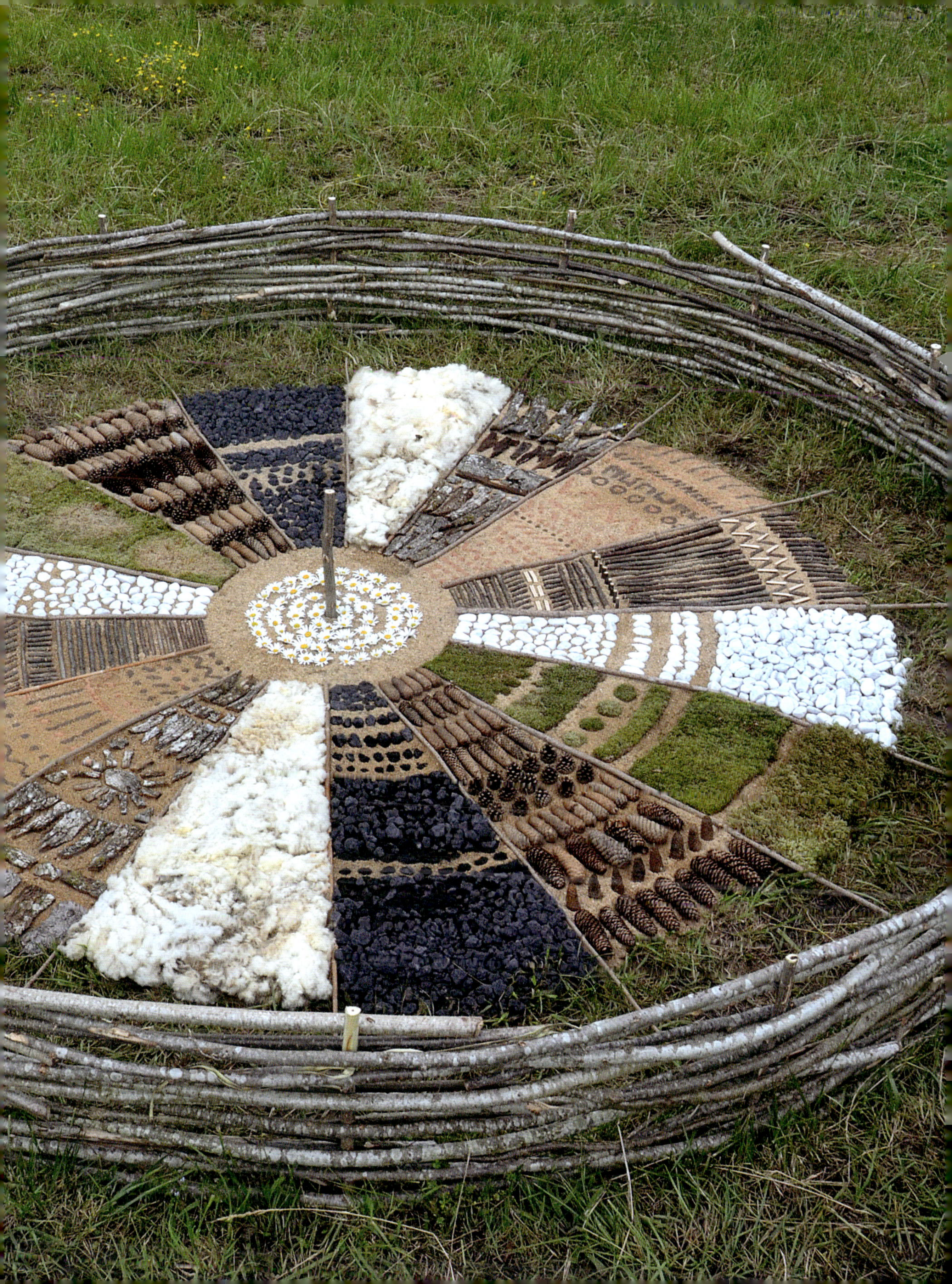

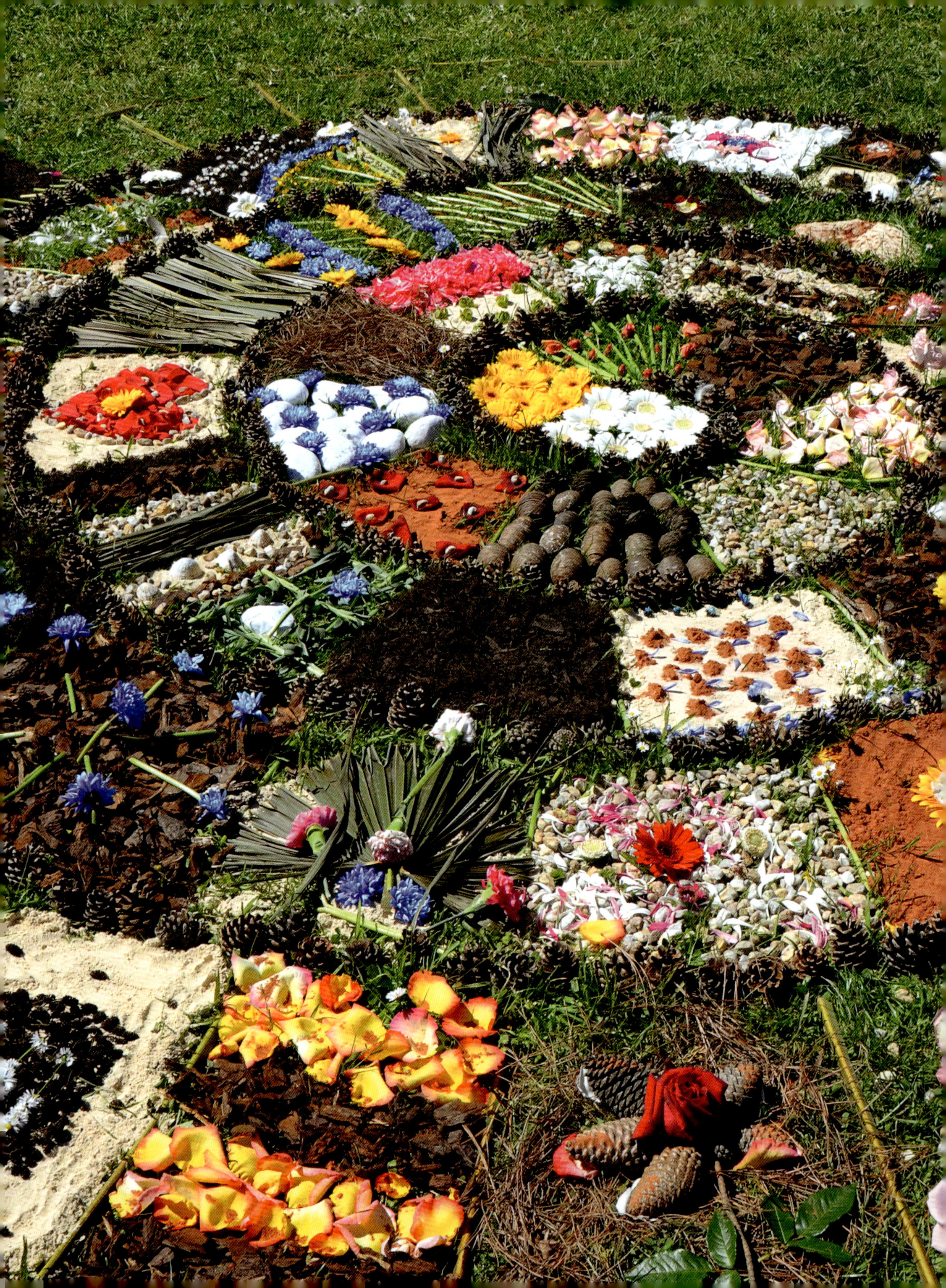

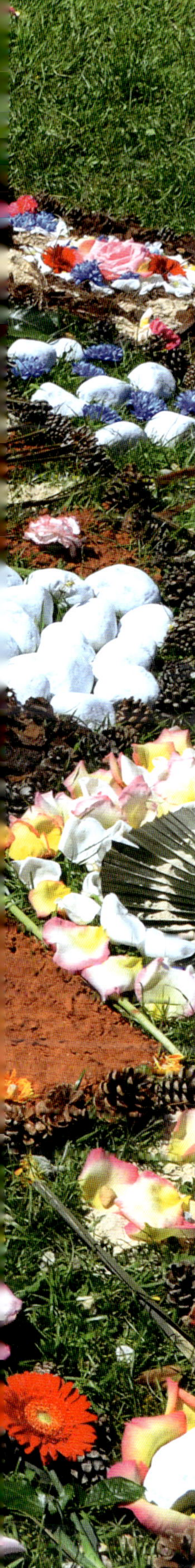

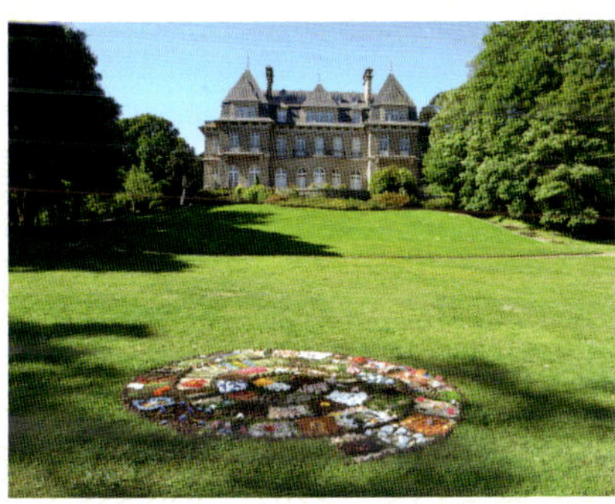

FESTLICHES MANDALA

Lucienne schaut beim Straßenfest vorbei. Vielleicht aus Neugier, vielleicht, weil sie im Fernsehen davon erfahren hat, vielleicht, weil sie mir einen Gefallen tun möchte? Ist 80 Jahre alt und eine Nachbarin. Bei mir, der ich in der Region La Creuse lebe, heißt das, dass sie auf einem 3 km entfernten Hof lebt. Kunstgalerien, Museen, Ausstellungen, Lucienne belustigt sowas eher. Mit dem Mofa fährt sie zweimal im Jahr zur Messe in Giat. Und dabei bleibt's! Bei diesem Straßenfest hat Lucienne zum ersten Mal eines meiner Werke gesehen. Und mich mit Trophäen förmlich überschüttet, vom César über einen Oscar bis hin zum Verdienstorden, nicht zu vergessen das „Lucienne-Ehrenabzeichen". Aber die schönste Belohnung war es, ihre Augen funkeln zu sehen, ihre Begeisterung, ihre Berühmtheit vor dem Kunstwerk aus Blättern, Blüten, Beeren und Zweigen … diesen kleinen, natürlichen Elementen ihres Alltags. *Marc*

Juni
Dinard – Bretagne

Steine, Kies, Sand, Erde, Bälle aus Ton, Kompost, Federn, Herzmuscheln, Napfschnecken, Algen, Holzspäne, Nadeln und Zapfen der Pinie, Zedernzapfen, Früchte der Erle, Palmenblätter, Zinnien, Schmucklilienblüten, Hahnenfuß, Rosen, Nelke, Gänseblümchen, …

« Hier gibt es Früchte, Blumen, Blätter. Und dann gibt es hier auch noch mein Herz, das nur für Sie schlägt. »
Paul Verlaine

WALD-MANDALA

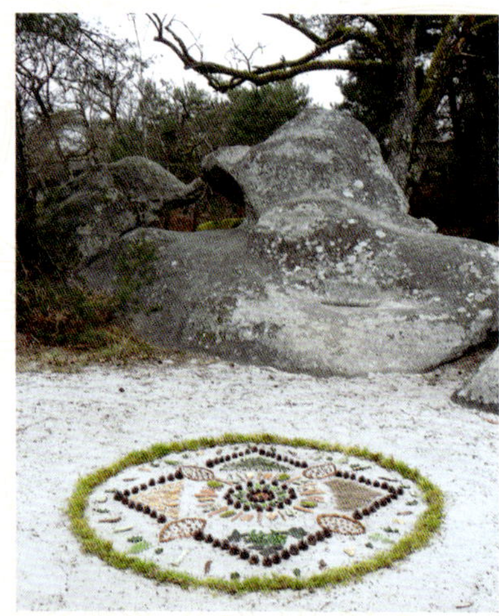

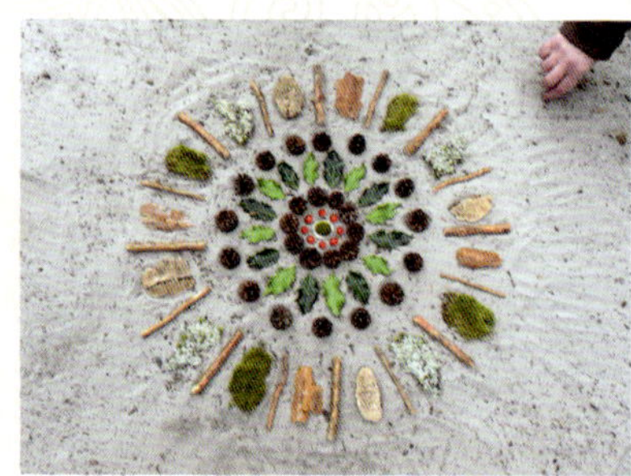

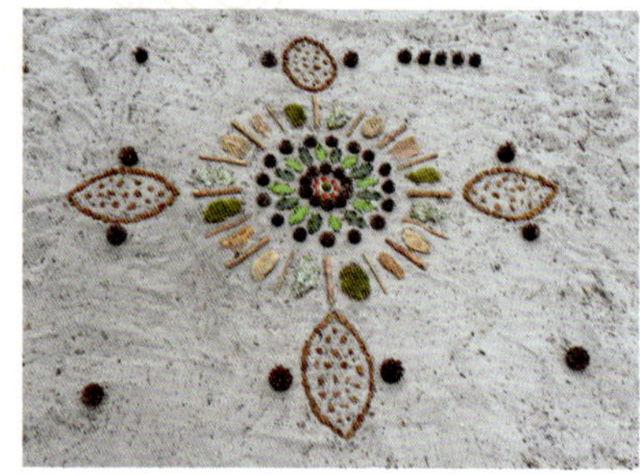

Wenn die Wolken sie nicht verdecken würden, wie sehr würden wir uns dann wirklich darüber freuen, die Sonne zu sehen? Was bereitet Menschen Schwierigkeiten, die Ereignisse selbst oder wie sie diese interpretieren? Was hat Ihnen mehr gebracht, Ihre eigenen Erfahrungen oder das Wissen anderer? Ist es einfacher, die Welt zu verändern, oder seine eigenen Gewohnheiten? Ist es ihr Blick, der den Berg schön erscheinen lässt, oder trägt der Berg die Schönheit in sich selbst? *Maïté*

« In der Schule wurde ich gefragt, was ich werden möchte, wenn ich groß bin. Ich habe geschrieben ‚glücklich'. Sie sagten mir, ich habe die Frage nicht verstanden. Und ich antwortete, dass sie das Leben nicht verstanden hatten. »
John Lennon

März
Fontainebleau-Wald
Blois-le-Roi

Sand, Flechte, Moos, Farn, Pilze, Nadeln und Zapfen der Pinie, Ginsterhalme, Blätter und Beeren der Stechpalme, Brombeerblätter, Minzblätter.

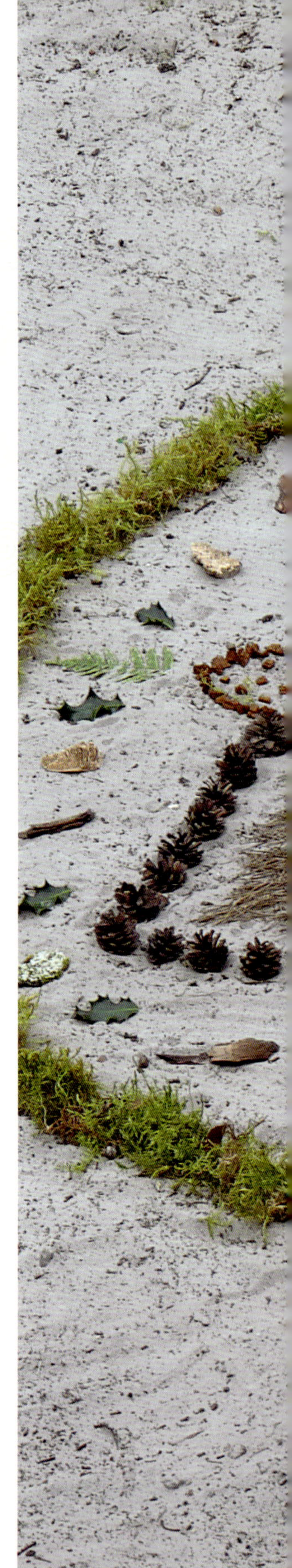

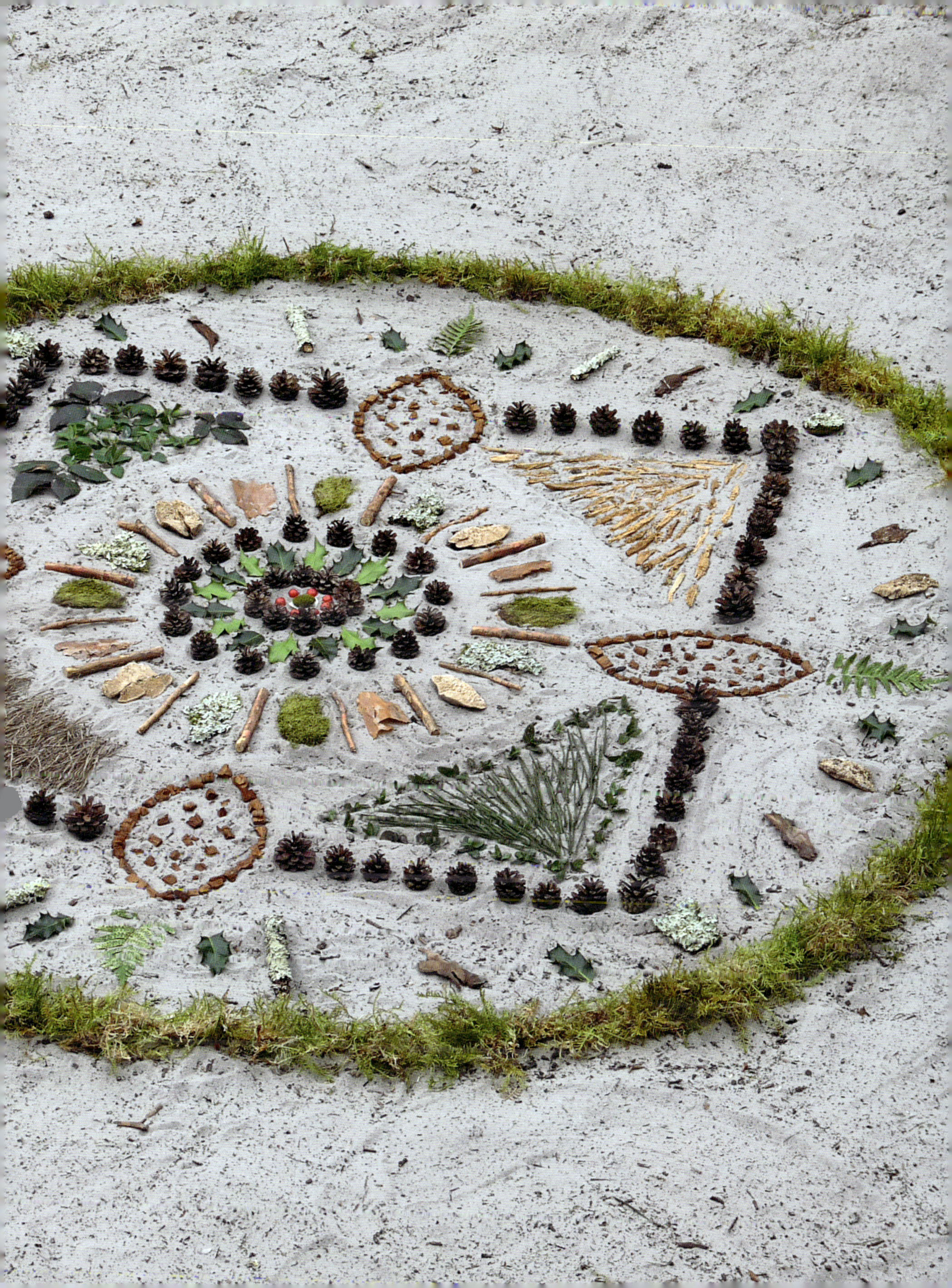

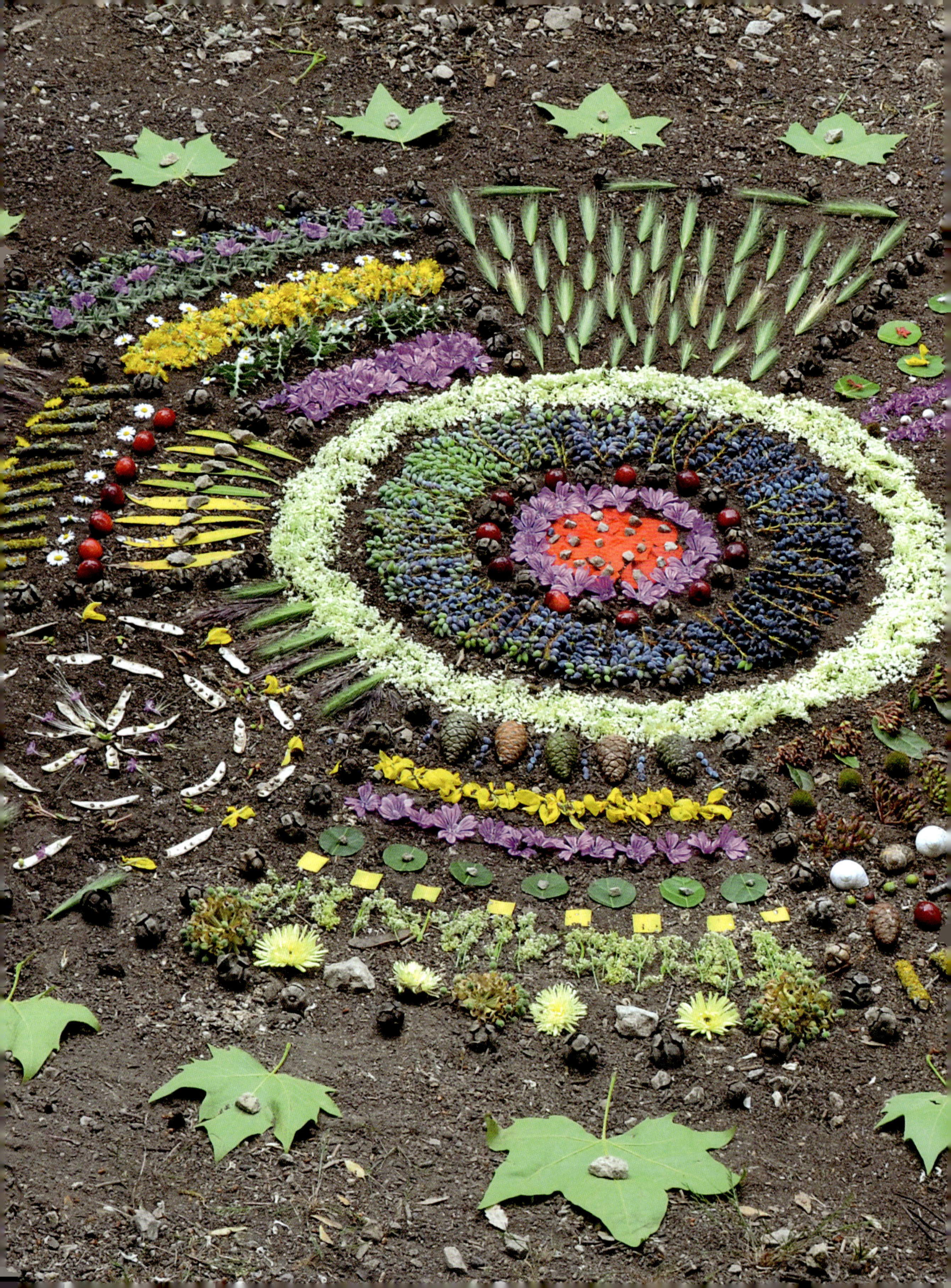

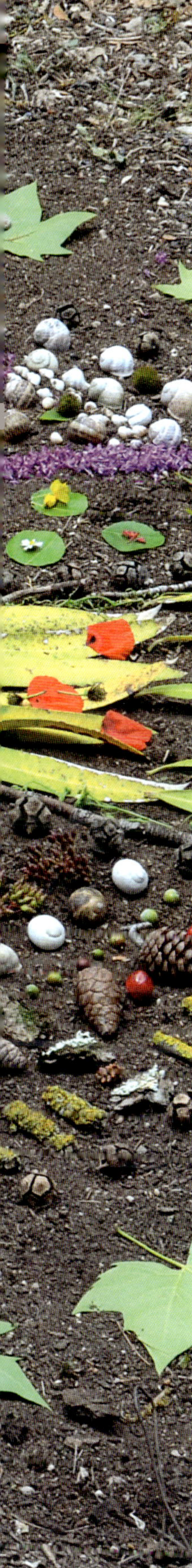

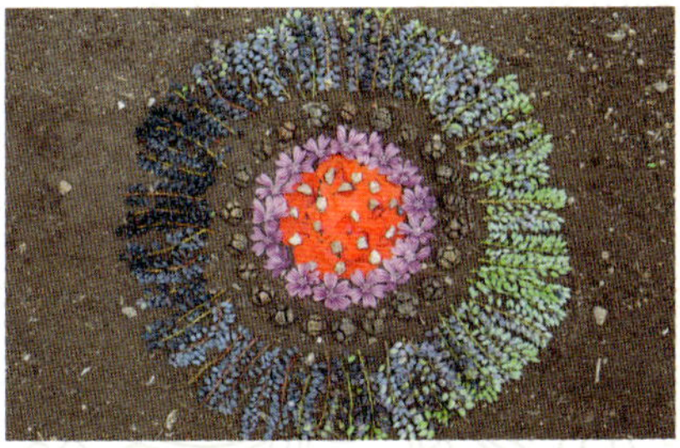

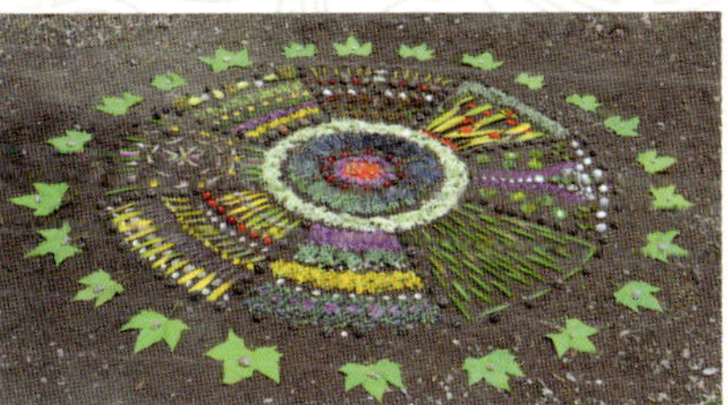

Das Landgut-Mandala

> « Wenn die grauen Zellen rosafarbener wären, hätte die Menschheit weniger düstere Gedanken. »
> Pierre Dac

Mai
Landgut „La Fraissinède"
Corbières

Kies, Schnecken, Pinienzapfen, Zypressenzapfen, Blätter und Früchte der Platane, Oleanderblätter, Mannstreublätter, Mahonienfrüchte, Gerstenähre, Wilde Malve, Klatschmohn, Blüten und Hülsen vom Ginster, Zistrosen, Vergissmeinnicht, Löwenzahn, Gänseblümchen, Blüten der Wilden Möhre, Orchideenblüten, Bocksbartblüten, Süßkirsche.

N: Laurence, was hältst du von „Land Art" und KünstlerInnen, die „Land Art" machen?
L: Nun, ich mag es, euch im Garten beim Arbeiten zuzusehen, wie ihr in die Hocke geht und euch hinlegt, das ist wunderbar! Es tut gut zu sehen, wie ihr die Natur wertschätzt und schöne Dinge macht mit dem, was uns umgibt und was man nicht unbedingt auf den ersten Blick sieht. Es freut mich, euch hier zu haben. Die „Land Art" ist eine feine Sache, das bringt etwas Ordnung in die Dinge, die auf dem Boden herumliegen. Wenn ihr euch wieder auf den Weg macht, liegen die Dinge wenigstens in Reih und Glied. Mein Ehemann ist in dieser Hinsicht keine besonders große Hilfe, ihr solltet also häufiger kommen.
N: Manchmal gibt es Seminarteilnehmer mit einem Sinn für stimmige Ordnung, während andere sich darum überhaupt nicht scheren. Wie reagierst du in solch einem Fall?
L: Dann lege ich eben selber noch einmal Hand an.
N: Alain, was hältst du von „Land Art" und „Land Artists"?
A: Ich finde, dass sie im Garten für totales Chaos sorgen, sie lassen alles liegen, Zweige, Blütenblätter, Geräte… und ansonsten ist „Land Art" zweifelsohne etwas für Frauen, es wimmelt hier nur so von Frauen. Da geht es sicher nicht mit rechten Dingen zu, das stinkt doch zum Himmel. Auf Wiedersehen! Ich habe 16 Hektar zu jäten, die „Land Artists" werden mir da keine große Hilfe sein.

EIS-MANDALA

Das November-Mandala ist mit allen Wässerchen gewaschen, es bringt sogar Allerheiligen zum Husten. Wer sein Mandala im Dezember zurücklässt, wird es im Januar verloren haben.
Das Januar-Mandala mit Eiseskälte ist den Finger und Zehen eine Schelte. Ein Februar mit viel Regen bringt dem Mandala keinen Segen. Eis noch dazu, zerbröselt das Mandala im Nu. Im März viel Wind, zerstiebt das Mandala geschwind. Zu Ostern ist das Mandala dann voller Moos ... *Maïté und Marc*

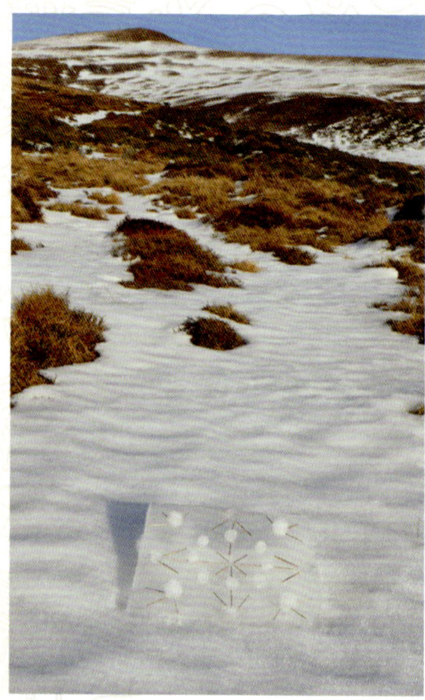

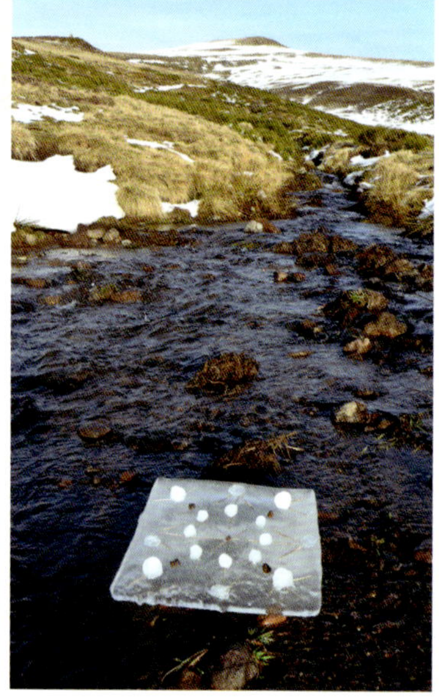

« Ich hasse die Berge, sie verstecken die Landschaft. »
Alphonse Allais

Februar
Chaîne ces Puys-Auvergne

Steine, Eis, Grashalme.

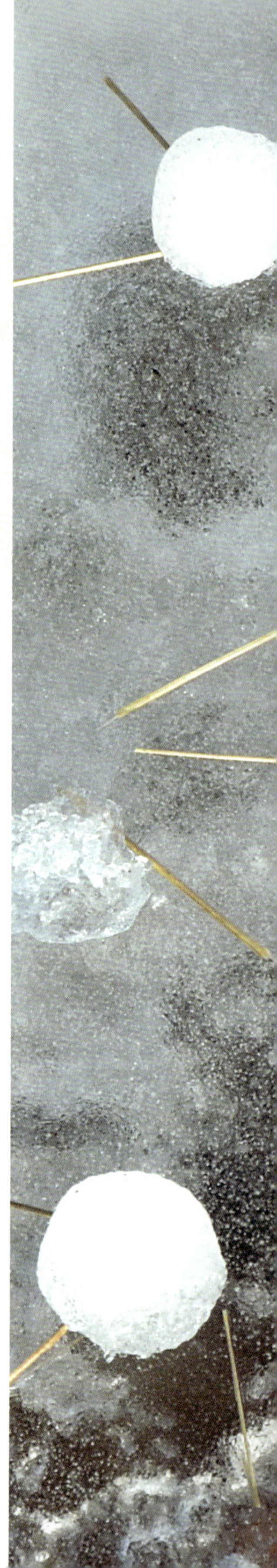

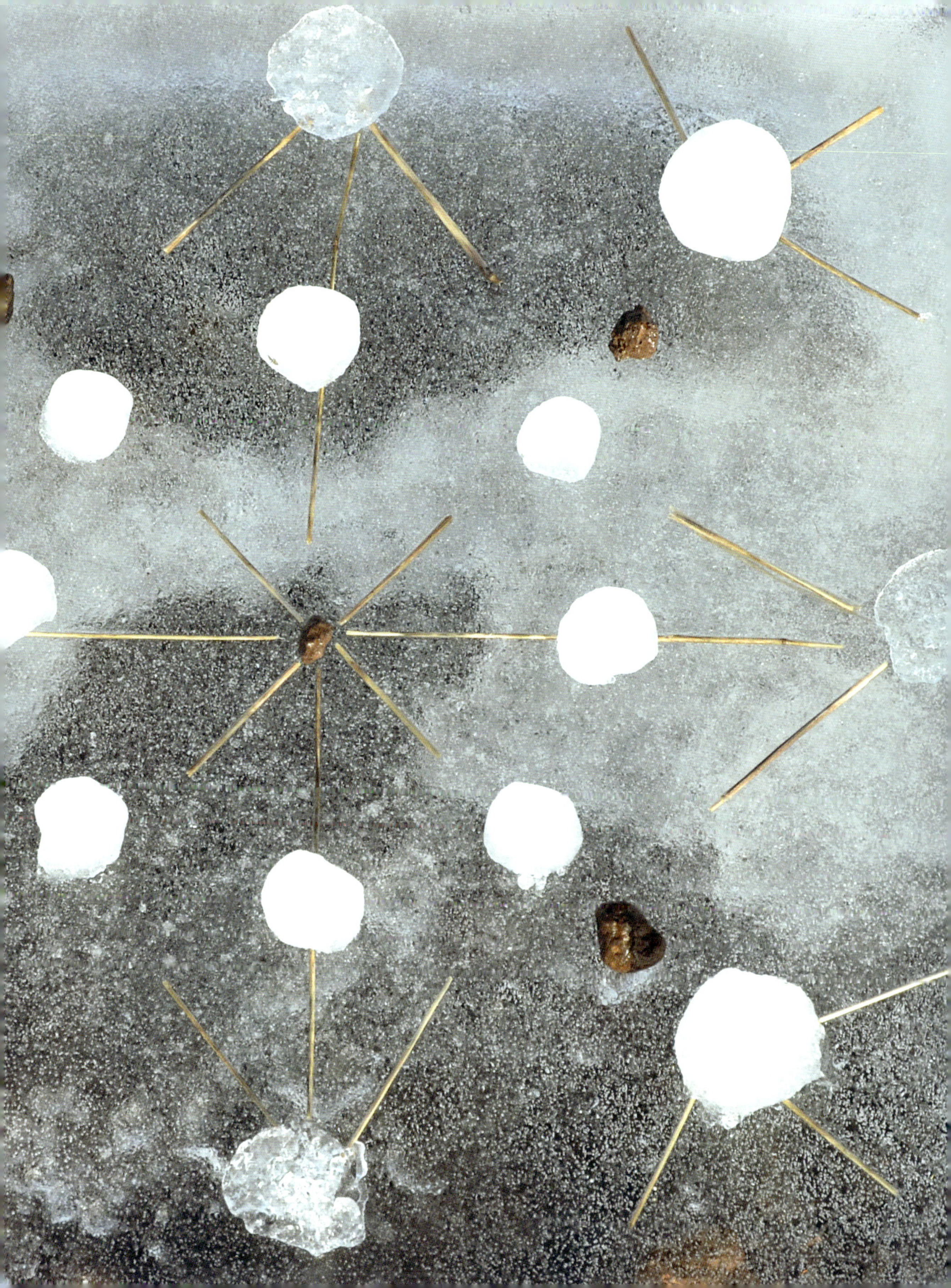

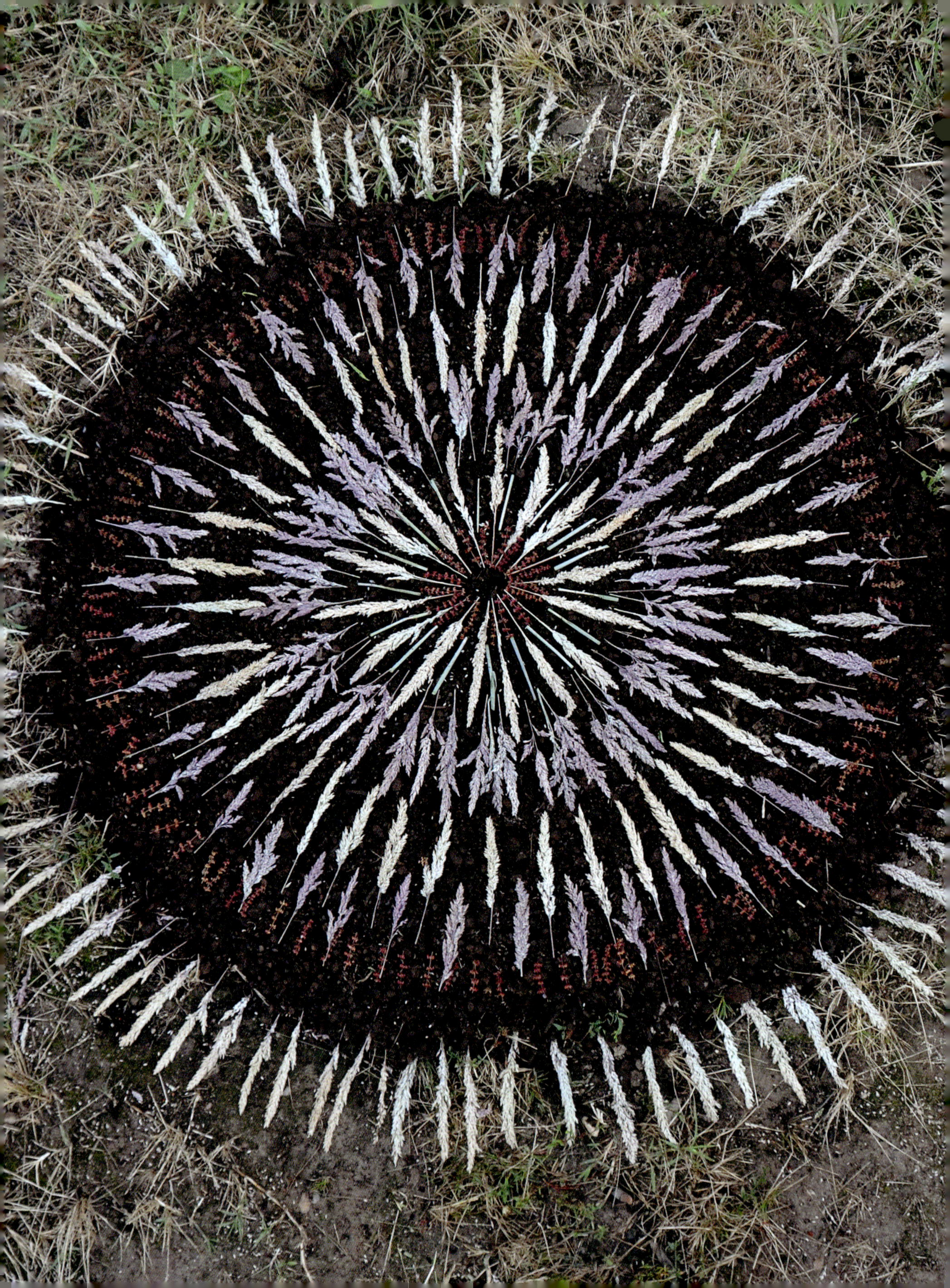

MANDALA DER GRÄSER

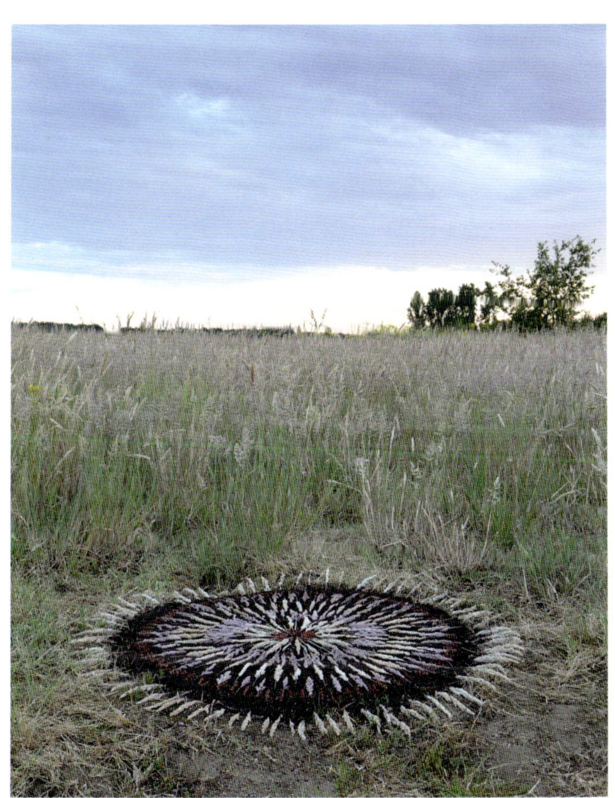

Nein! Bei diesen Arrangements von Gräsern, kleinen Blüten, Zweigen, Beeren und Kiesel handelt es sich nicht bloß um den Versuch, die Natur nett aussehen zu lassen oder etwas umzuschichten! Sie sind auch als „friedliches Protestmittel" zu verstehen, um sanft der Liebe zum Leben Ausdruck zu verleihen. *Marc*

« Unkraut ist bloß eine Bezeichnung für Pflanzen, die man bislang nicht wertzuschätzen weiß. »
Ella W.-Wilcox

Juni
Hain in Charente

Mutterboden, Gräser (Honig- und Straußgräser), Sauerampfer.

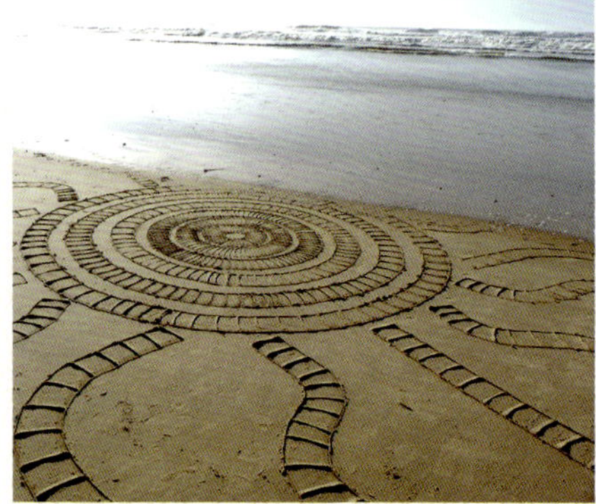

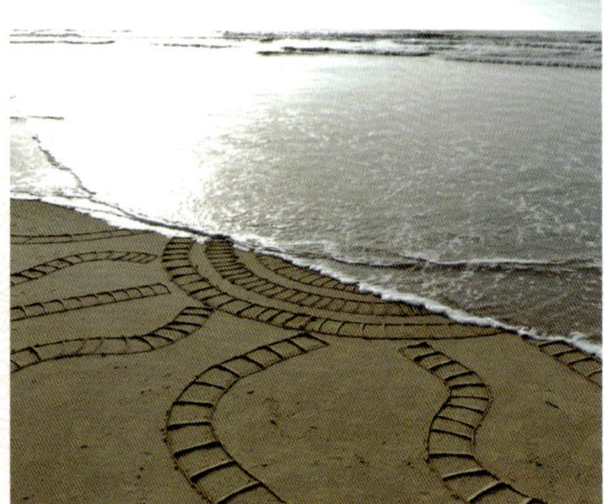

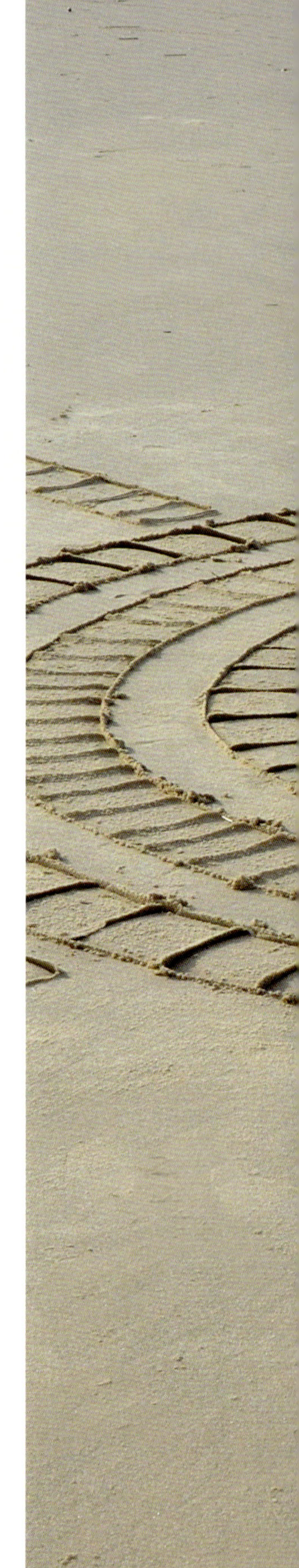

Mandala des Nichtwissens

Am Strand fällt mir bei Ebbe eine Meerwanze auf dem Rücken auf. Sie gestikuliert wild, in der Hoffnung, wieder auf die Beine zu gelangen und dem Tod zu entrinnen. Wenn ich ihr nicht helfe, ist sie dem Tode geweiht. Ich nehme ein Stückchen Muschel, die Wanze klammert sich daran und schwups, schon hat sie die Freiheit zurück, zu gehen wohin sie will. Sie kommt mir entgegen, ich trete einen Schritt zur Seite, daraufhin hält sie kurz inne, um dann weiter auf mich zuzumarschieren. Ich laufe einmal um sie herum, und das kleine Tier ändert jedes Mal seine Richtung, um einer Begegnung mit mir entgegen zu spazieren. Das überrascht mich sehr. Marc, der die Situation gemeinsam mit mir beobachtet, versichert mir: Das, was ich da sehe, ist wirklich wahr und dauert mindestens fünf Minuten. Was wollte sie bloß…? Wonach hat sie gesucht? Wer ist unwissender, die Wanze oder ich? *Maïté*

« Das einzige, was ich weiß, ist, dass ich nichts weiß. »
Sokrates

Januar
Île d'Oléron
Charente-Maritime

Sand.

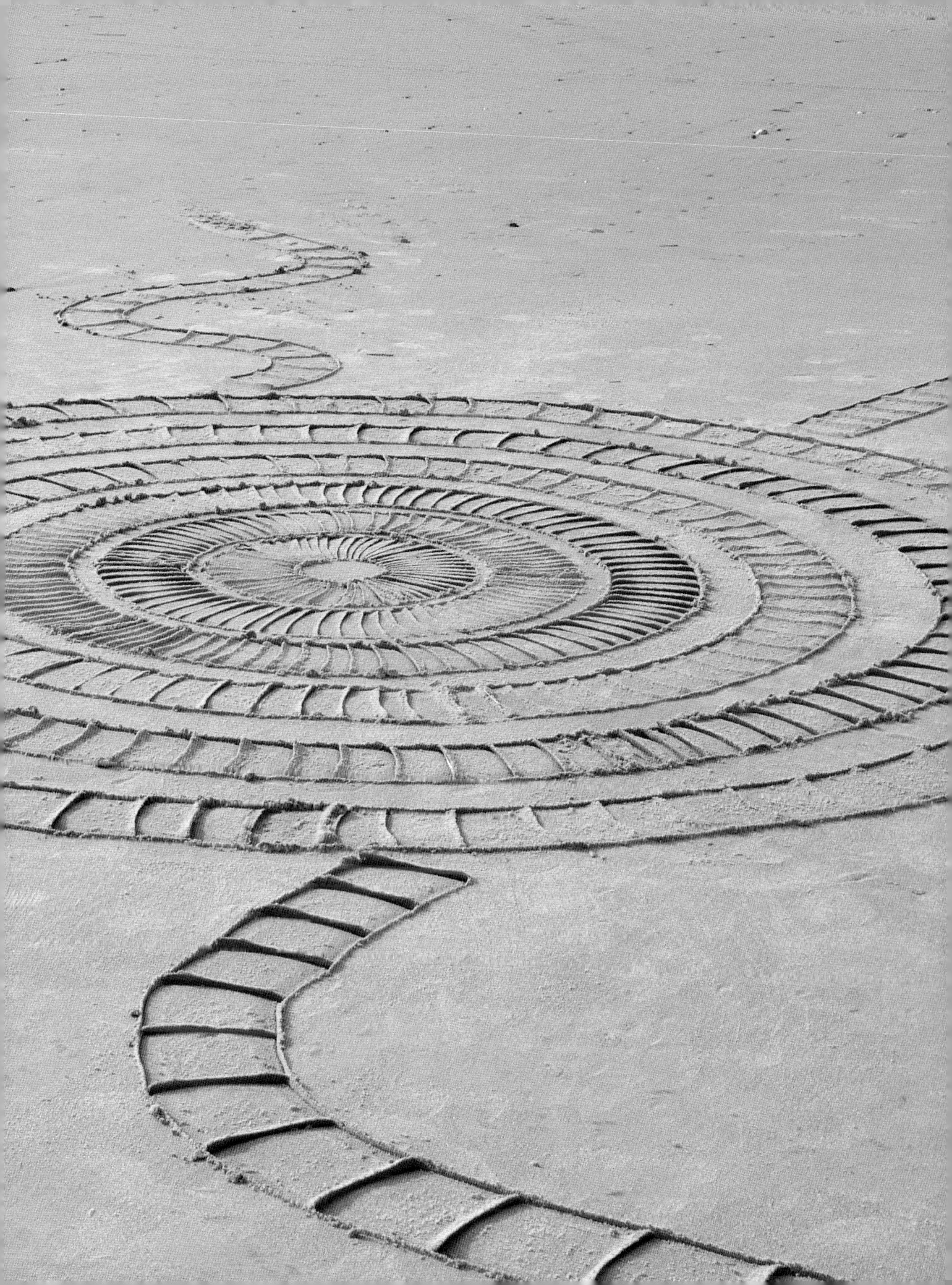

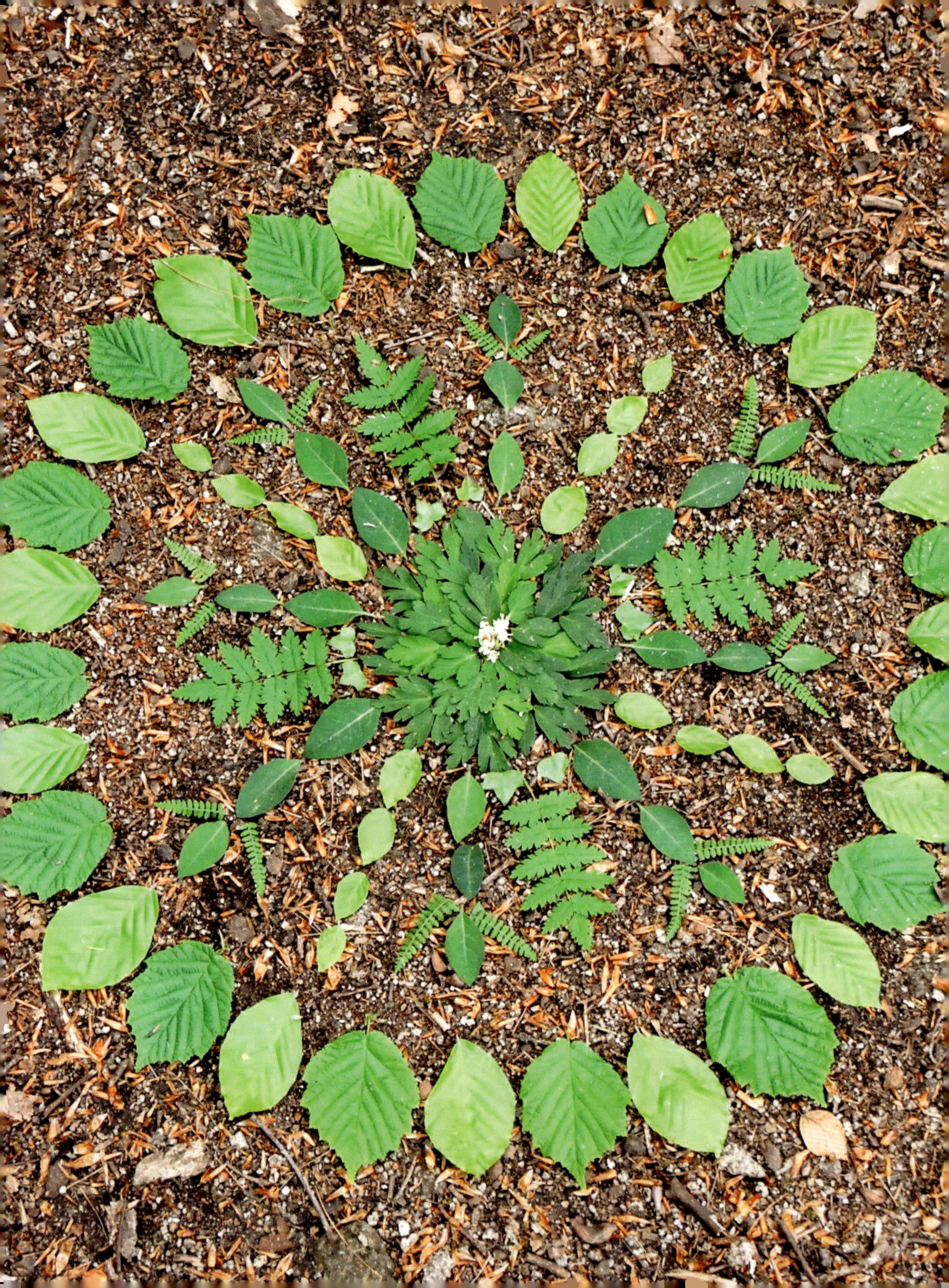

MANDALA DER INTUITION

Wenn ich in der Natur spazieren gehe, lasse ich meine Gedanken und meine Schritte gerne umherstreifen, ich folge meiner Intuition, bis ich an einen Ort oder zu etwas gelange, das die Kreativität inspiriert. Ohne Anstrengung lasse ich meine Gedanken schweifen, als wäre nicht ich es, der ein Mandala wahrnimmt. Die Natur leitet mich an und ich bin eins mit ihr. Ein vorzüglicher Augenblick, indem die direkte Verbindung mit der Natur in mir intuitive Wahrnehmungen erweckt.
Maïté

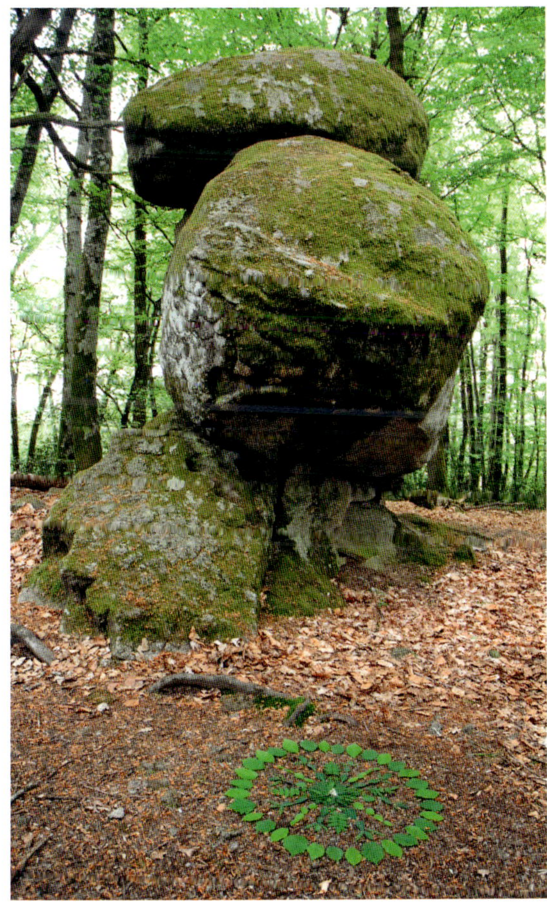

« Nicht kämpfen. Sich gehen lassen. Geschehen lassen… der Baum, der seine Blätter „verliert", versucht nicht, sie zu behalten. Er weis oder er vetraut. Er verliert nur Altes, Verbrauchtes, Vergangenes. Der Baum lebt für morgen und die Keimung künftiger Tage. »
Jacqueline Kelen

April
Masgost-Creuse

Farn, Buchenblätter, Hainbuchenblätter, Hagedornblätter.

Mandala der Freude

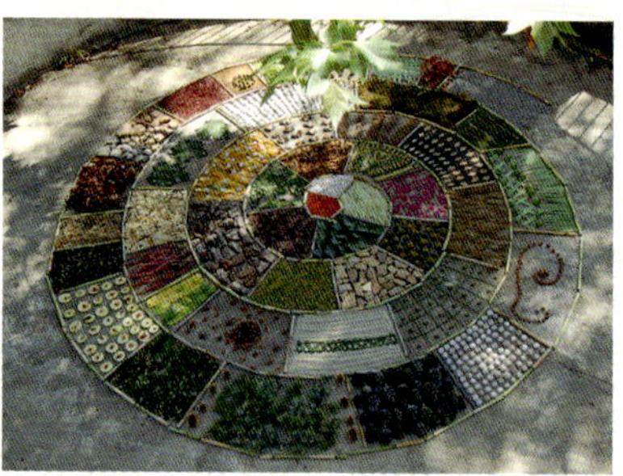

Leben Sie all Ihre Lebendigkeit, zügellos, machen Sie etwas, das Sie sich nicht zugetraut hätten. Wer weiß, vielleicht möchten Sie an einem „Land Art"-Workshop teilnehmen und in aller Ruhe ein Mandala legen.
Maïté und Marc

« Leben Sie all Ihre Lebendigkeit, zügellos, machen Sie etwas, das Sie sich nicht zugetraut hätten, eine Verrücktheit im besten Falle … wenn Sie gerade zu Abend gegessen haben, dann lassen Sie den Abwasch doch einfcah mal stehen. »
Jean Sulivan

September
Corbières

Steine, Geröll, Sand, Schnecken, Moos, Nüsse, Blätter und Früchte des Feigenbaumes, Äpfel, Eicheln, Beeren des Lorbeerblättrigen Schneeballs, Rinde und Früchte der Platane, Rinde, Zapfen und Nadeln der Pinie, Buchsbaumblätter, Efeublätter, Beeren und Blätter vom Stechenden Mäusedorn, Portulak, Schwertlilien, Zapfen und Zweige von Zypressen, Zapfen und Zweige der Zeder, Pfahlrohrhalme, Wilde Karde, Echtes Labkraut, Blüten der Wunderblume.

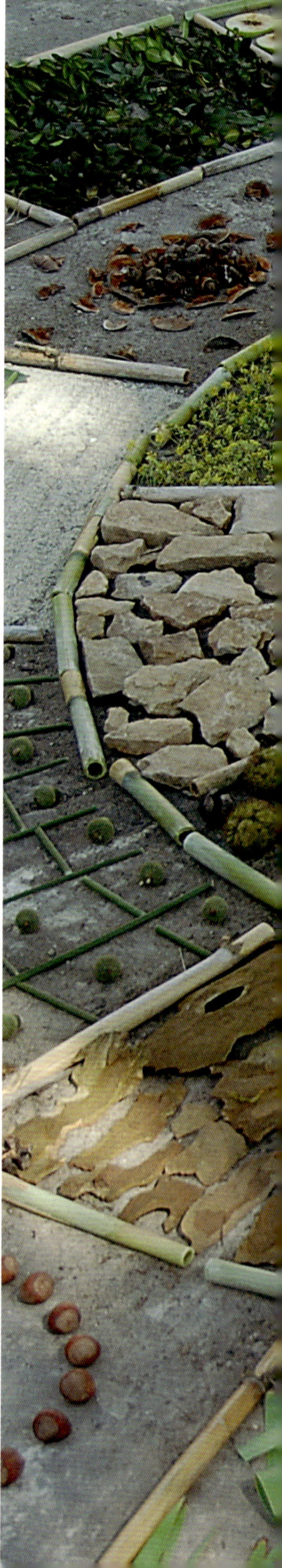

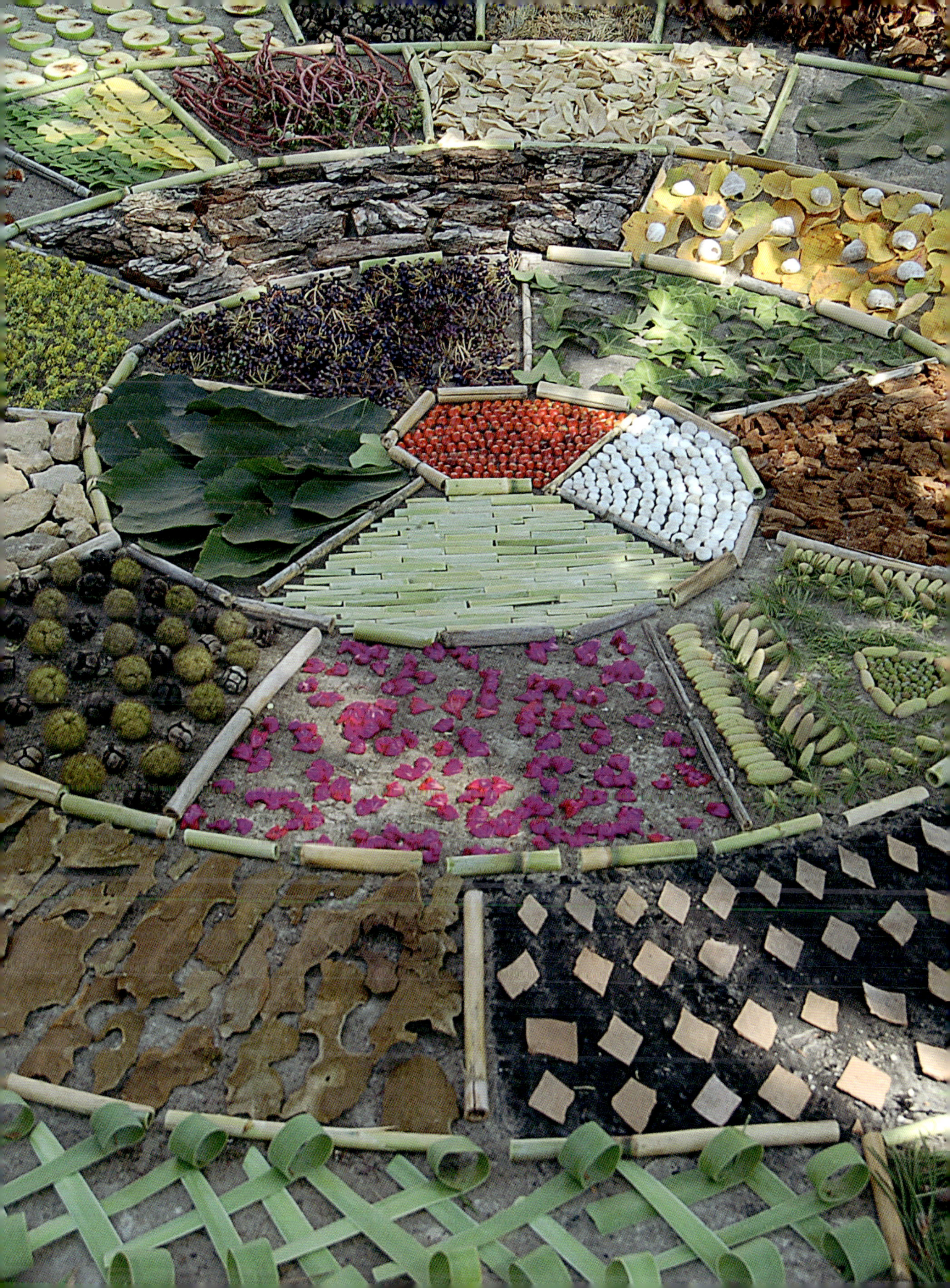

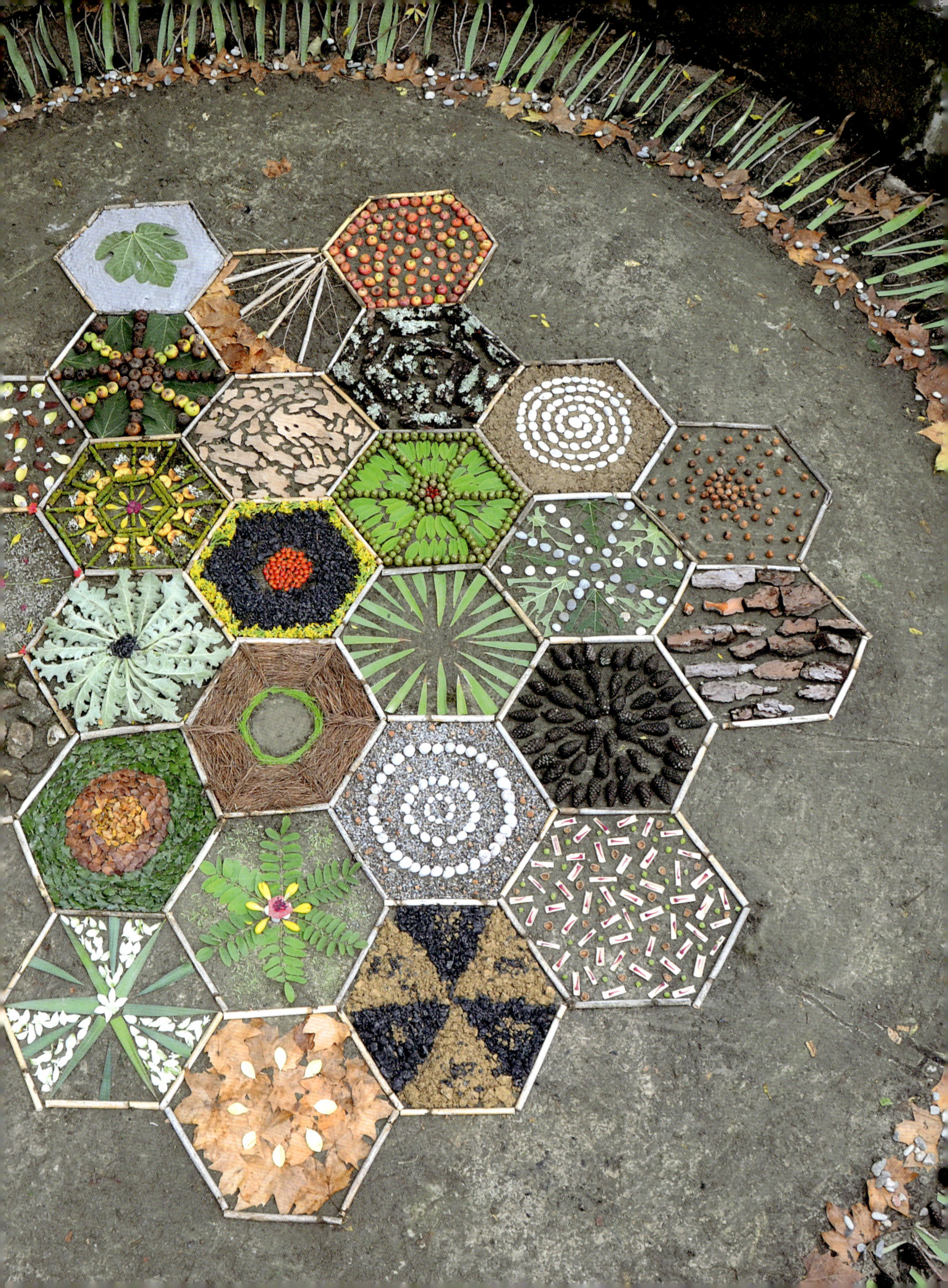

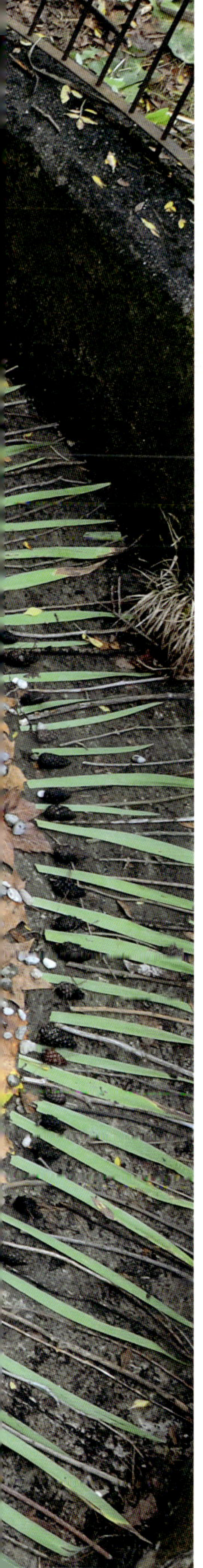

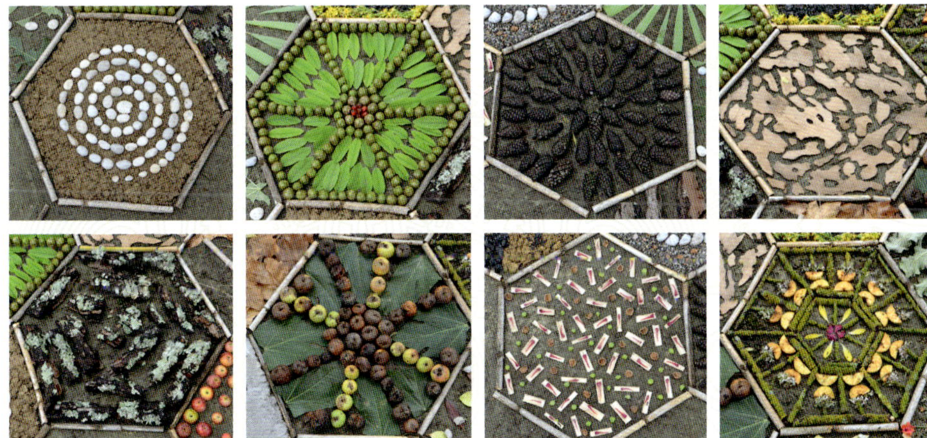

MANDALA DES ZEN-KOANS

« Suche das, was dir fehlt, in dem, was du hast. »
Zen-Koan

Zu den Meditationsobjekten, die im Buddhismus zum Erwachen eingesetzt werden, gehören Koans: kurze Sätze oder pointierte Anekdoten, die absurd oder paradox sind. „Welches Gesicht hatten Sie vor der Geburt Ihrer Eltern?" „Welches Geräusch macht eine einzelne Hand, die applaudiert?" „Wenn ich das Licht ausmache, wohin geht es?" „Wenn es nichts mehr zu tun gibt, was machen Sie dann?" „Kann es eine Illusion wirklich geben?"
Maïté und Marc

September
Corbières

Kiesel, Steine, Ton, Kies, Schnecken, Zapfen der Zypressen, Rinde und Blätter der Platane, Zapfen, Rinde und Nadeln der Pinie, Nüsse, Pfahlrohrhalme, Blätter der Robinie, Blätter der Kermes-Eiche, Feigenblätter, Schwertlilienblätter, Heckenrosenzweige, Äpfel, Kreuzkrautblüten, Blüten der Wunderblume, getrocknete Lavendelblüten, Blüten der Fuchsie.

Gemüse-Mandala

Radieschen, Karotten, Rüben, Tomaten, Zucchini, Artischocken, Paprika … ein fantastisches Dorf, eine großartige Landschaft… Man hört einander zu, teilt Dinge, lacht, Freundschaften entstehen… Es ist einfach und gleichzeitig selten, all diese Zutaten zu vereinen. Dadurch kann es möglich werden, ein hübsches Mandala zu kreieren, eine gute Suppezu kochen und wunderbare Momente miteinander zu verleben. *Marc*

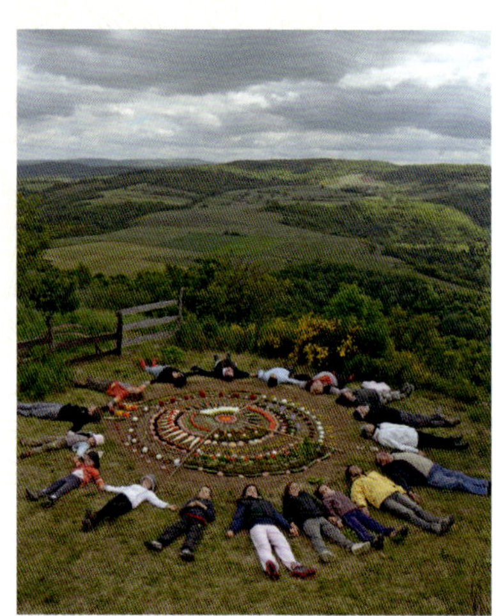

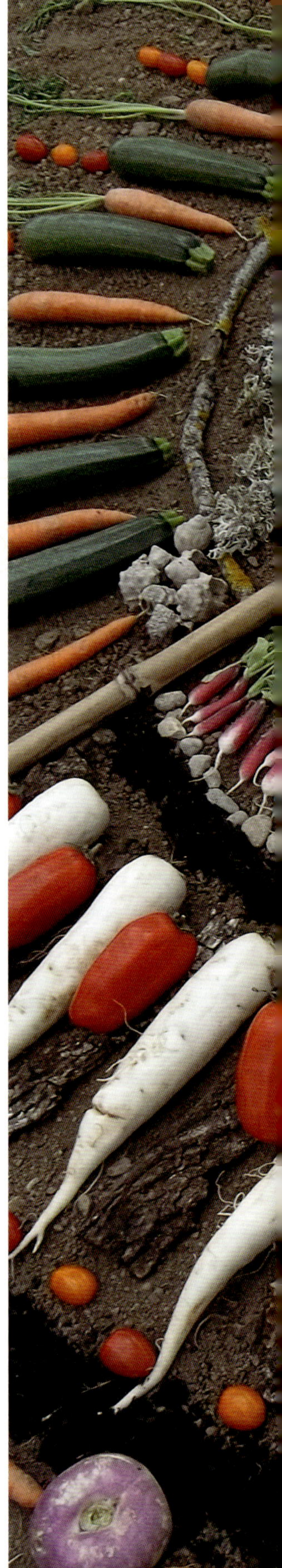

« In der Natur richtet der Löwe sich erst dann auf, wenn es wirklich nötig ist. Für Antilopen gibt es weder ein Lager noch eine Bank. »
Pierre Rabhi

Juni
Léotoing-Auvergne

Radieschen, Karotten, Rüben, Tomaten, Zucchini, Artischocken, Paprika, Lauch, Schnecken, Jakobsmuscheln, Kornblume, Kleeblüten, Ginsterblüten, Margeriten, Gänseblümchen, Schwertlilie, Moos, Flechte, Süßgräser, Kastanienblätter, Erde, Pinienrinde, Bambus.

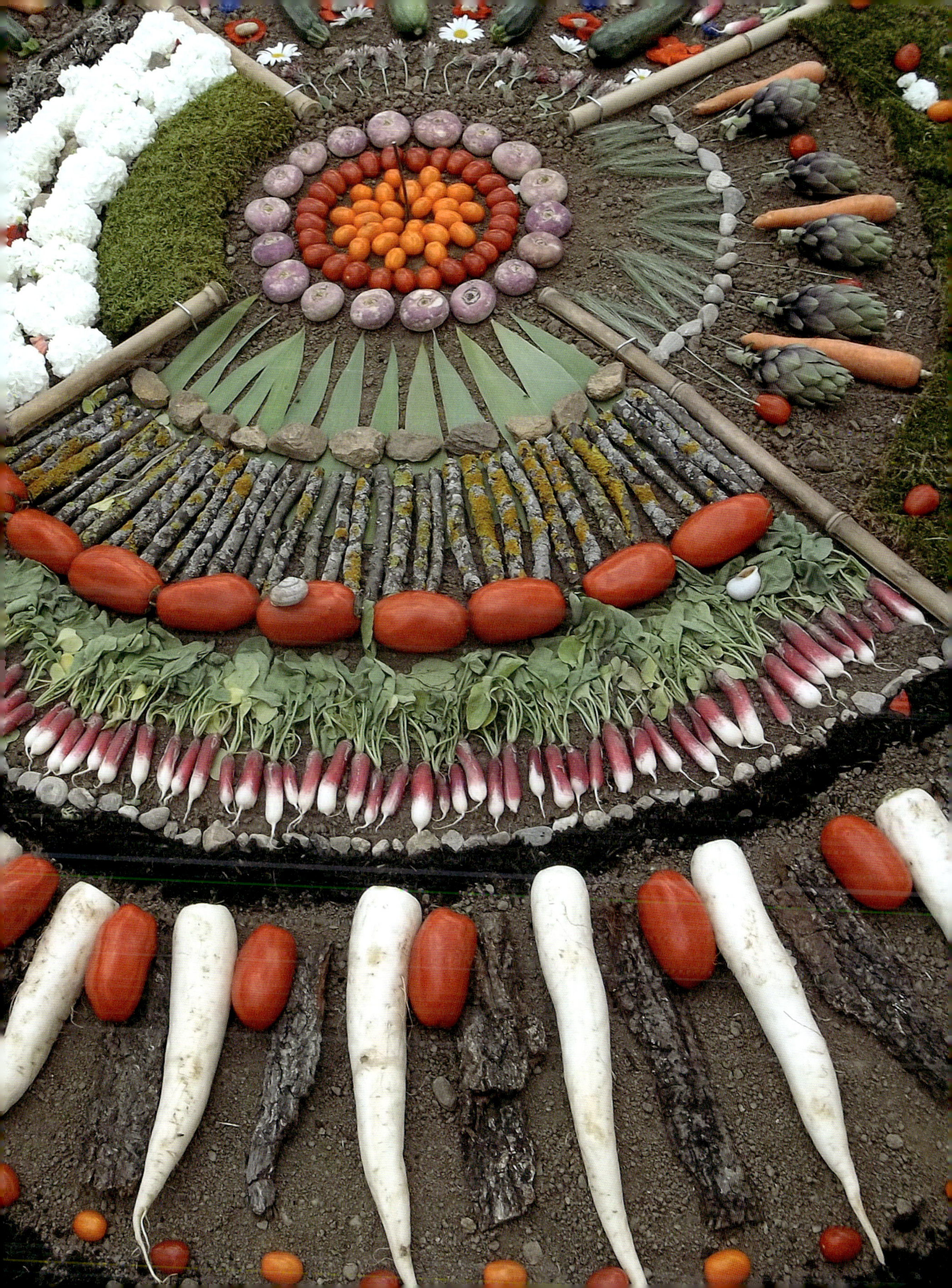

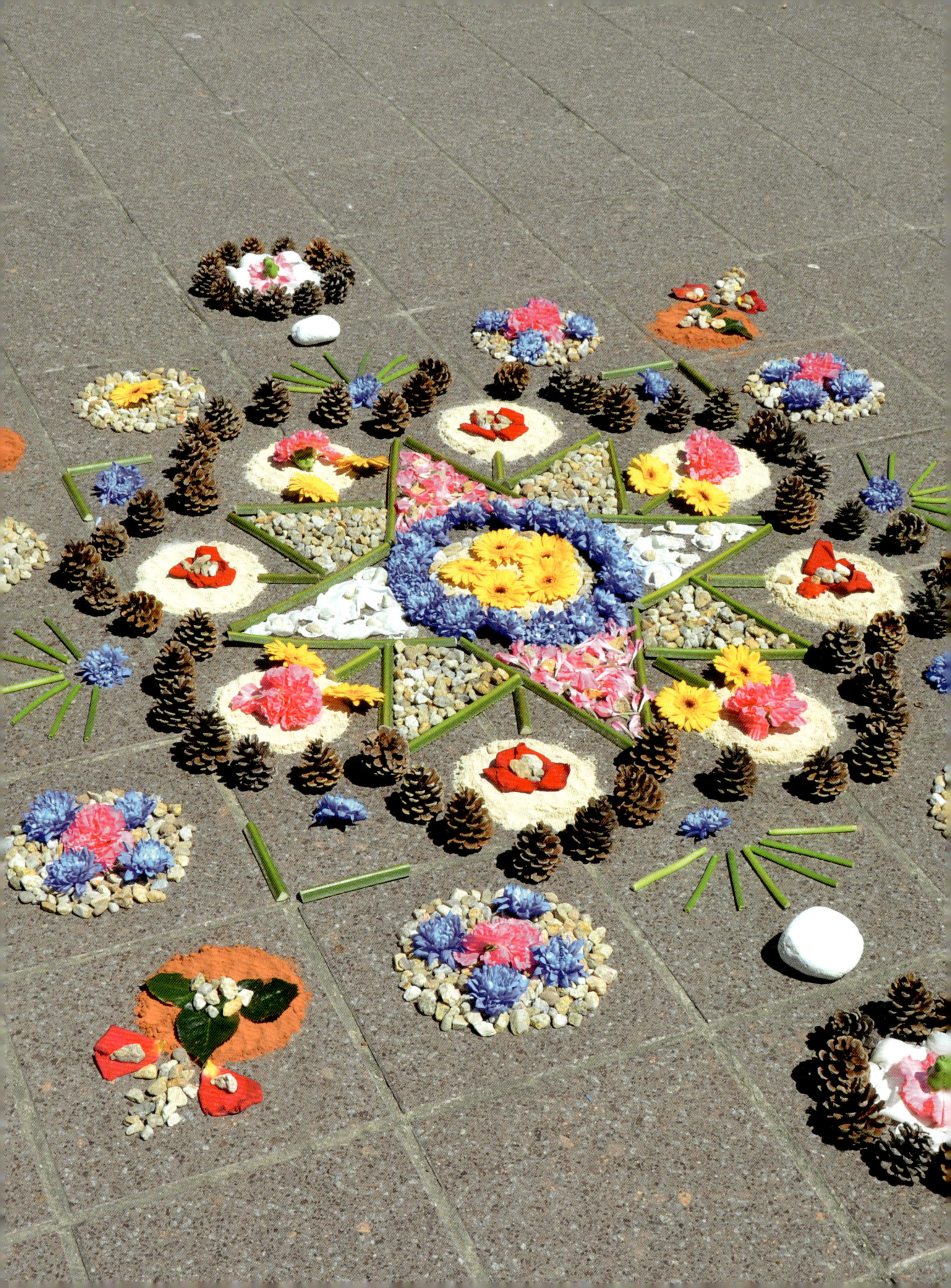

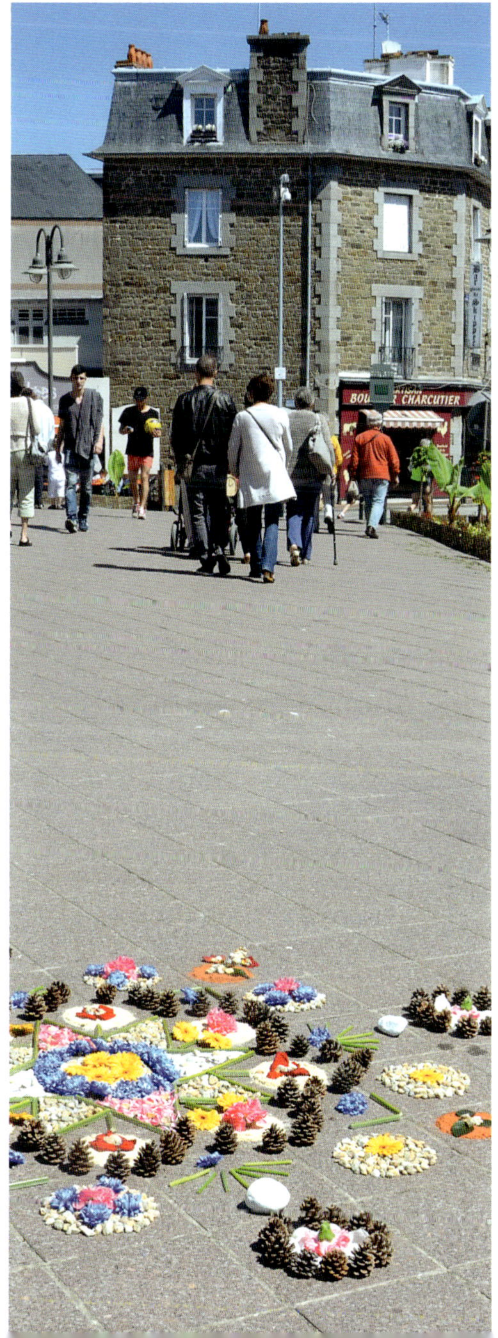

Das Mandela

Ich war mir nicht sicher, ob ich es richtig verstanden hatte. Doch, hatte ich! Das zweite und danach das dritte Mal war es das, was ich gehört hatte: „ein Mandela". Die alte Dame, die mich mitten in Aktion gesehen hatte, war näher gekommen und hatte mich gefragt, was ich da tue. Ich hatte es ihr erklärt. Sie war verblüfft, berührt, sicher aber auch ein wenig taub. Ich hatte versucht, sie zu korrigieren, aber das war unmöglich. Also wurde es ein Mandala, das sich rühmen konnte, den Friedensnobelpreis gewonnen zu haben. Es ist getauft auf den Namen „Das Mandela".
Marc

« Indem wir unser Licht zum Strahlen bringen, bieten wir anderen die Gelegenheit, es uns gleich zu tun. »
Nelson Mandela

Juni
Ille-et-Vilaine – Bretagne

Kies, Geröll, Sand, Pinienzapfen, Rosenblätter, Nelke, Rosen, Sonnenhut, Schmucklilienblüten, Palmenhalme.

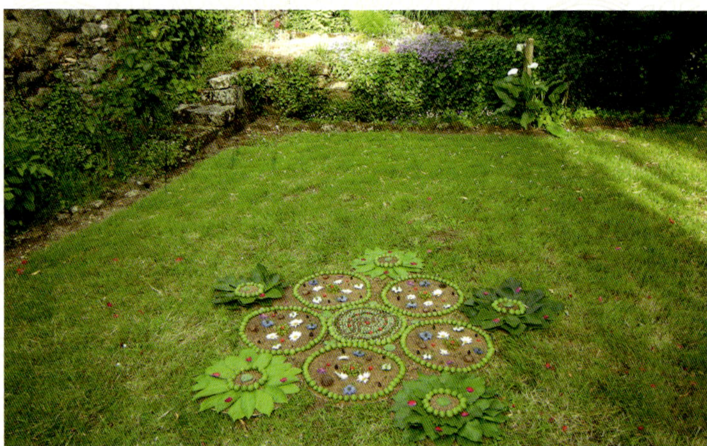

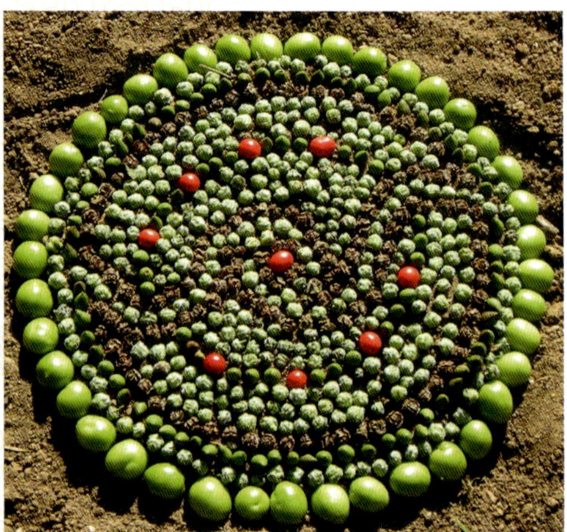

Mein Garten-Mandala

Als ich neulich in meinem Garten ein Mandala kreierte, stellte ich fest, dass ich über die Veränderung zu meditieren angefangen hatte. Ich stelle fest, dass wir die meiste Zeit ein anderes Leben haben wollen, dass unsere Situation sich verbessert. Lösungsvorschlägen begegnen wir mit einem „Ja, aber...". Und die Angst vor dem Unbekannten siegt über die Lust auf Veränderung. Wir ziehen unsere Komfortzone vor und ignorieren, dass dieser Komfort mit Unbehagen einhergeht. Bis zu dem Moment, in dem wir keine andere Wahl haben als uns zu verändern. Was sind wir bereit zu tun, damit sich daran etwas verändern kann?
Maïté

« Das Glück findet man nicht, man macht es. Es hängt nicht davon ab, was uns fehlt, sondern wie wir von dem Gebrauch machen, was wir besitzen. »
Arnaud Desjardins

Mai
Gärten in Charente

Feigenblätter, Lorbeerblätter, Lindenblätter, Lebensbaumfrüchte, Zedernzapfen, grüne Birnen, Beeren des Lorbeerblättrigen Schneeballs, Früchte des Einjährigen Silberblatts, Sauerampferfrüchte, Margeriten, Schwarzkümmel, Wilde Malve, Rosenblätter.

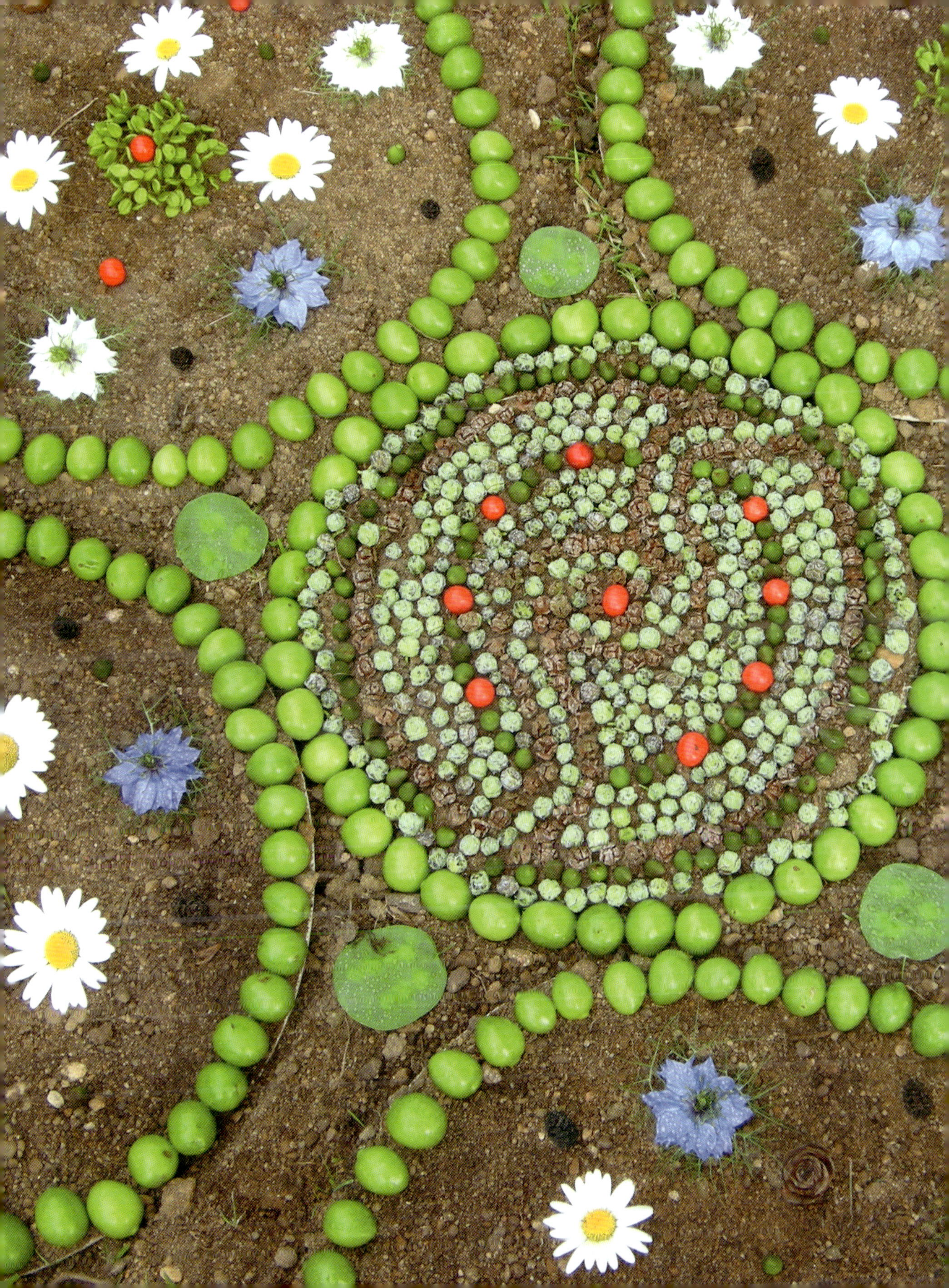

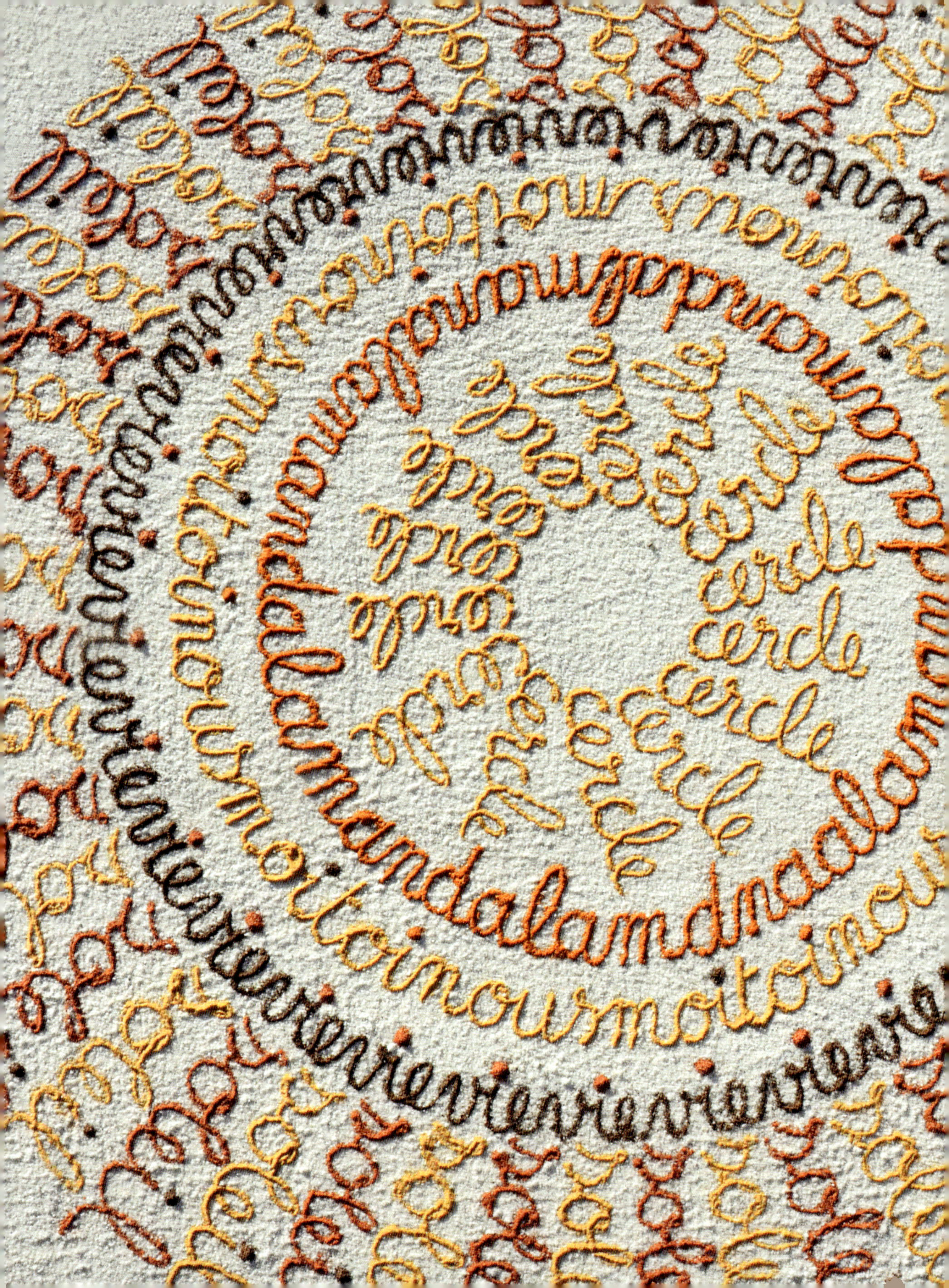

cercle cercle cercle cercle cercle cercle cercle cercle cercle cercle
mandalamandalamandalamandala
moitoinousmoitoinousmoitoinous
vievievievievievievievie

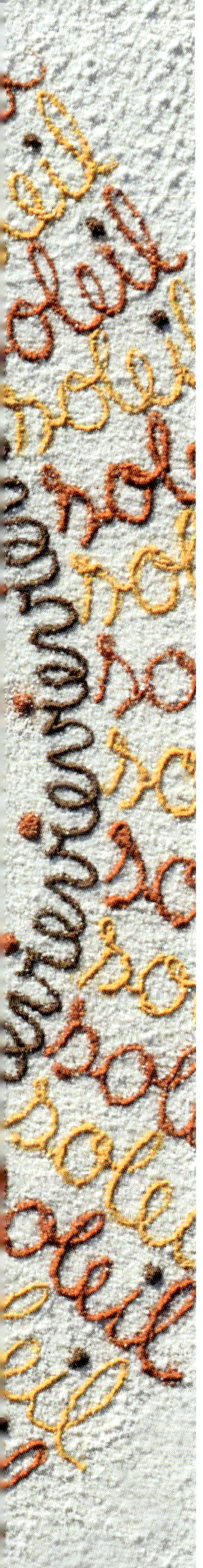

Mandala der Wörter

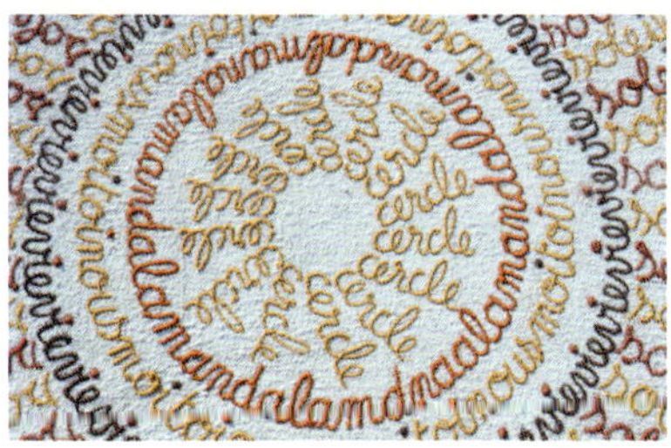

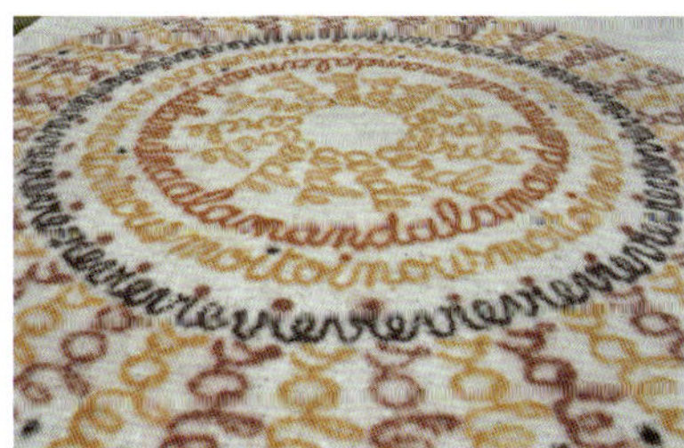

Ein Teller, ein Kompass, die Sonne, die Erde, eine Rosette, ein Gullydeckel, eine Zielscheibe, eine Uhr, ein Ehering, ein Geldstück, ein Reifen, ein Sitzplatz, ein Tisch, eine Konservenbüchse, ein Camenbert, eine Kaffeetrommel, ein Topf, ein Glas, ein Ballon, eine Orange, eine Zimbel, eine CD, ein Räderwerk, ein Ball, eine Boje, ein Armband, ein Knopf … Mandalas.
Marc

« Wenn ich beim Reden einfache Worte benutze, dann, weil ich selbst verstehen möchte, was ich da sage. »
François Michelin

Februar
Mittelmeerküste

Sand, Ockertöne.

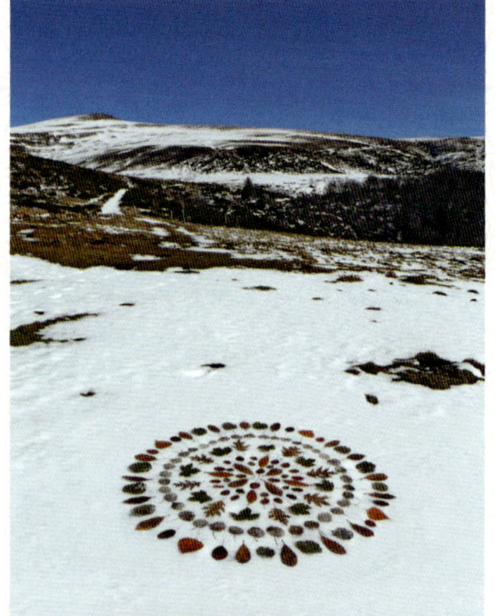

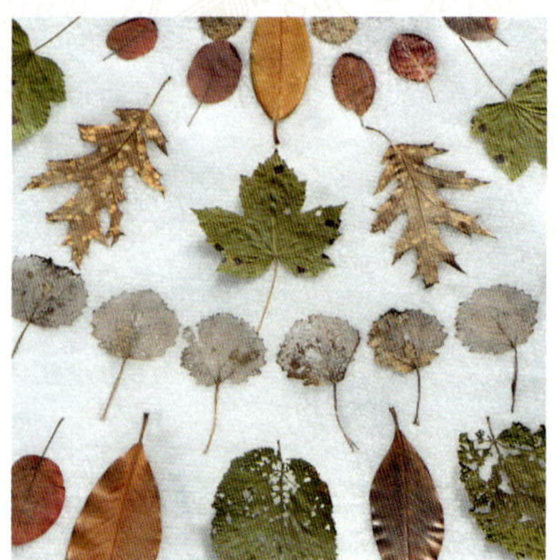

SCHNEE-MANDALA

Diese Laubblätter geben auf einem weißen Hintergrund eine gute Figur ab: auf Schnee zum Beispiel! Da wären wir! Schnee ist in diesem Winter in Mittelfrankreich selten. Wir entscheiden, ihn auf dem Gipfel des „Chaîne des Puys" suchen zu gehen. Anorak, Mütze, Handschuhe, Ski-Unterwäsche, warme Decken eingepackt, schon sind wir auf dem Weg, uns der Kälte zu stellen. Schließlich finden wir den Ort, der uns zusagt, mit genau der richtigen Menge Schnee. Schnell entledigen wir uns der Ausrüstung. Wir möchten mit dem Schnee nicht schmelzen, es hat 16° C.
Maïté und Marc

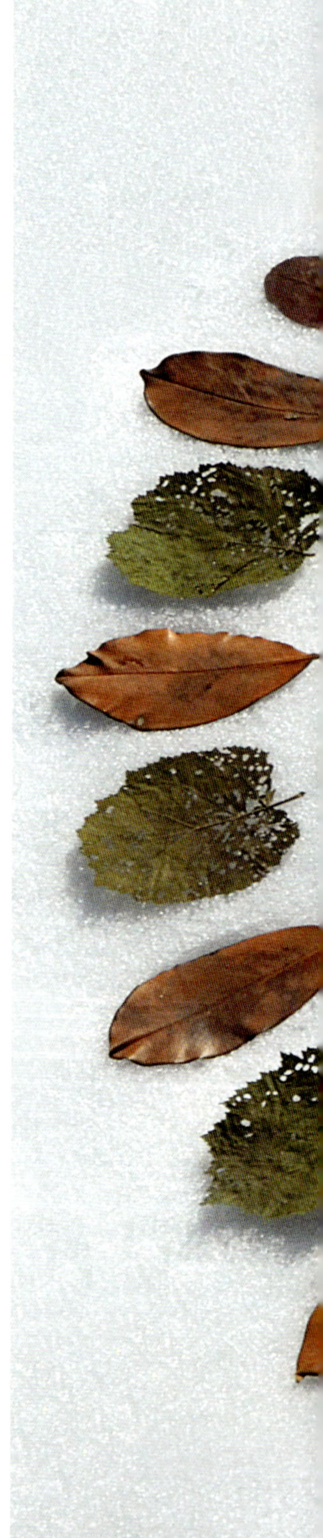

« Der Schnee ist eines der schönsten Kinderbücher. »
Christian Bobin

Februar
Chaîne des Puys – Auvergne

Schnee, Laubblätter der Espe, von Nussbäumen, vom Lorbeer, der Kastanie, dem Perückenstrauch und der Platane.

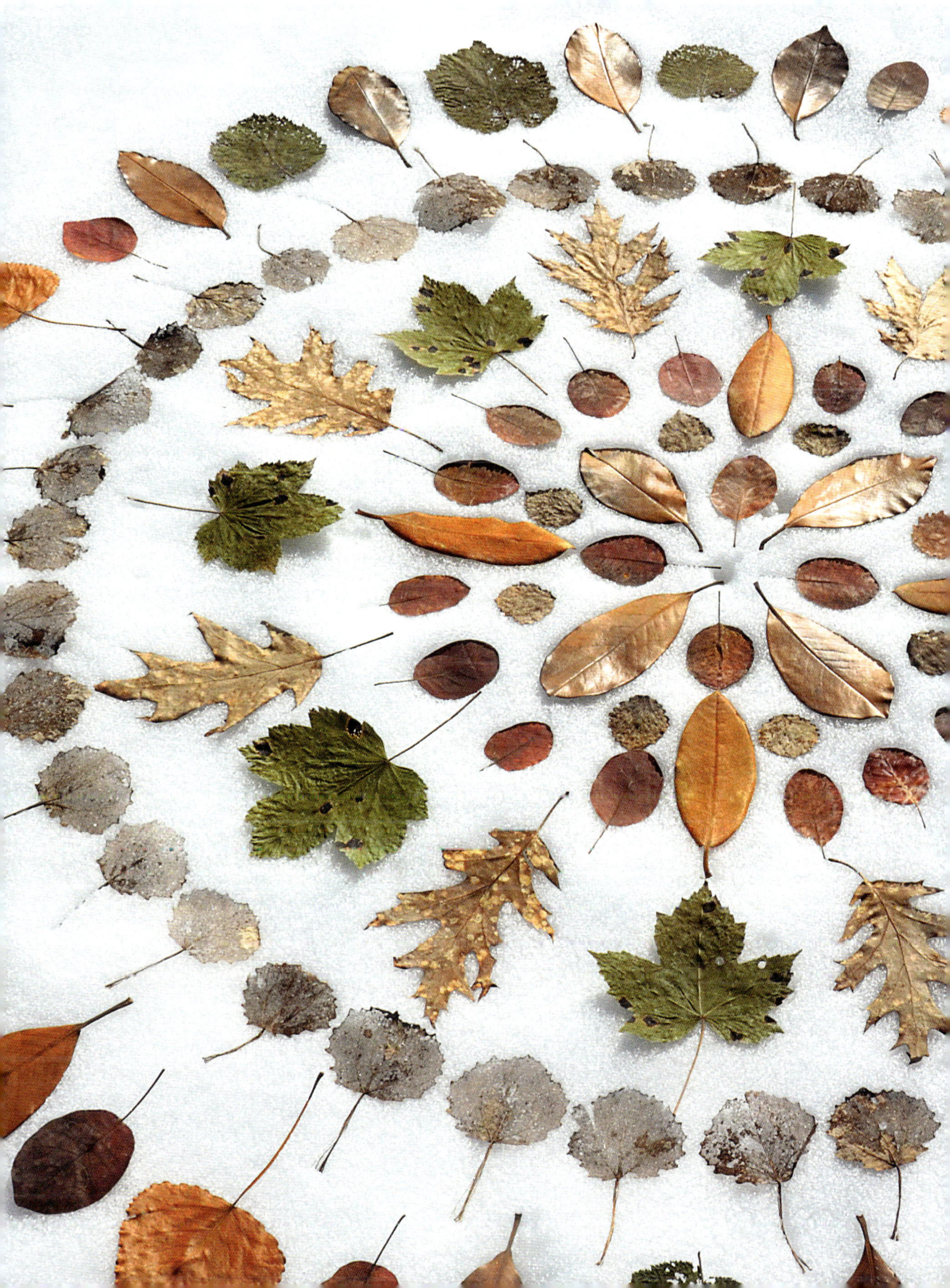

Mandala des Ozeans

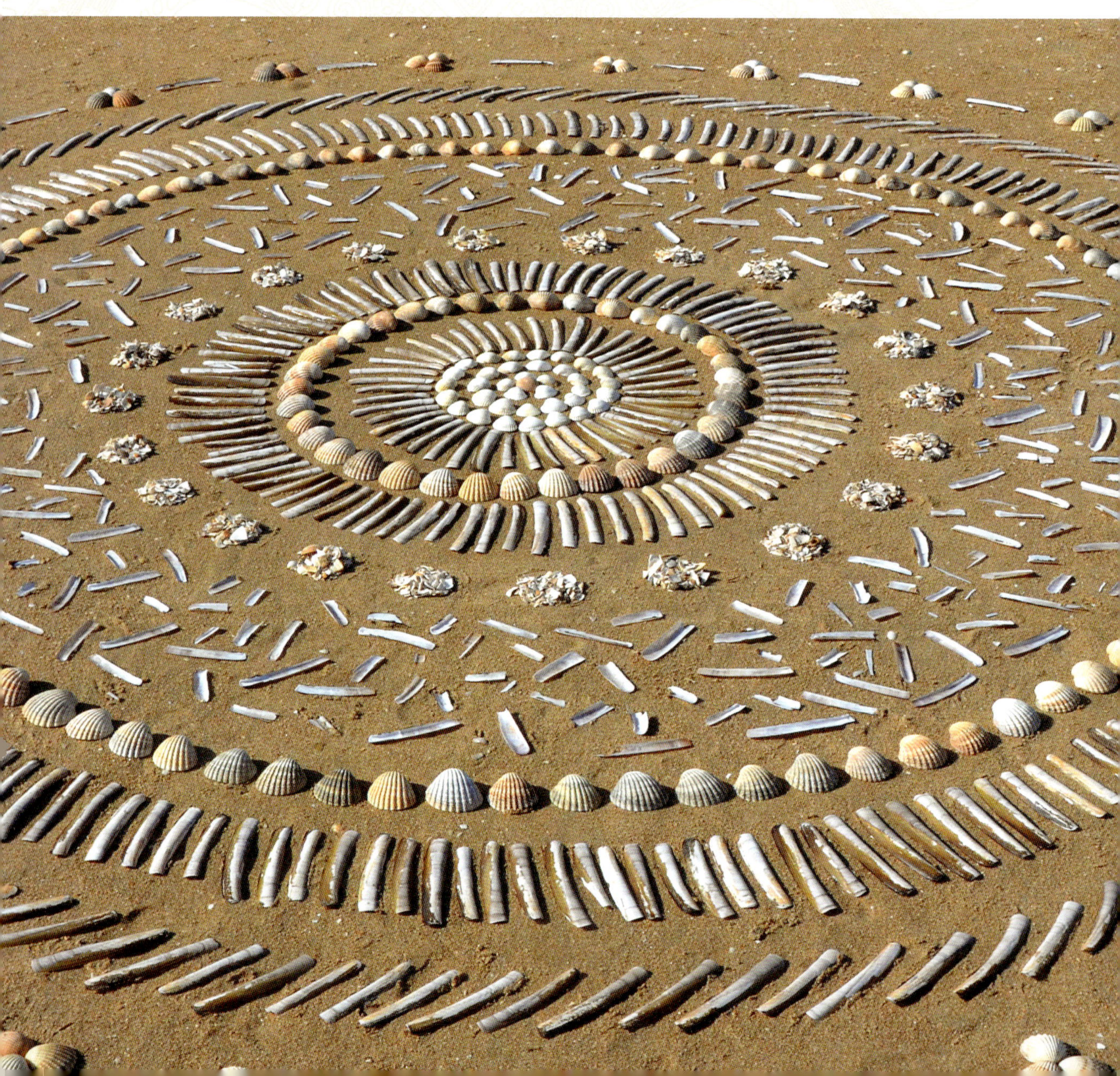

Oh! Ah nein! So viele Menschen – man muss wissen, dass wir uns am 15. August an den Strand von Cabourg begeben haben – stehen in Gruppen zusammen und begleiten das Spektakel mit ihren Rufen. Die letzte große Welle hat das Mandala noch einmal aufleuchten lassen. Die nächste wird die Anordnung von Muscheln, die wir gelegt haben, sicher davonschwemmen. Damit wird dann nur noch eine Spur bleiben. Das ansteigende Meer wird die Arbeit des Tages löschen und davon tragen, sodass unser Mandala ein Geschenk an den Ozean wird. Ich liebe diesen Moment. Wie ein Kind, das seine Sandburg fast nur baut, um anschließend dem Meer bei seinem Zerstörungswerk zuzusehen. Welch feierlicher Moment dabei zu sein, wie die Welle unsere Installation umspült. Ein flüchtiger Moment mit großer Kraft, voll unendlicher Schönheit. Während etwas unserem Blick entschwindet, prägt es sich unwiderruflich in unsere Erinnerung ein. *Marc*

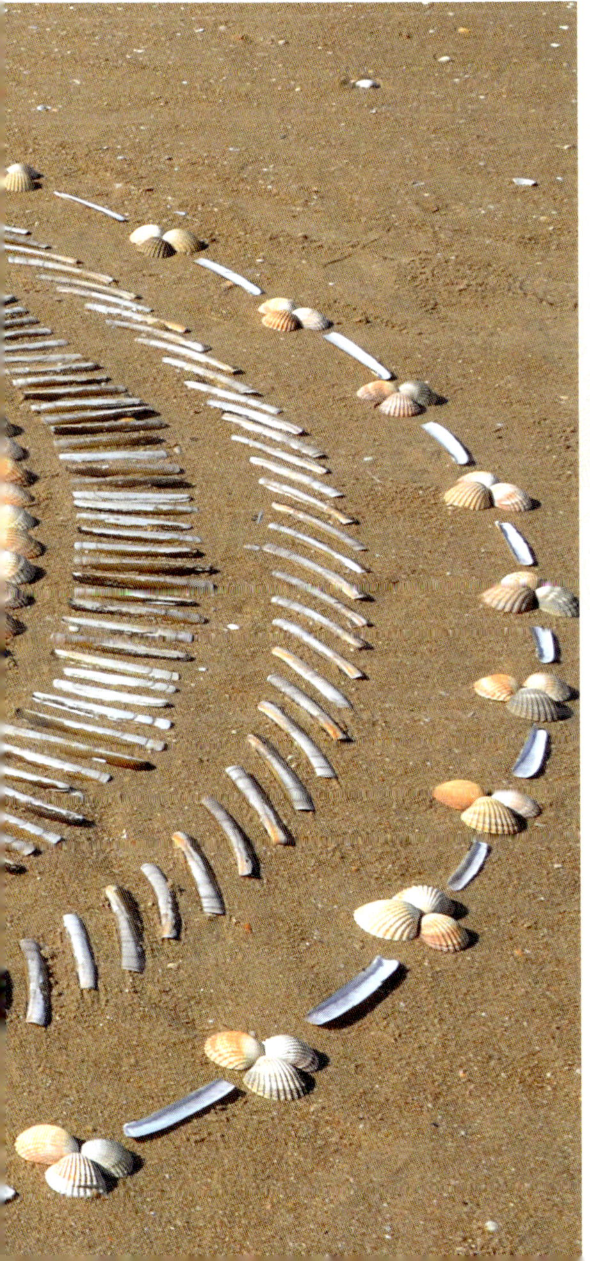

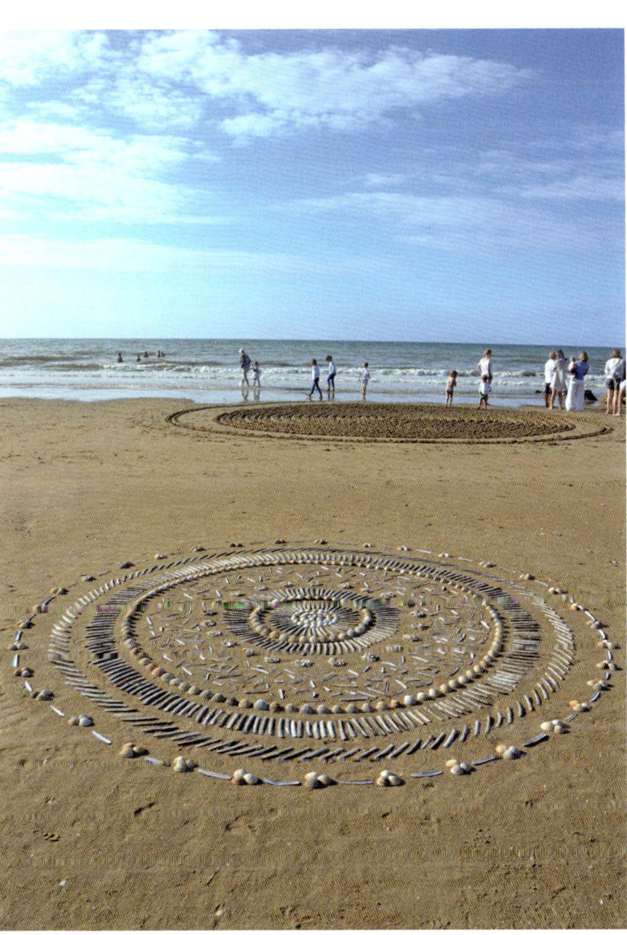

August
Normandie-Strand – Calvados

Schwertmuscheln, Herzmuscheln, Venusmuscheln, Austern.

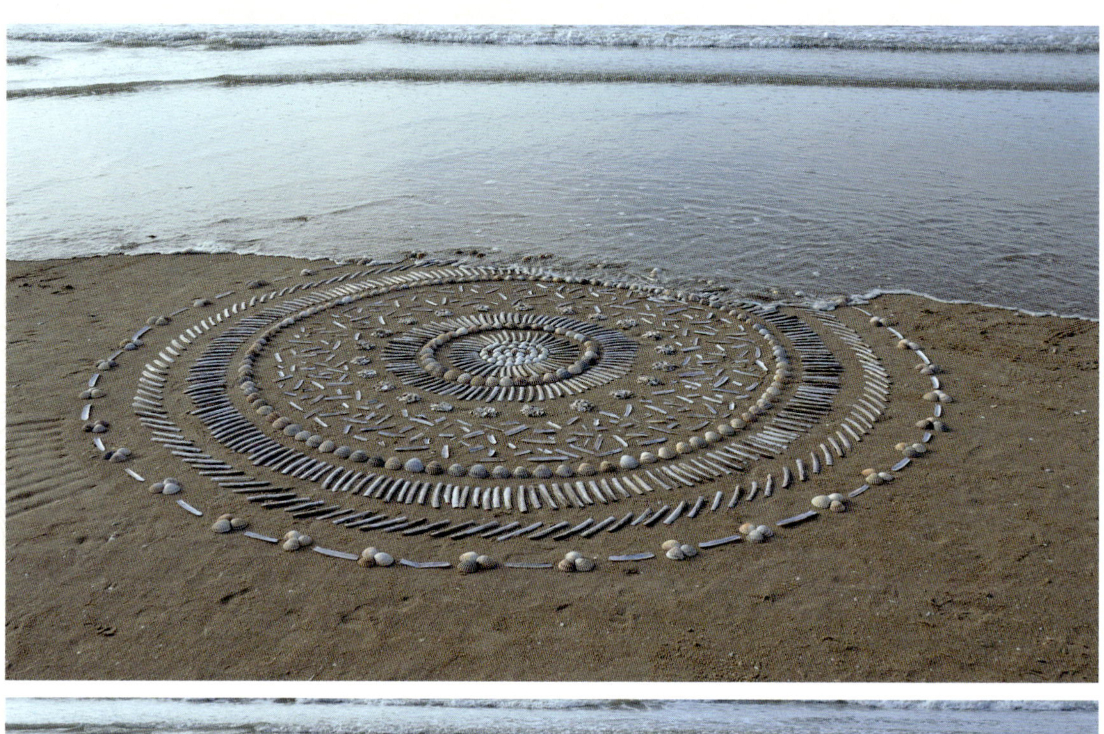

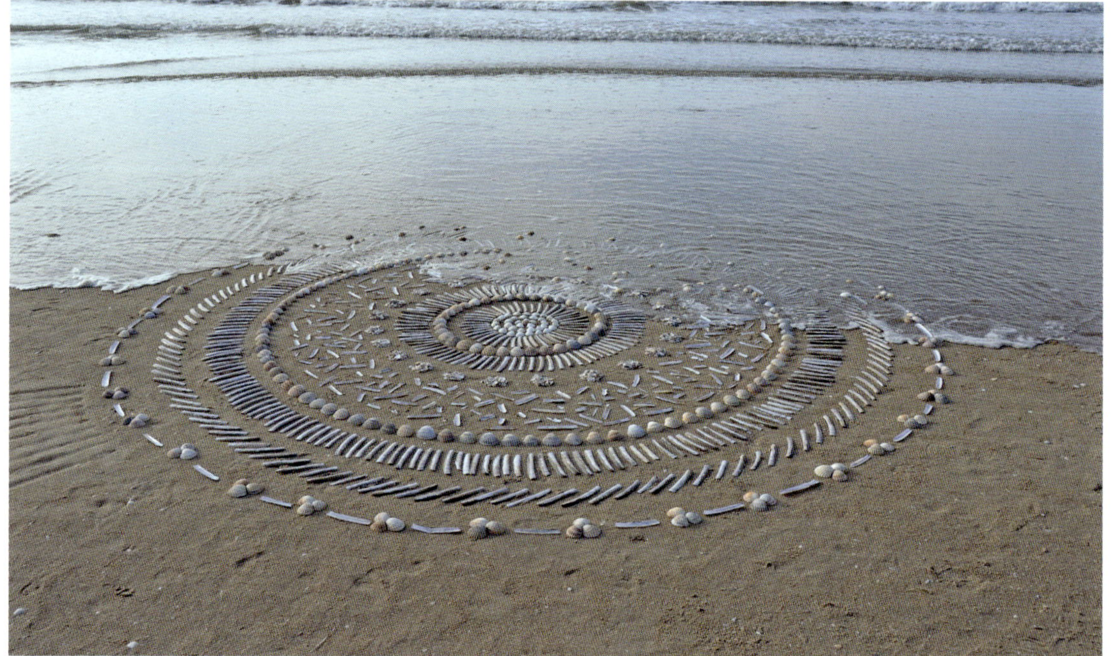

« Vergänglich zu sein bedeutet auch, für die Ewigkeit existiert zu haben. »
Marc

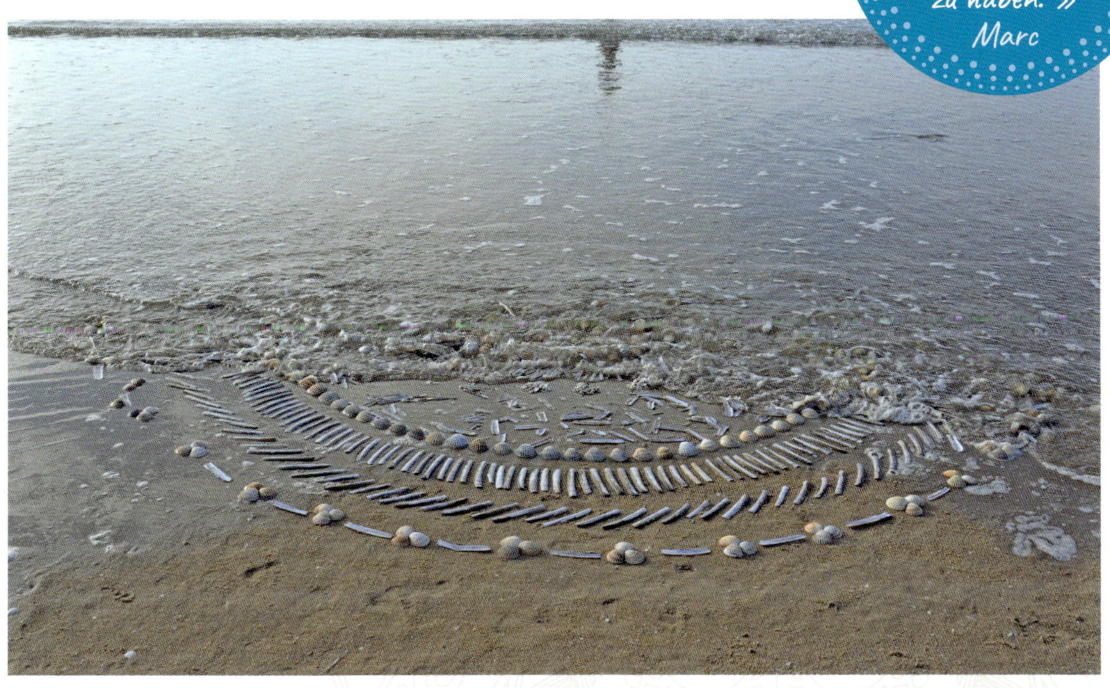

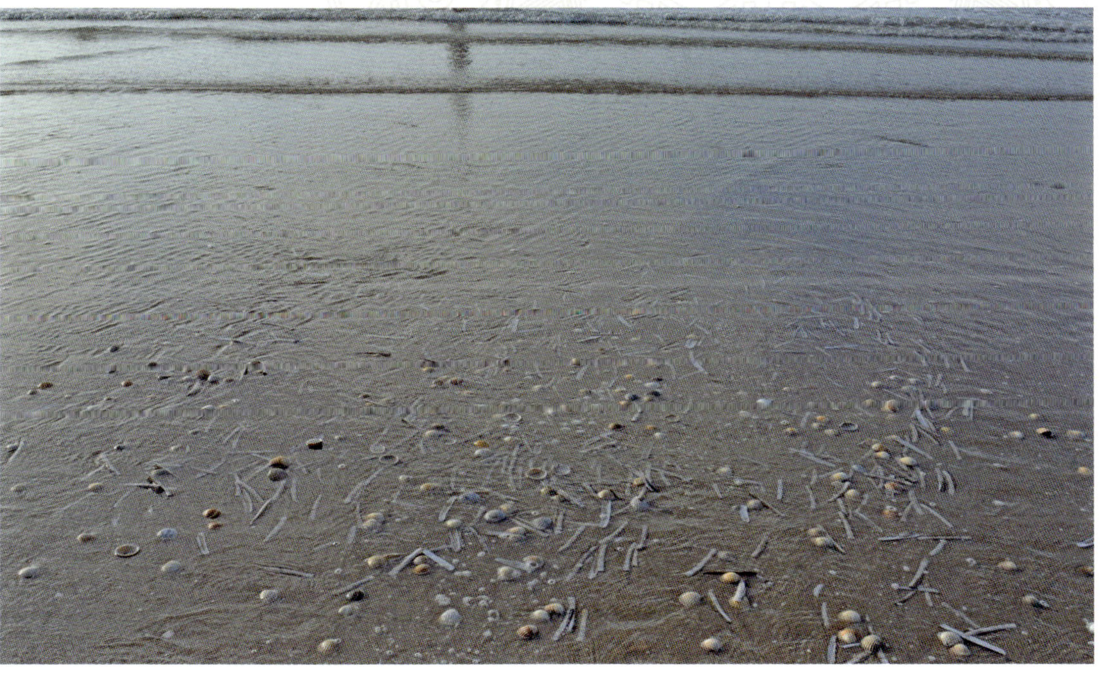

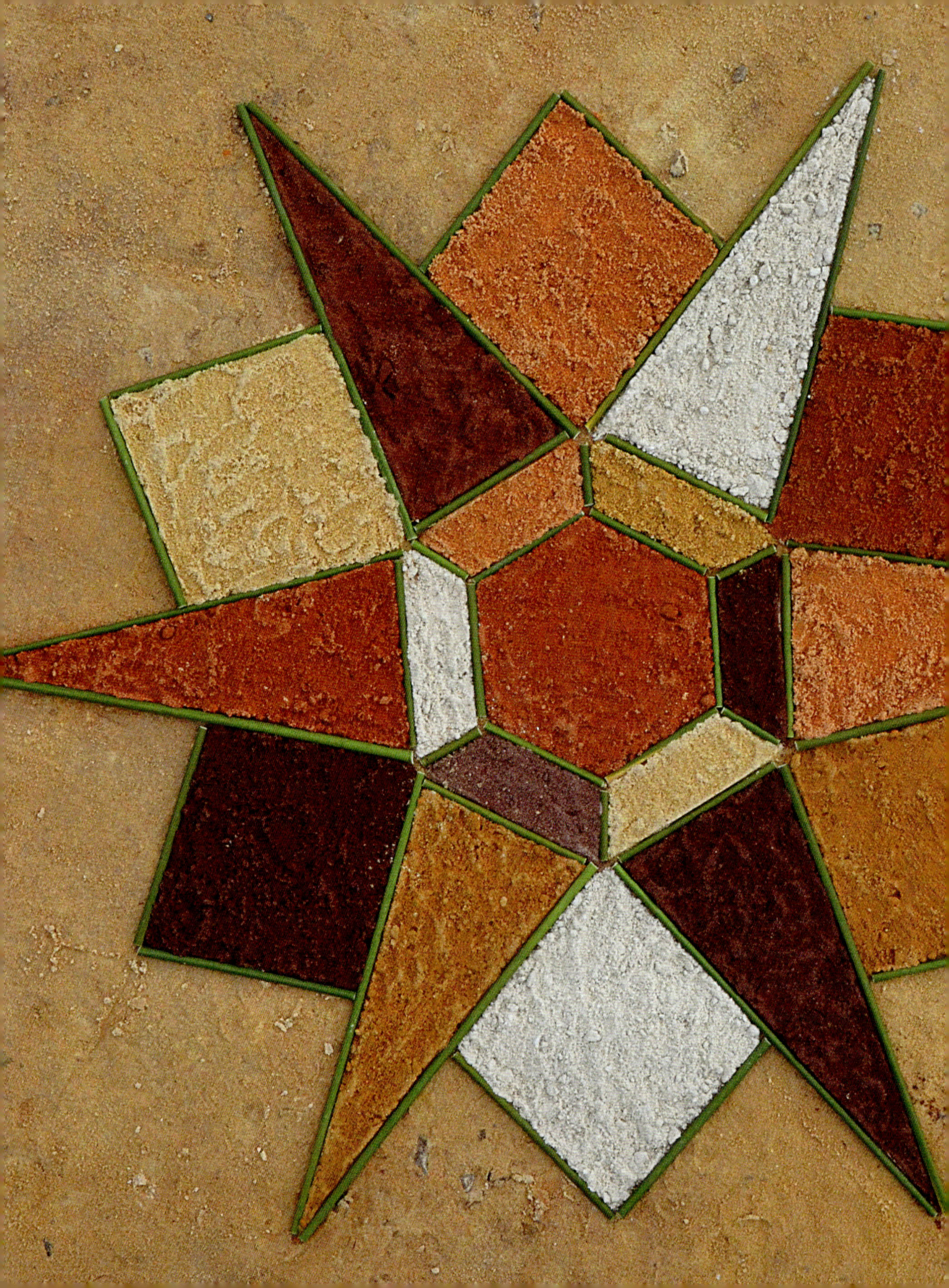

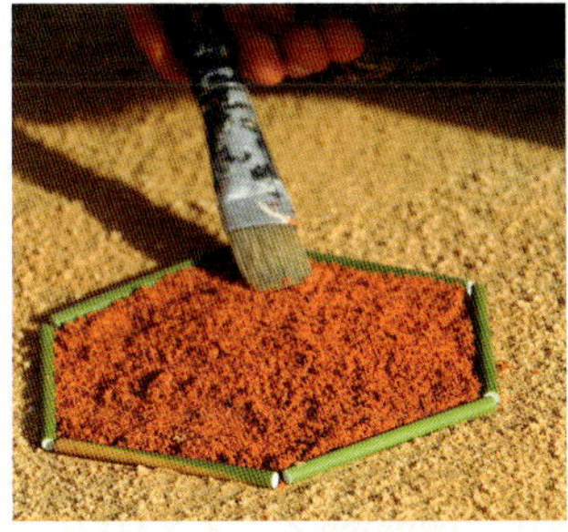

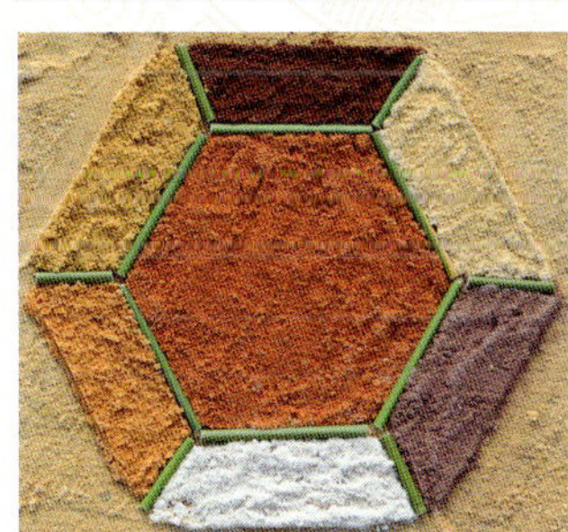

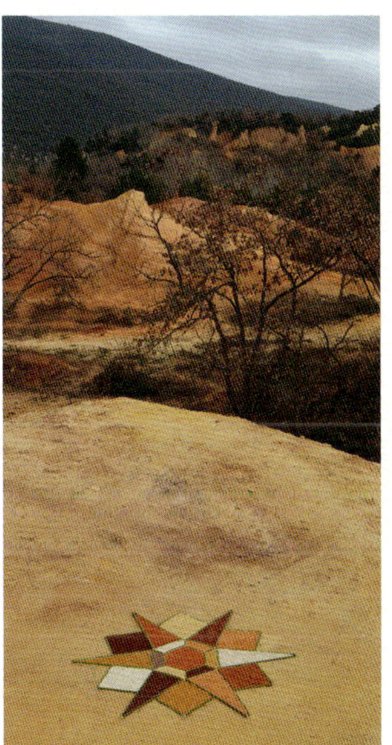

MANDALA DER OCKERTÖNE

« Es ist traurig zu denken, dass die Natur spricht, ohne dass die menschliche Spezies zuhört. »
Victor Hugo

Januar
Lubéron

Ocker aus Lubéron, Binsenstäbe.

Der 1. Januar, es ist 10 Uhr und wir sind bereits vor Ort, um den Boden nach Farben abzusuchen, die manchmal leuchtend rot sind, dann gelb, grün, weiß, violett… Eine Vielzahl von Ockertönen. Alles ist sehr ruhig an diesem ersten Morgen des Jahres. Wir wählen den Ort aus und bereiten unsere Palette vor. Die Binsenstäbe, auf wir dem Weg eingesammelt haben, dienen dem Zeichnen einer Struktur. Dieser Ort mit seinem kalkhaltigen Boden, der sich unter dem Einfluss des Regens und dann dem Rückzug des Meeres in ockerfarbenen Sand verwandelt hat und nun von menschlicher Hand bearbeitet wird, ist bezaubernd und lädt zum Kreieren ein. Die Ideen sprudeln hervor. Wir müssen hinsichtlich der Farben und Formen eine Auswahl treffen … dies geschieht während der Erschaffung ganz intuitiv. Das Wetter verändert sich, Wolken brauen sich zusammen. Wir würden unsere Arbeit gerne fortsetzen und unser Mandala erweitern. Die Kälte und der Wind treffen eine andere Entscheidung. *Maïté und Marc*

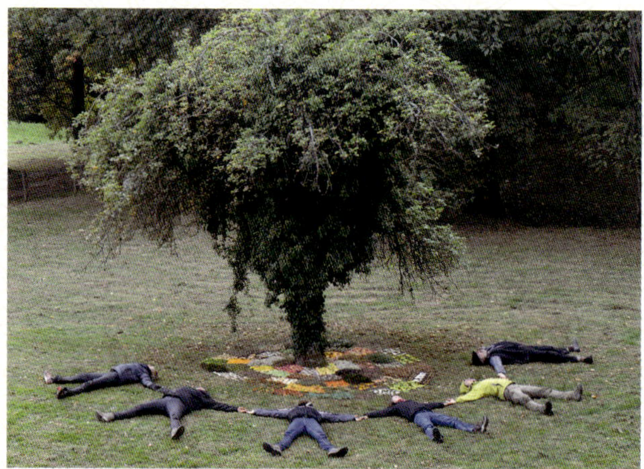

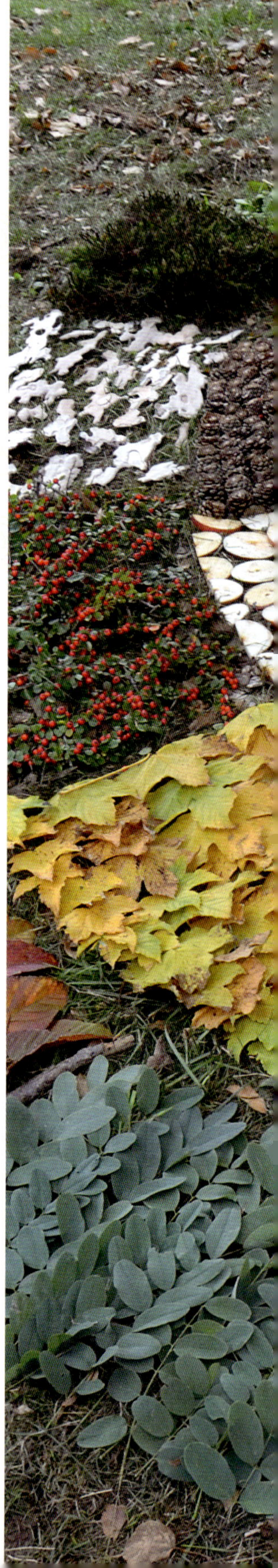

MANDALA DES TEILENS

Alleine ein Mandala zu erschaffen, ist ein wirkliches Vergnügen. Eine Begegnung mit der Natur und mit sich selbst. Zusammen mit einer Gruppe eines zu erschaffen, was während eines Seminars, Ateliers oder einer zufälligen Begegnung häufig vorkommt, ist eine gänzlich andere Erfahrung. Es ist notwendig, alle mit ihren Vorlieben zu respektieren, während man gleichzeitig mit seinen eigenen verbunden bleibt. Stellt sich Harmonie ein, entsteht ein wirklicher Austausch, ein freudvolles Teilen, ein wahrhafter Einklang, und dann macht sich eine Riesenfreude in mir breit und ich fühle mich glücklich. Das Werk ist meines, aber auch das der anderen. *Marc*

« Ich pflanze Bäume: Ich weiß, dass ich zu alt bin, um jemals von ihren Früchten oder ihrem Schatten profitieren zu können, aber ich sehe kein besseres Mittel, mich für die Zukunft einzusetzen. »
Francis Hallé

Oktober
Bas-Rhin – Elsass

Erde, Moos, Flechten, Champignons, Rinde der Platane, Zapfen und Nadeln der Pinie, Fuchsienblätter, Kirschbaumblätter, Blätter von der Hainbuche und wildem Wein, vom Gingkobaum, Efeu, Blätter, Schalen und Früchte der Kastanie, Marronen, Ahornfrüchte, Beeren des Lorbeerblättrigen Schneeballs, Beeren und Blätter der Mistel, Beeren der Zwergmispel, Äpfel, Kürbis, Sonnenblume, Gänseblümchen.

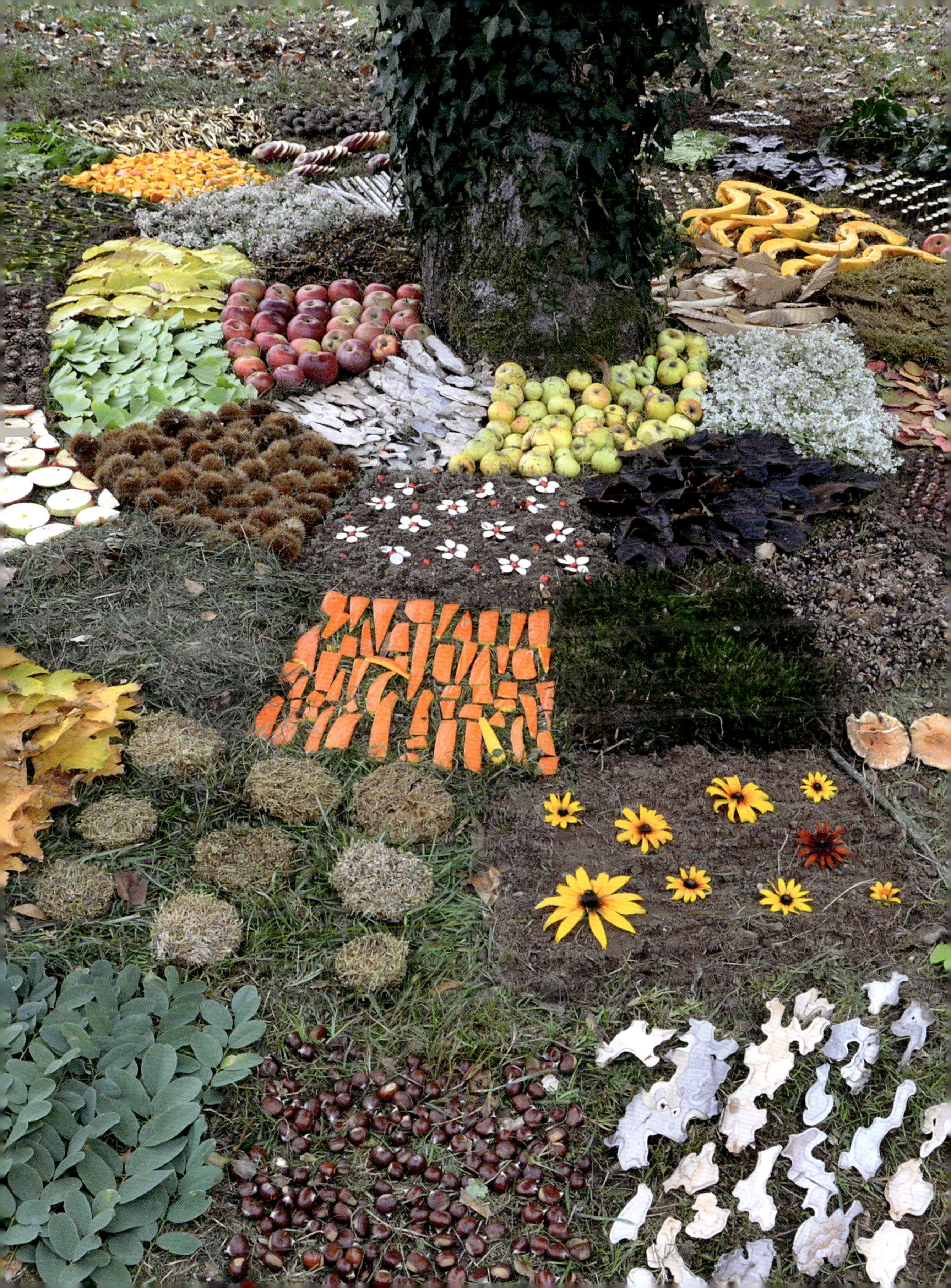

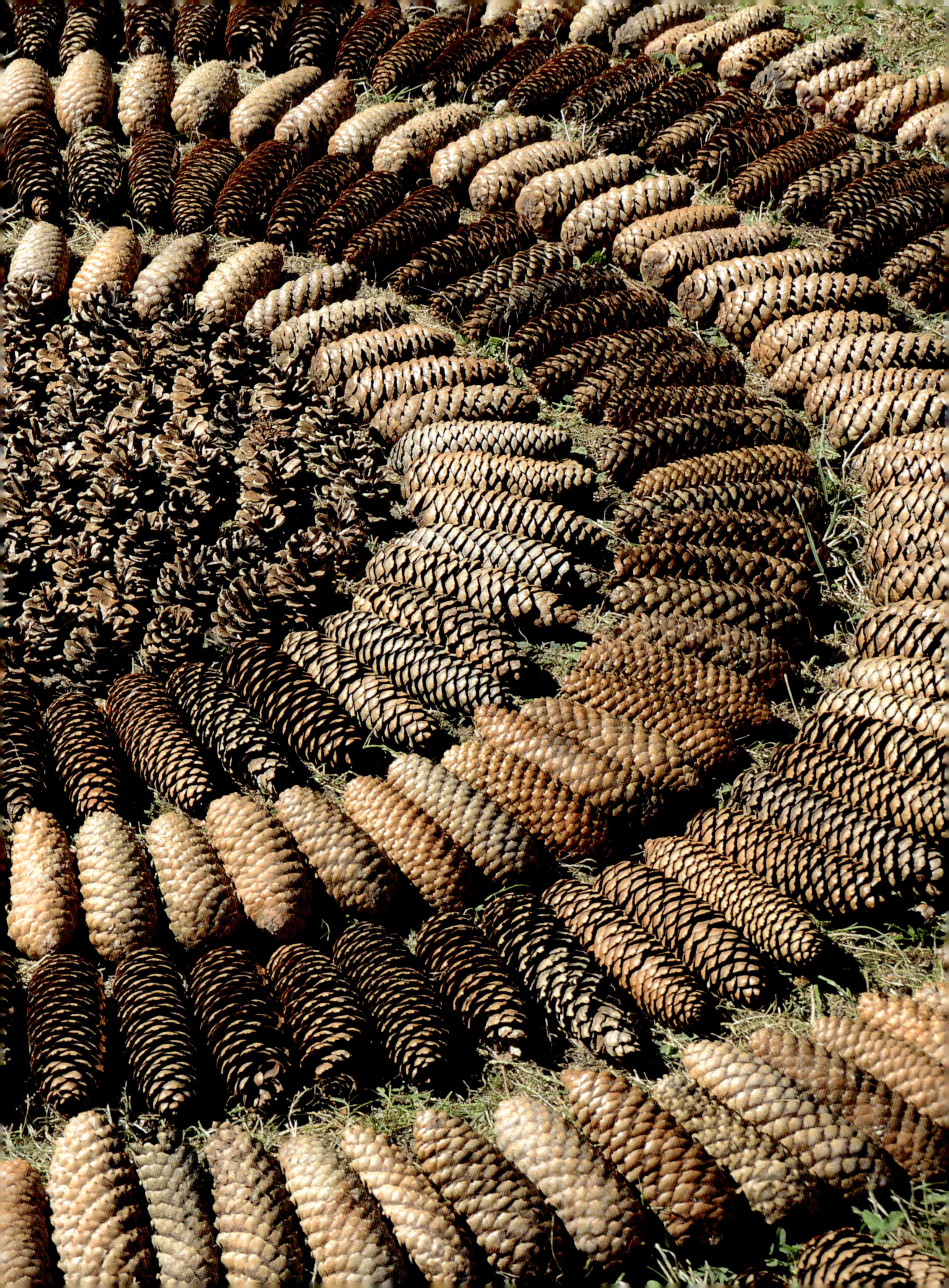

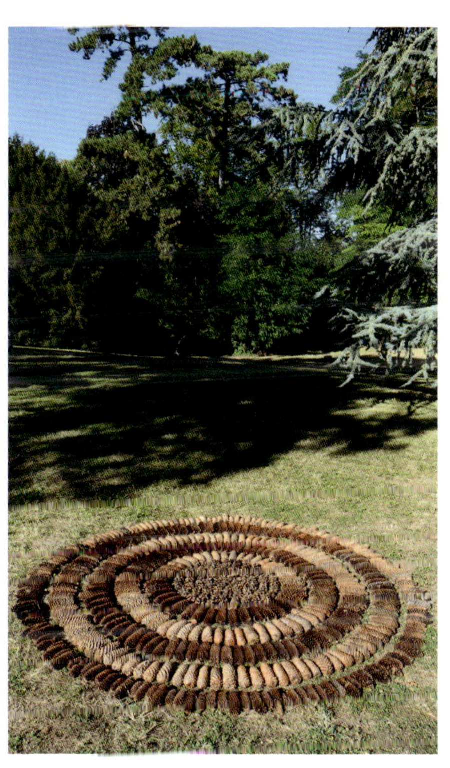

MANDALA DER PINIENZAPFEN

Ich erinnere mich an die Künstlerresidenz bei Canard-Duchêne. Gerade noch rechtzeitig vor dem Regen war es uns gelungen, das Mandala der Pinienzapfen fertigzustellen. Durch den plötzlichen Temperaturabsturz hatten die während der Kreation offenen Zapfen sich verschlossen. Sie nahmen das Licht auf gänzlich andere Weise auf und wirkten, mit einem Mal so weit voneinander entfernt, irgendwie verloren.
Marc

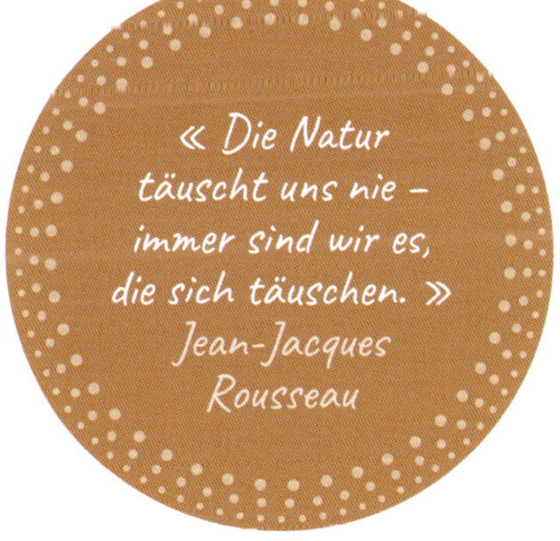

September
Berge bei Reims
Region der Champagne

Zapfen der Pinie und Fichte.

MANDALA DER MÖGLICH-KEITEN

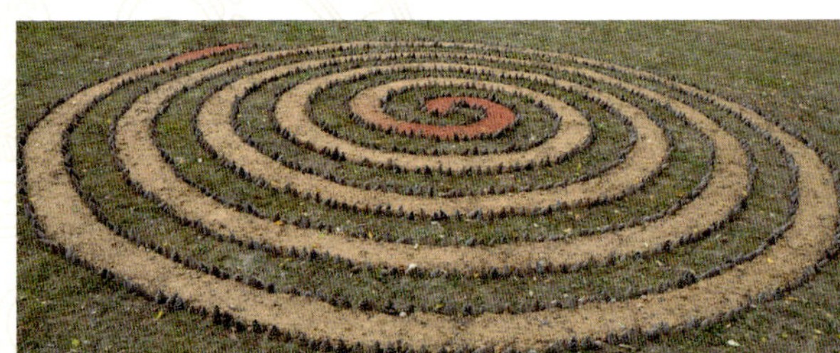

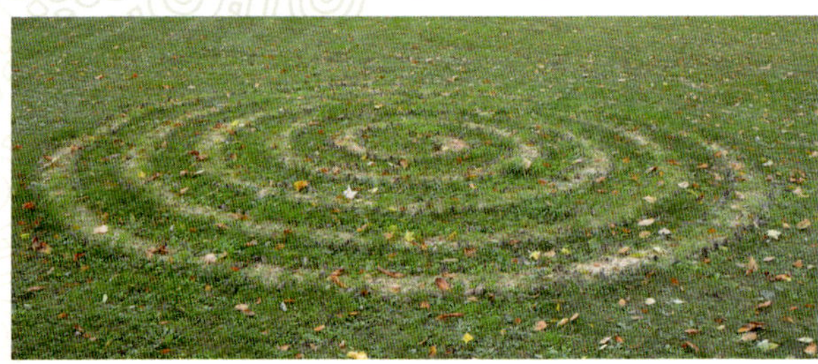

Die Kreation eines natürlichen Mandalas vorzubereiten, es zunächst auf dem Papier zu zeichnen, ein Gefühl für den Ort seiner Installation entwickeln, das geeignetste Material auswählen, sich über die Dauer der Erstellung Gedanken machen, den Wind berücksichtigen, die Lichtverhältnisse, das Risiko eines Regenfalls, sammeln, so viele Elemente wie möglich einbeziehen, ehe man sich ausschließlich dem eigentlichen Schaffensprozess zuwenden kann… Oder aber improvisieren, sich einfach niederlassen, die natürlichen Materialien einbeziehen, die sich vor Ort anbieten, und sich dann von den Formen, Farben, Materialien treiben lassen… Zwei Ansätze, die sich sehr voneinander unterscheiden. Sie mögen mit einer bestimmten Persönlichkeit korrespondieren, mit der momentanen Stimmungslage, mit den Einschränkungen der Situation, mit der Absicht… Sie führen zu sich unterscheidenden Empfindungen, Ergebnissen, Genüssen – beide lohnt es von Zeit zu Zeit auszuprobieren. Es liegt an Ihnen, sie zu entdecken.
Marc

« Eine gerade Linie findet sich in der Natur nirgendwo. »
Eugène Delacroix

September
Berge bei Reims
Region der Champagne

Pinienzapfen, Ocker.

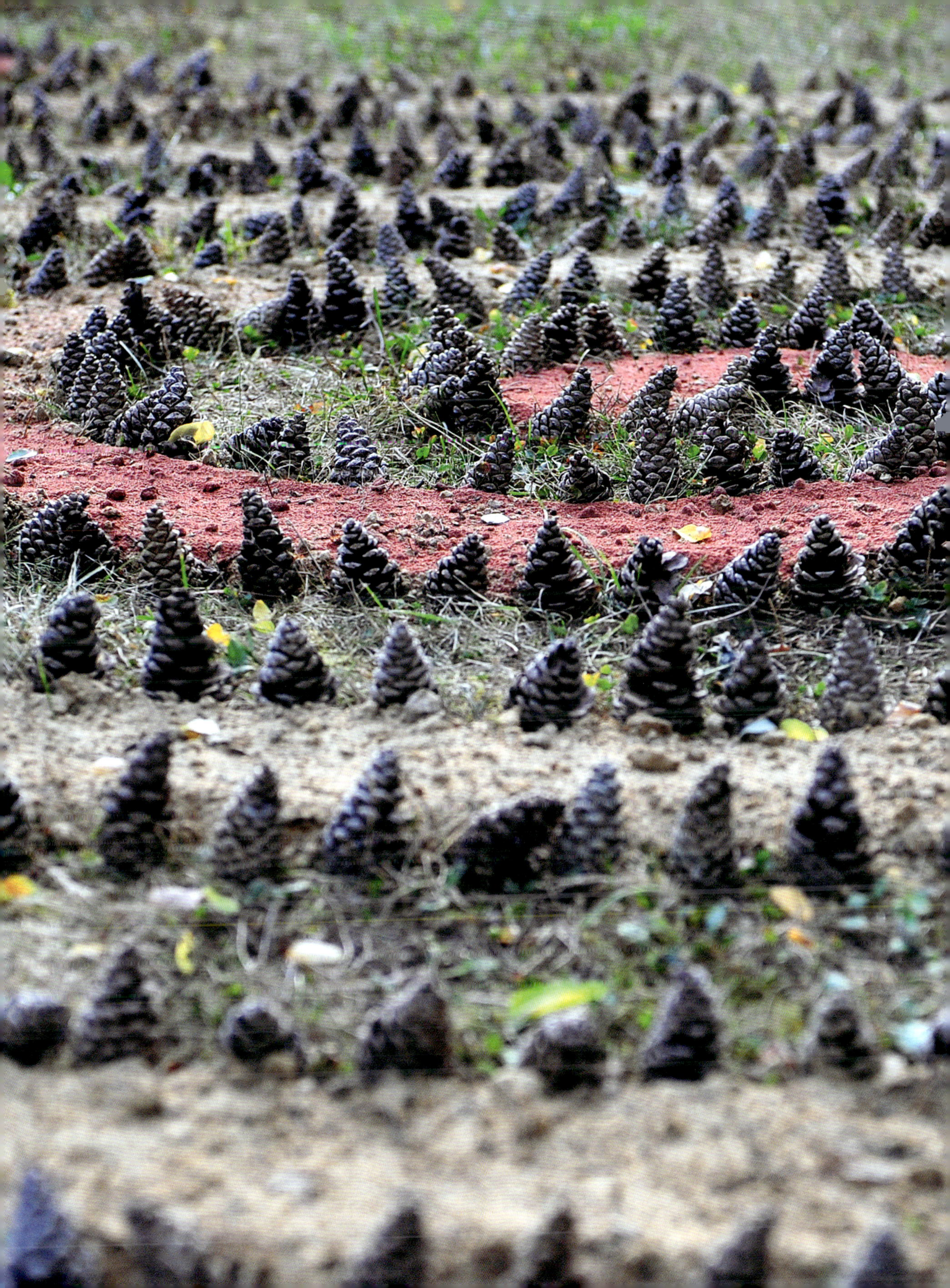

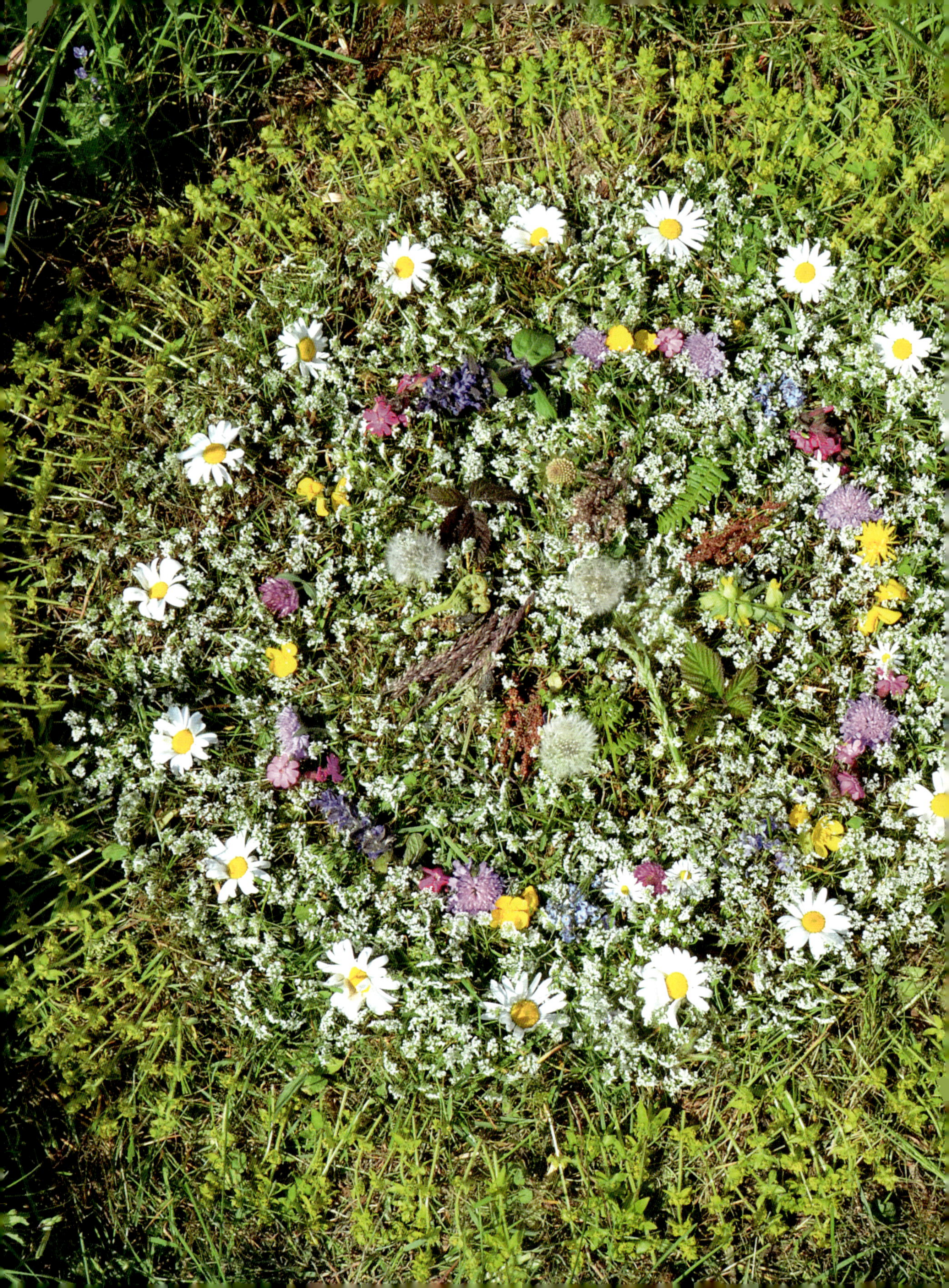

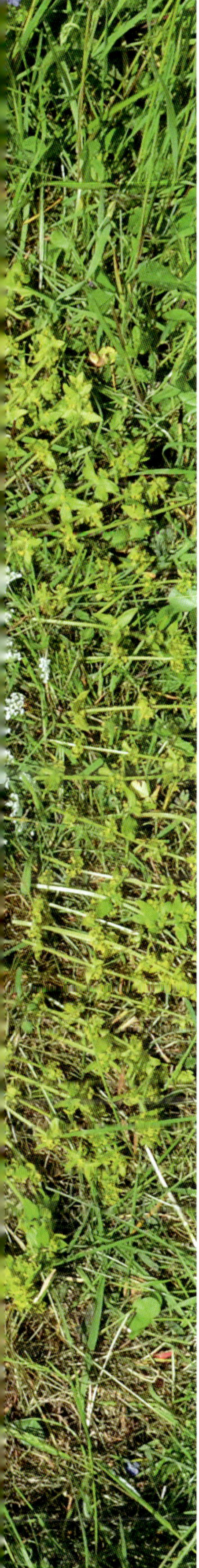

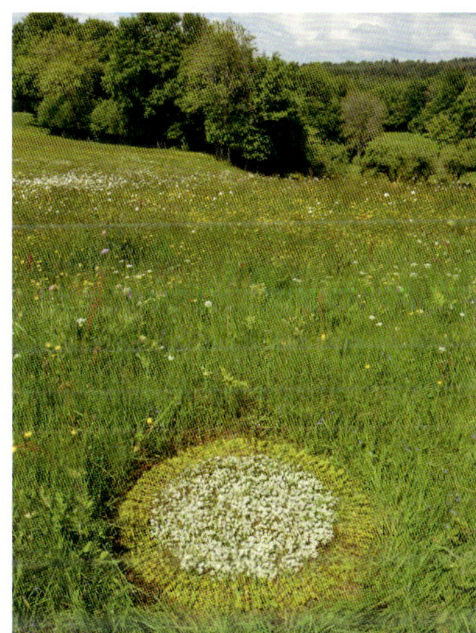

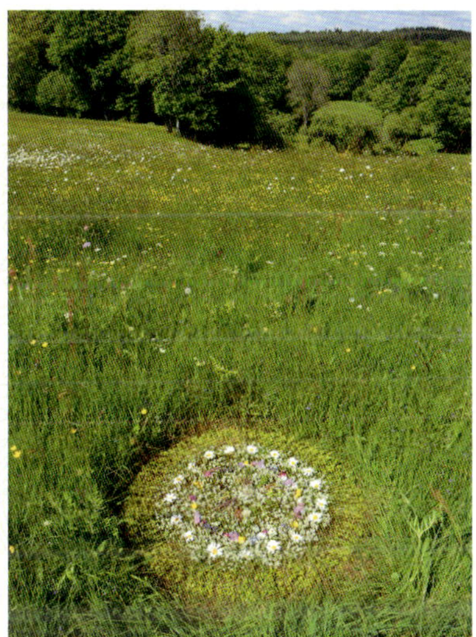

MANDALA DER PRÄRIE

Auf den Schürzen meiner Großmutter fanden sich häufig Blumenmandalas: Rosen, Kornblumen, Vergissmeinnicht, Margeriten, Butterblumen … Eines Tages hat sie angefangen, nur noch schwarz-weiße Mandalas zu tragen. Mein Großvater war gestorben. *Marc*

Mai
Blumenwiese in Creuse

Farn, Kiesel, Brombeerblätter, Löwenzahnsamen, Wiesenlabkraut, Margeriten, Gänseblümchen, Ginster, Lichtnelke, Klee, Günsel, Skabiose, Hahnenfuß, Vergissmeinnicht, Klappertöpfe.

« Eines Tages wird der Hahnenfuß sich in einem Blumenstrauß mit der Nelke wieder vereinigt finden: Ihm wird am Folgetag der Duft der Nelke anhaften. In guter Gesellschaft kann man nur gewinnen. »
P.-J. de Béranger

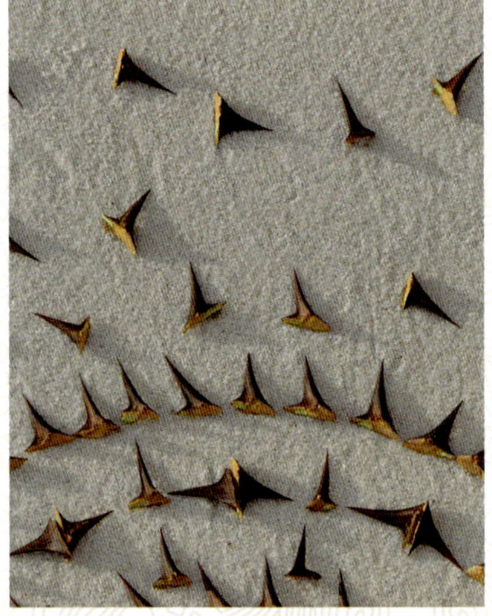

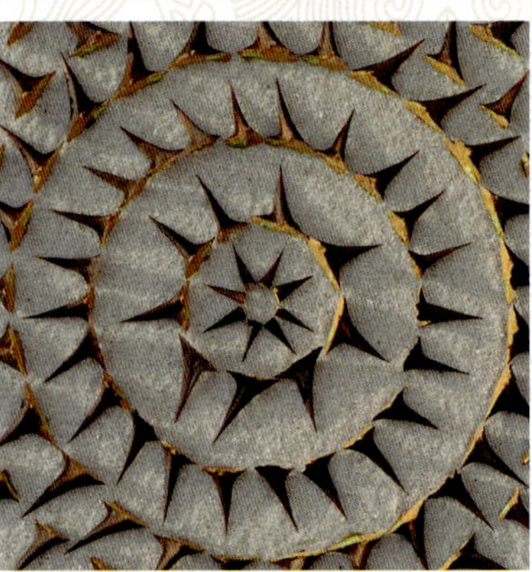

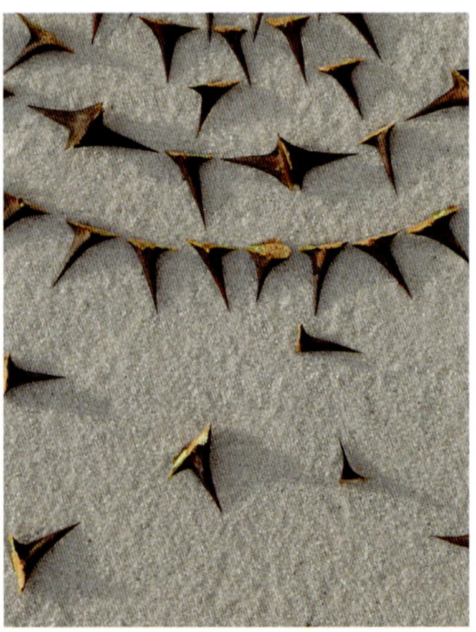

Mandala, das sticht

Häufig bin ich versucht, lediglich ein natürliches Element zu nutzen, um ein „Land Art"-Werk zu erschaffen, ein Mandala… Manchmal auch nur einen einzigen und einfachen Teil dieses Elements. Ich liebe es, ihn verändern, ihn zu zerkleinern, ihn zu biegen, zu knüllen, zu zwirbeln … um ihn besser zu entdecken, besser zu verstehen. *Marc*

« Denn eine Rose, die spricht, schaut ihnen immer direkt in die Augen. »
Jacques Demy

Januar
Haute-Garonne

Stacheln der Robinie.

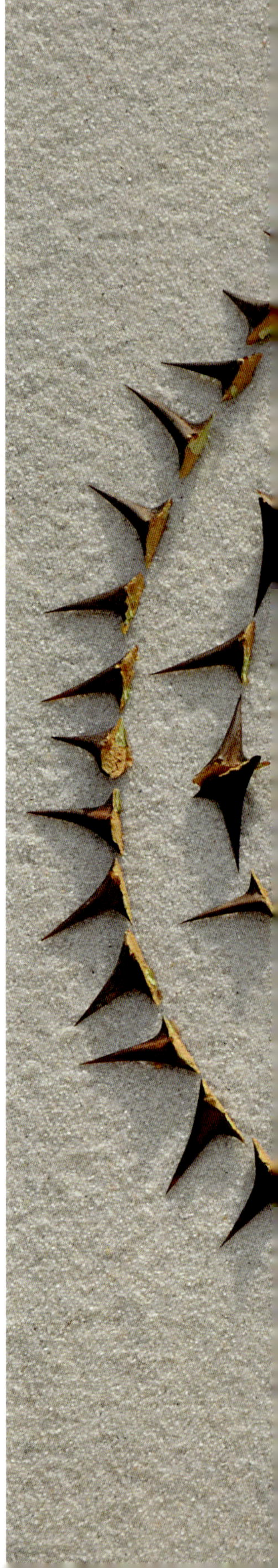

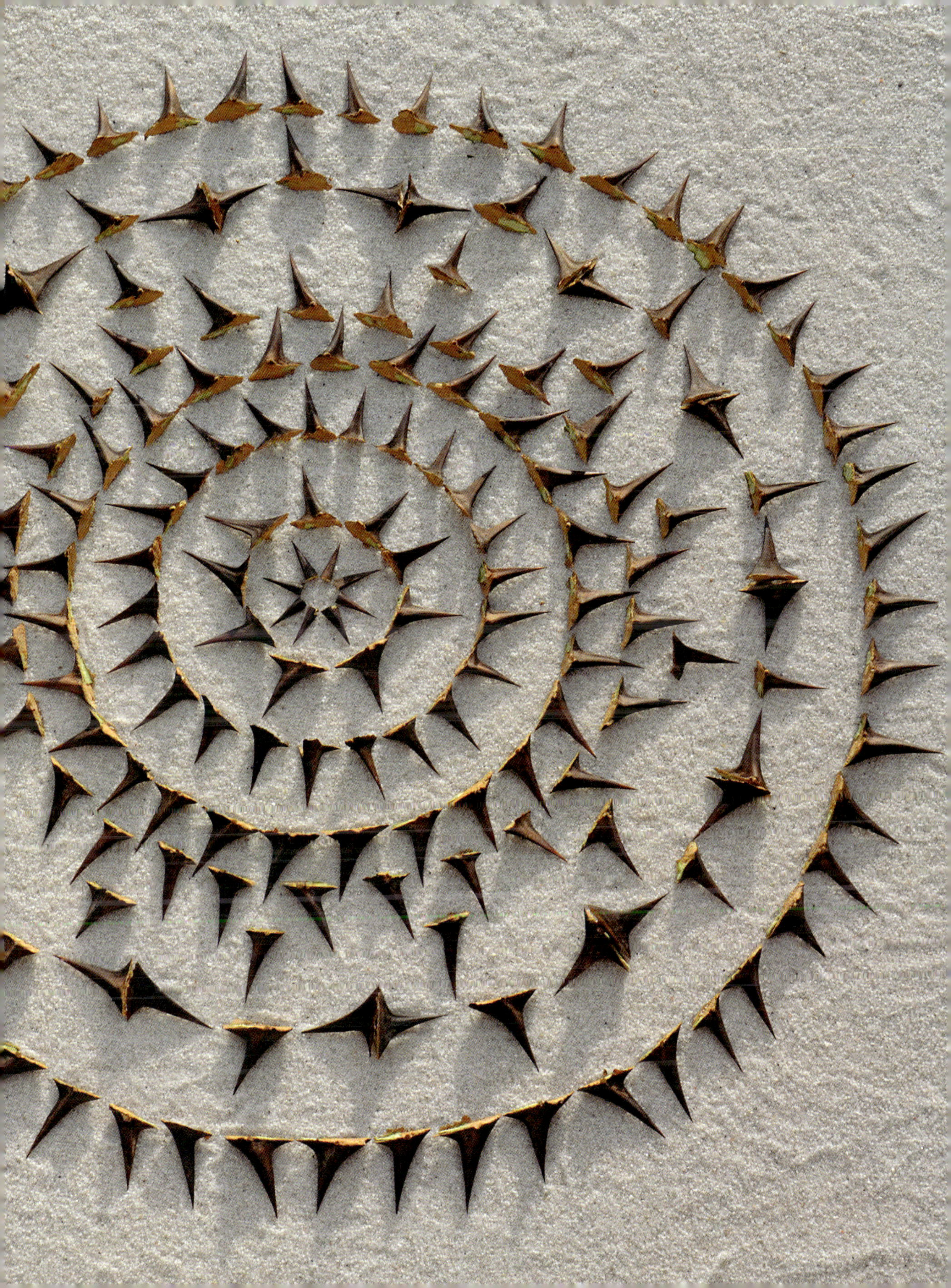

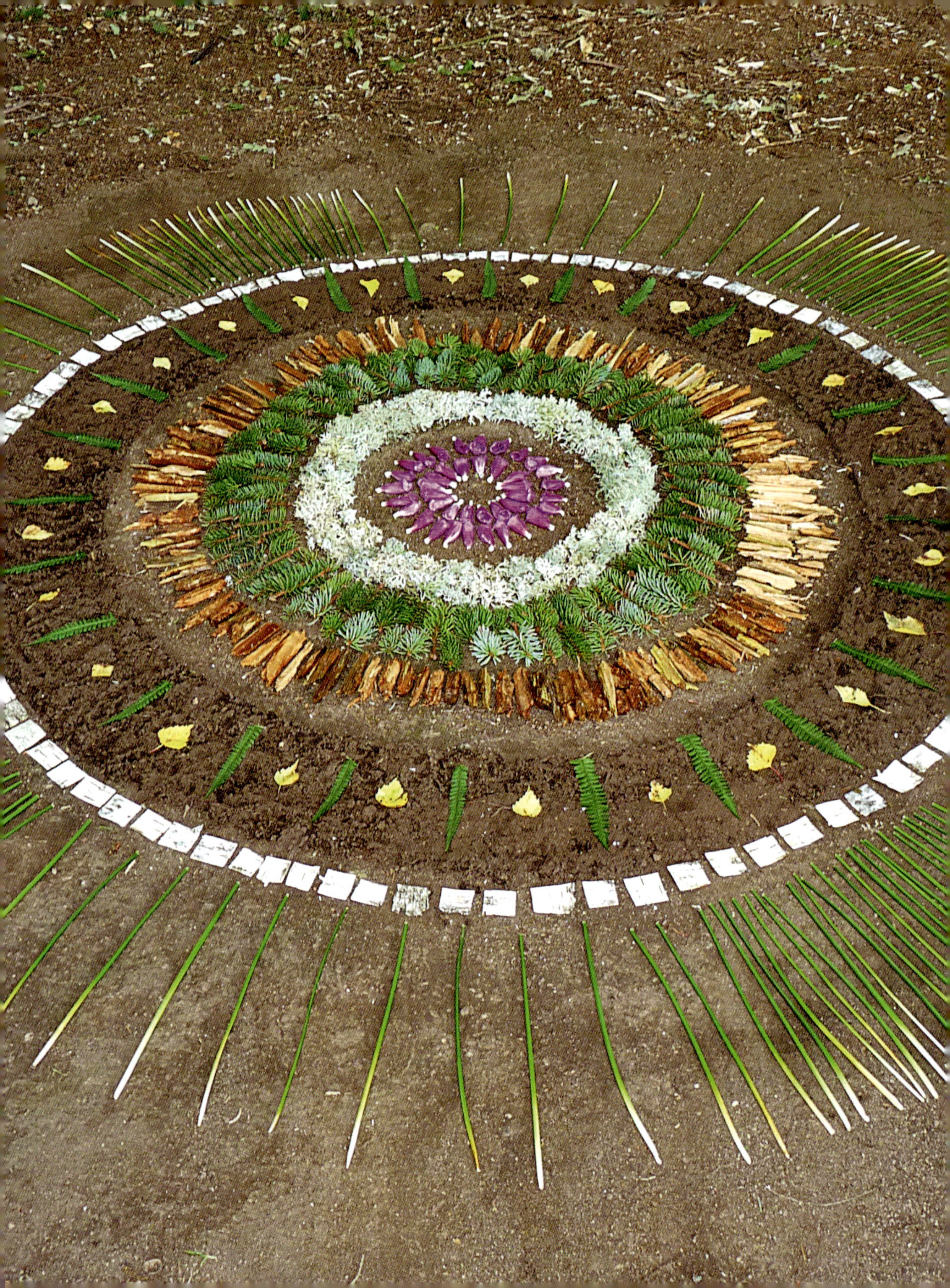

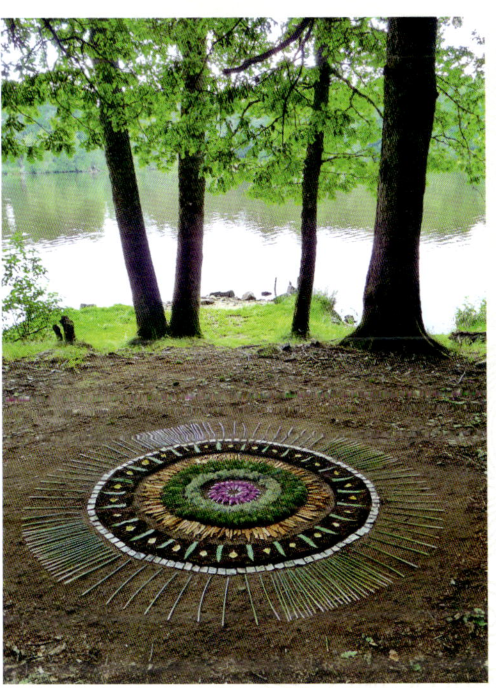
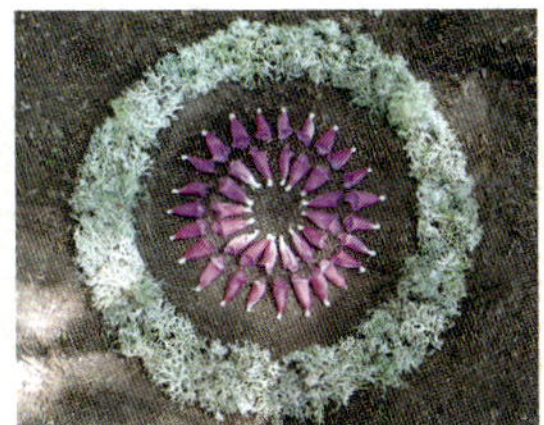
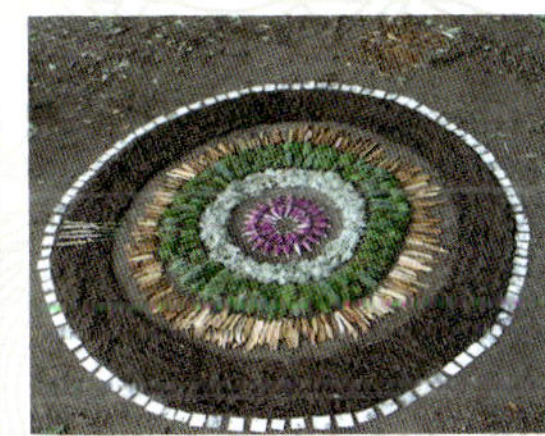
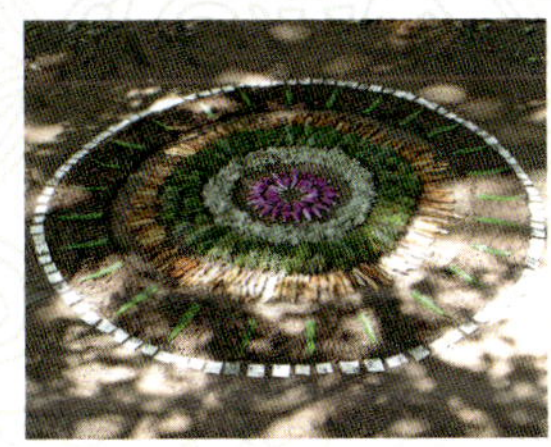

MANDALA, DAS SICH FRAGEN STELLT

Wie tritt man aus einem Mandala heraus, wenn man von außen angefangen hat? Was bringt 99 % der Menschen dazu, ein Element in die Mitte des Mandalas zu legen, wenn man fertig ist? Warum haben Blätter zwei verschiedene Gesichter? Warum ist bei einer Installation das vorletzte Element sehr viel riskanter als das letzte? Weiß ein Mandala, dass die Nacht beginnt? Warum rufen Kieselsteine, Beeren und Blumen mitunter förmlich danach, in die Kreation mit einbezogen zu werden?
Marc

« Je mehr etwas in die Hose geht, desto höher die Chancen, dass es funktioniert. »
Die Shadoks

Juli
Puy-de-Dôme – Auvergne

Erde, Flechten, Farn, totes Holz, Nadeln der Fichte, Rinde und Blätter der Birke, Schilfhalme, Fingerhutblüten.

Sand-Mandala

Ein König versuchte einmal, den besten Zeichner seines Königreiches ausfindig zu machen. Etliche Künstler gaben sich am Hofe die Klinke in die Hand und überboten sich in ihrer Virtuosität gegenseitig, indem sie ein Porträt, eine Person oder eine Landschaft zeichneten… Schließlich war ein Künstler an der Reihe, der mit seinem Finger auf dem Boden einen vollkommenen Kreis zeichnete, mit einer Geste, aus der Meisterschaft sprach. Augenblicklich galt er als der größte aller Zeichner. *Marc*

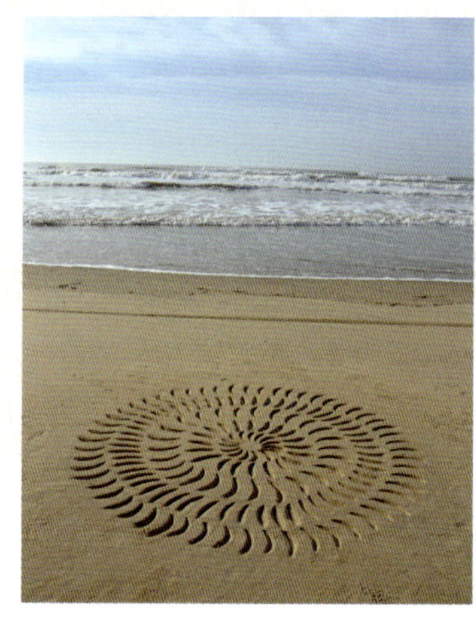

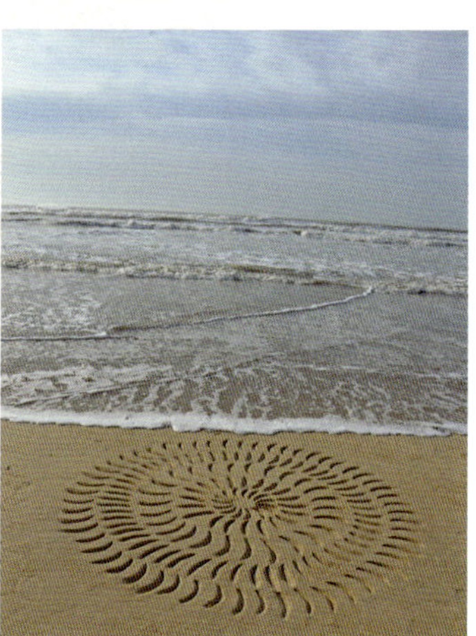

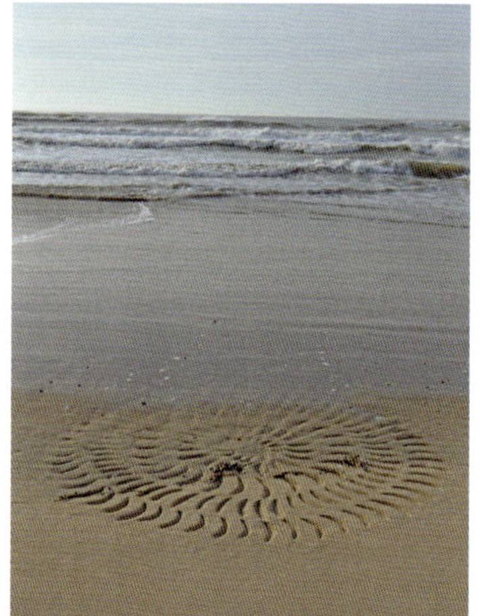

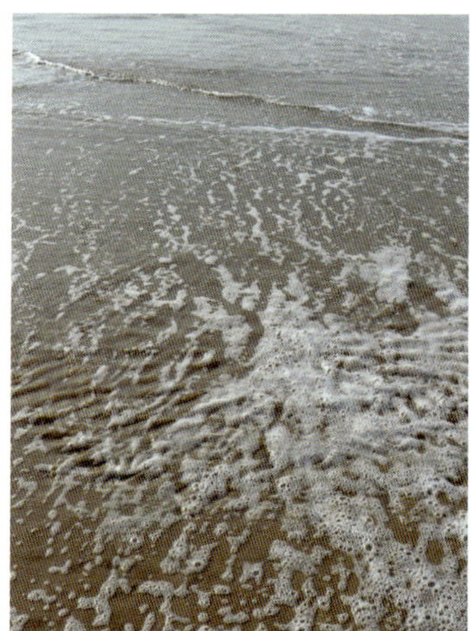

« Sieh die Welt in einem Sandkorn und den Himmel in einer Wildblume, so hältst du die Unendlichkeit in der Hand und die Ewigkeit in einer Stunde. »
William Blake

Januar
Atlantikküste

Sand.

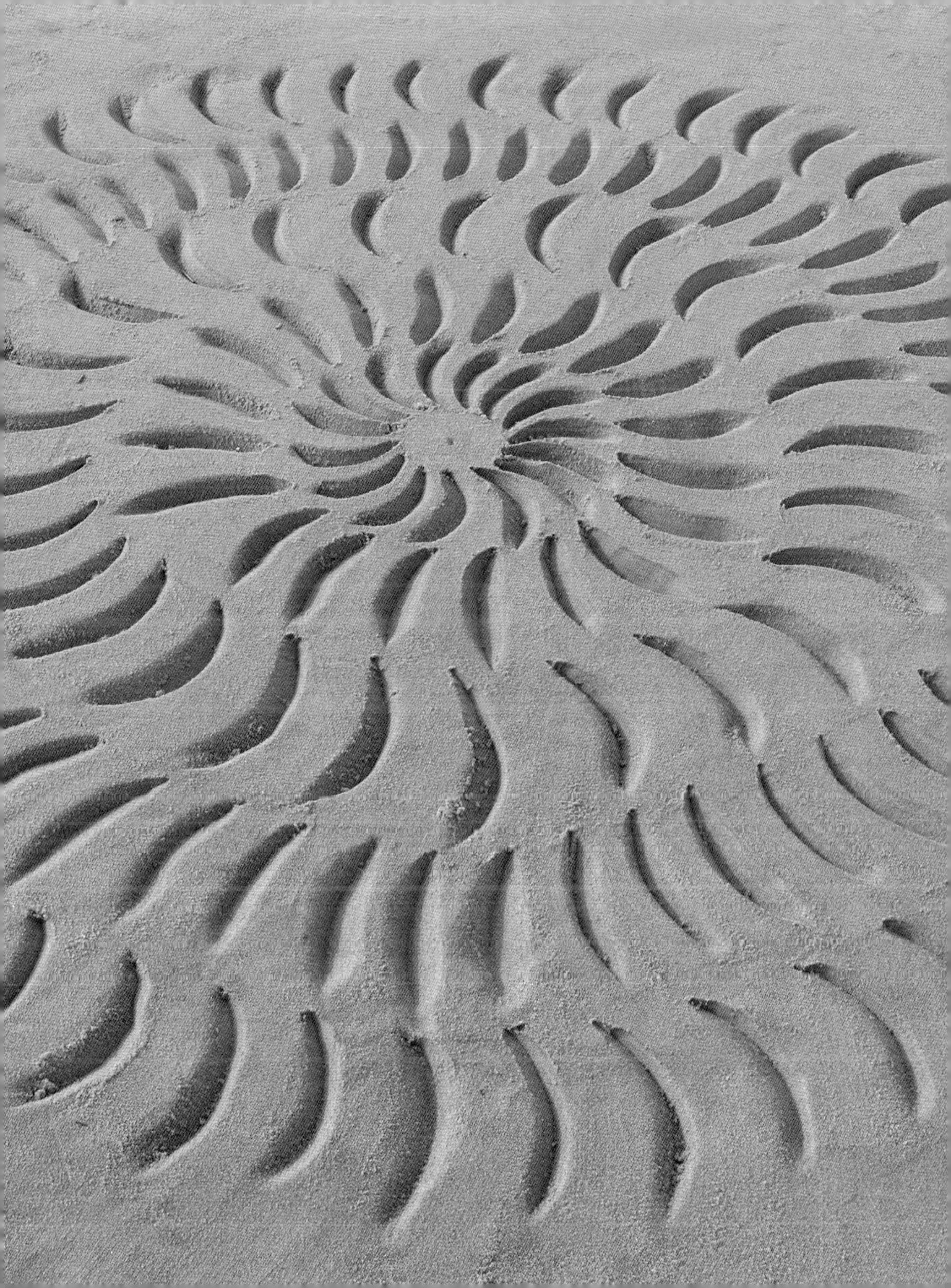

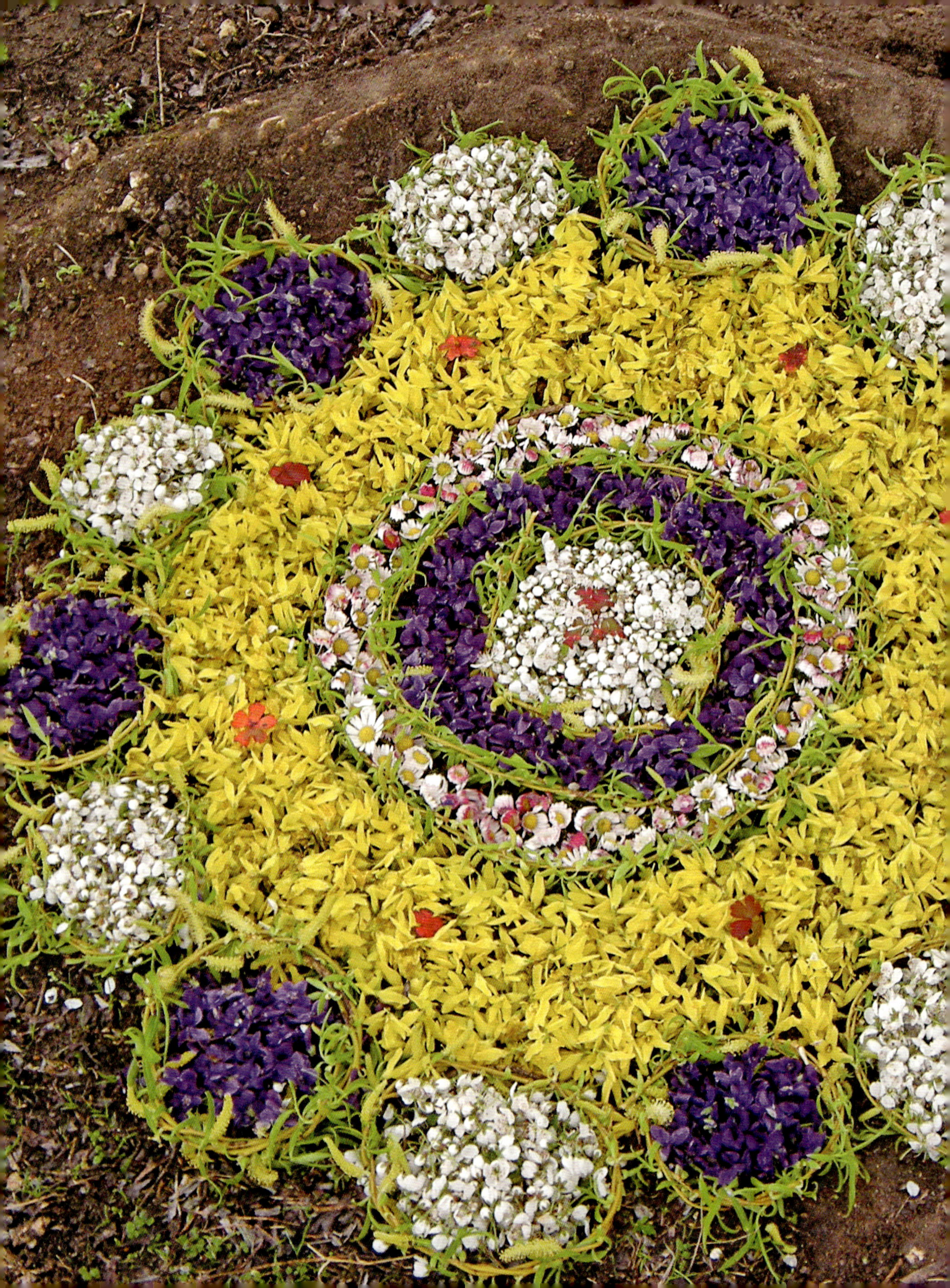

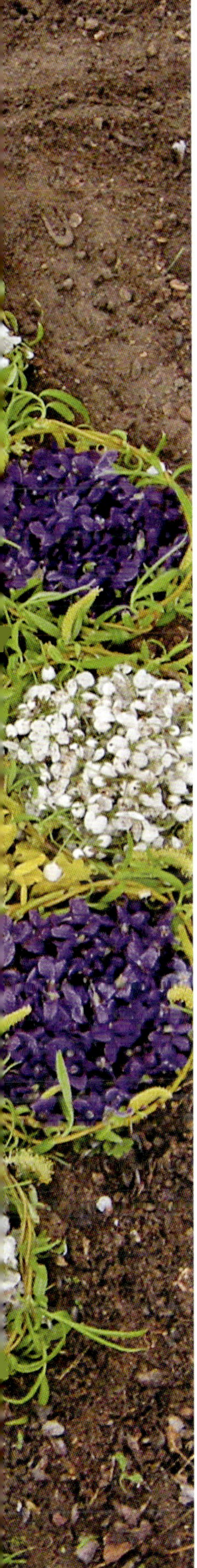

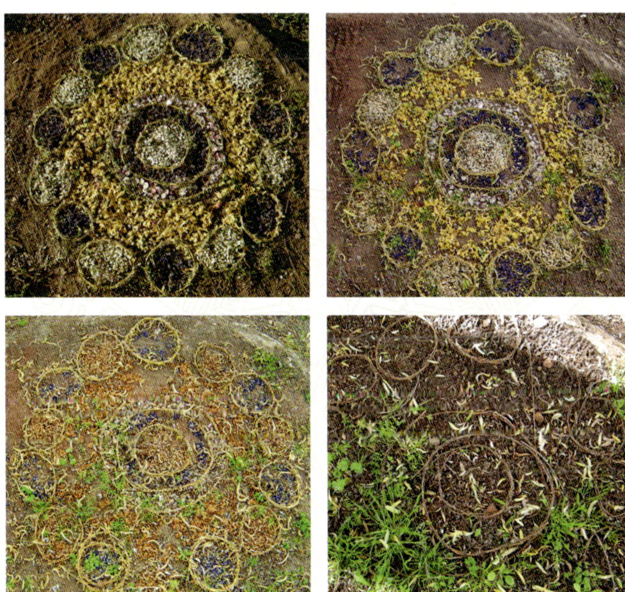

MANDALA IM REGEN

« Die Blumen des Frühlings sind Träume des Winters, die morgends am Tisch der Engel erzählt wurden. »
K. Gibran

März
Garten in Cognac

Weidenzweige, Geranienblüten, Veilchen, Gänseblumen, Blüten von Forsythien und japanischer Kirsche.

Der Beginn des Frühlings, ich schaue aus dem Fenster. Die Forsythien blühen bereits, der Boden ist übersät mit Veilchen, der Pflaumenbaum ist ganz weiß vor lauter Blüten und die Weide ist eingekleidet mit zartgrünen Blättern. Der leichte Regen, der einsetzt, bringt die Farben noch mehr zur Geltung. Dadurch bekomme ich Lust, ein Mandala zu kreieren: das Mandala im Regen. 4 Stunden später beende ich meine Kreation und der Regen hört auf. Über mehrere Tage hinweg mache ich Fotos und sehe zu, wie das Mandala sich verwandelt. Unter meinen aufmerksamen Blicken verschwindet es von Tag zu Tag ein wenig mehr. Zwei Wochen vergehen und was bleibt, sind die Kreise aus Weidenzweigen. Sie brauchen noch etwas, ehe sie zu Erde werden. Die Zeit vergeht und alles löst sich auf, nichts verschwindet, alles transformiert sich. *Maïté*

MANDALA UNTER PINIEN

Schau an, es ist vollbracht! Einer der heikelsten Momente für den Erschaffer ist die Entscheidung, „wann“ das Werk vollbracht ist. Ein fehlendes Detail, und es funktioniert nicht, ein Element zu viel, und das Gleichgewicht ist aus dem Lot. Ein Foto von jeder Etappe der Kreation zu machen, hilft bei dieser Frage, aber das Ideal, die höchste Befriedigung liegt dennoch in dem genauen Wissen, wo und wann das Wort „Fertig“ zu setzen ist. *Marc*

« Das Beste, worauf der Künstler hoffen kann, ist andere einzubeziehen, die ebenfalls einen Blick drauf werfen. »
George Sand

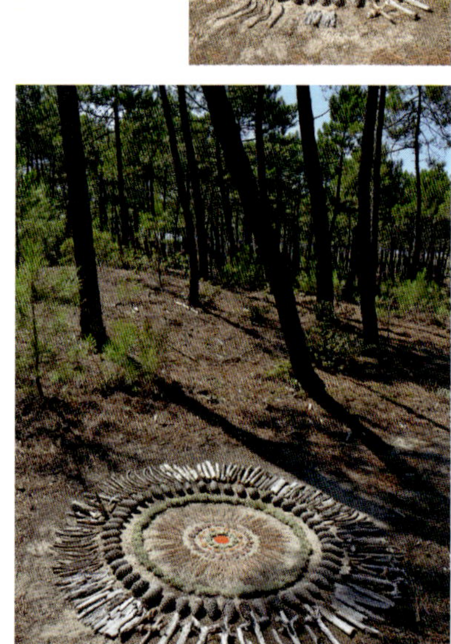

September
Pinienwald, Atlantikküste

Flechten, Holz, Rinde, Nadeln und Zapfen der Pinie, Seidelbastbeeren.

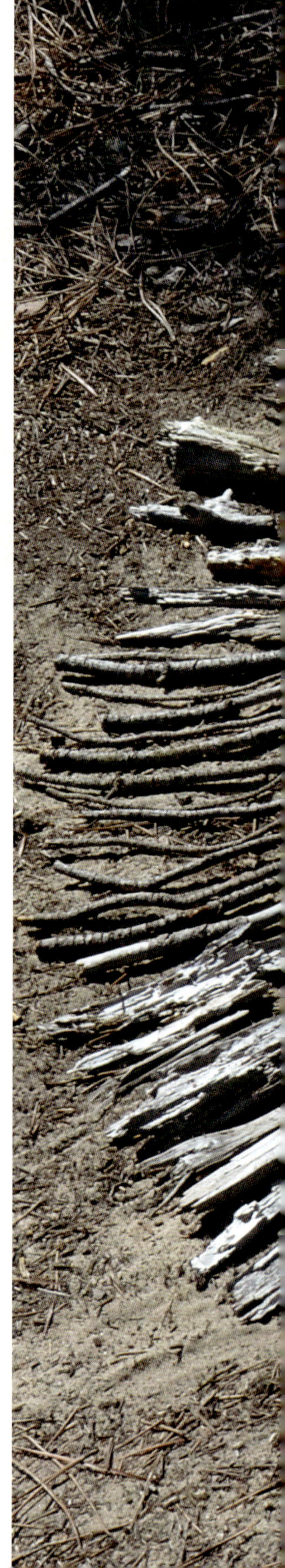

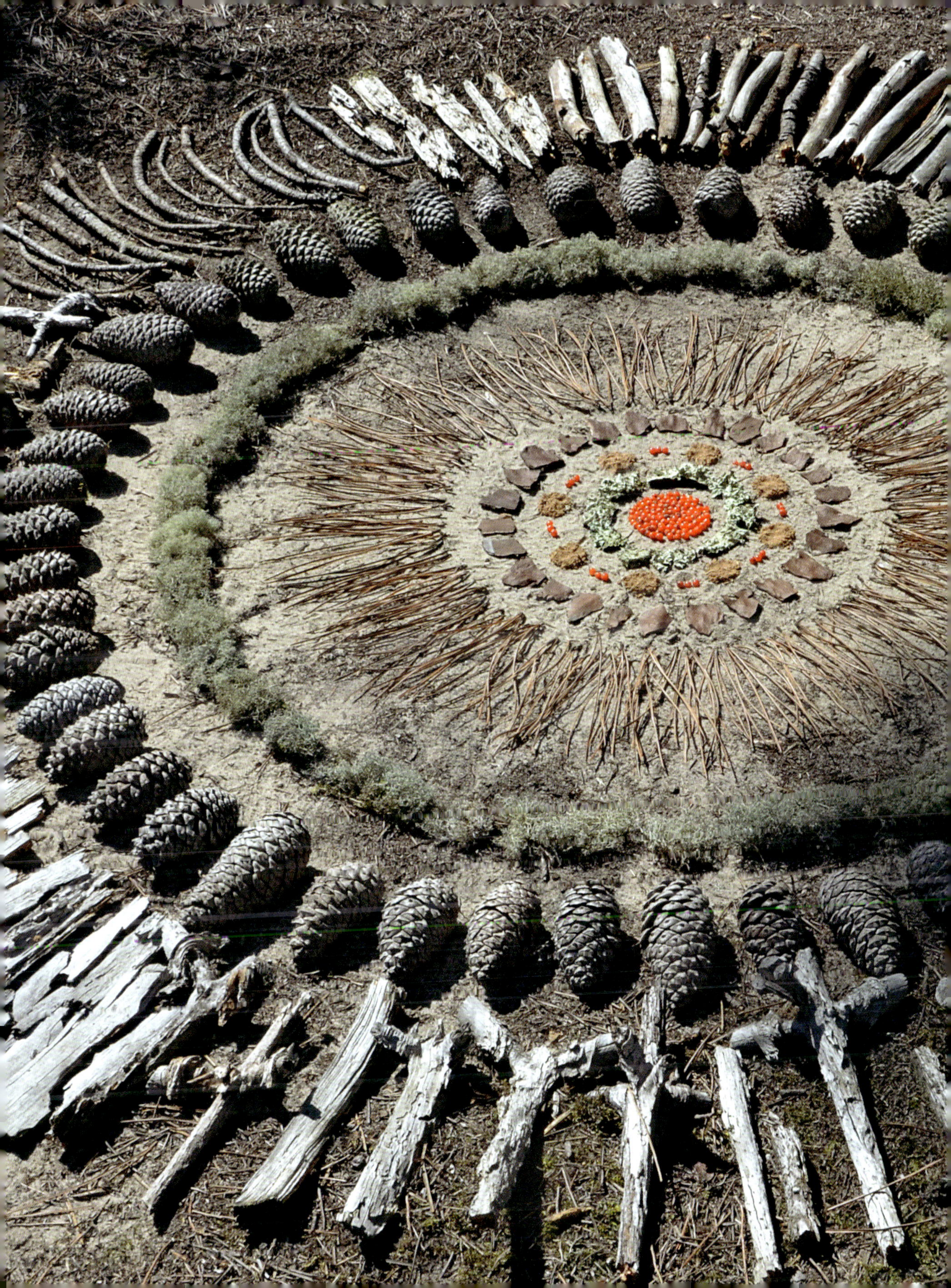

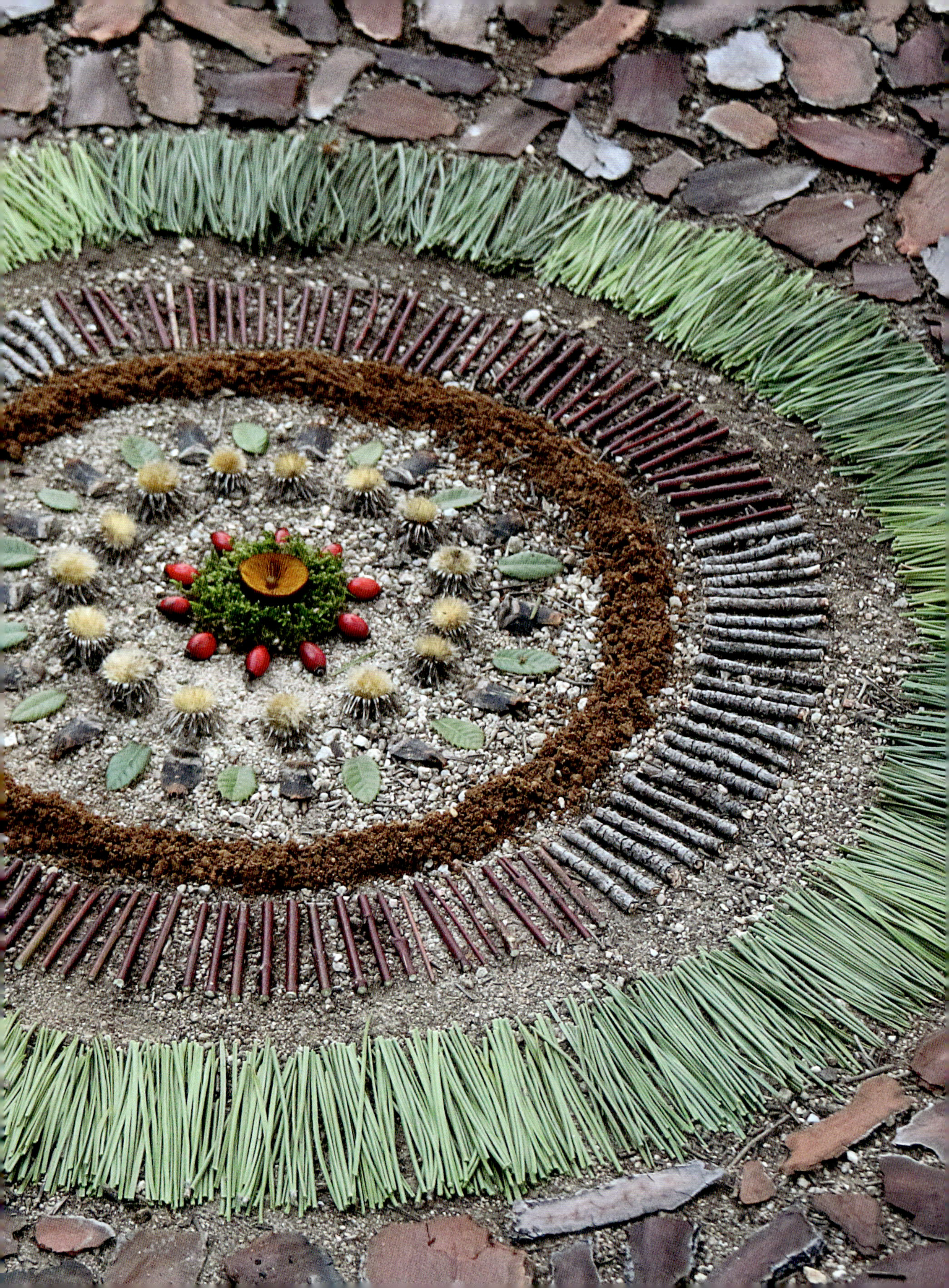

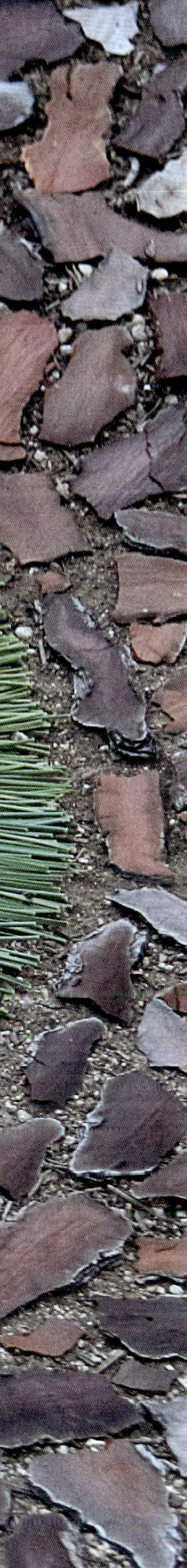

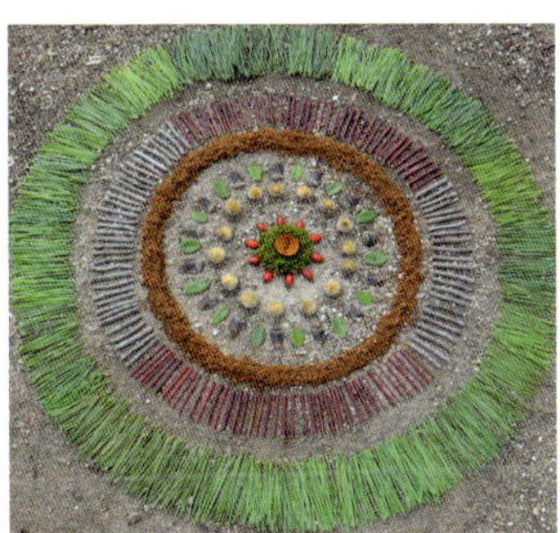

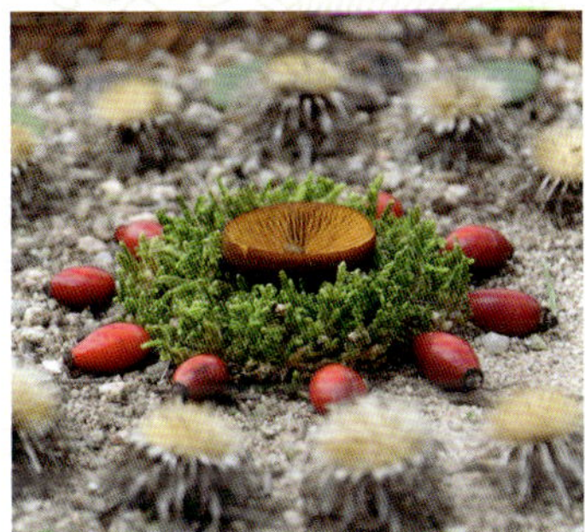

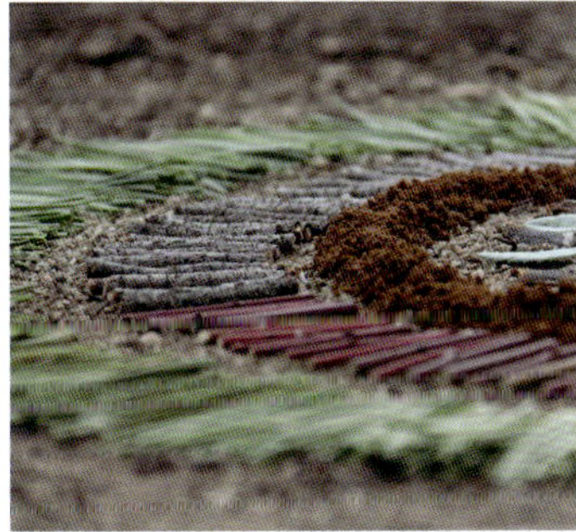

MANDALA DER ERDE

Dieses Zitat von Geronimo (unten) berührt mich, denn ich liebe das Leben sehr. Ich bin, was die Zukunft der Erde anbelangt, nicht wirklich beunruhigt, im Hinblick auf die Menschheit und Tiere hingegen schon. Der Planet wird überleben, er benötigt uns nicht ... Wir sind es, die seiner bedürfen!
Maïté

Mein Cousin hat als Kind einmal ein Geldstück verschluckt, das meine Mutter ihm geschenkt hatte. Ich wusste also schon sehr früh, dass man Geld tatsächlich nicht essen kann. Vielleicht nahm da meine Liebe für die Natur ihren Anfang. Auch wenn es meinem Cousin nun, viele Jahre später, sehr gut geht.
Marc

Januar
Berg in Ardèche

Erde, Moos, Pilze, Zweige, Rinder, Schuppen von Pinienzapfen und Nadeln, Heckenrosenbeeren, Distel.

« Wenn der letzte Baum gefällt, der letzte Fluss vergiftet, der letzte Fisch gefangen sein wird, werden wir wissen, dass man Geld nicht essen kann. »
Geronimo

MANDALA DER SCHÄTZE

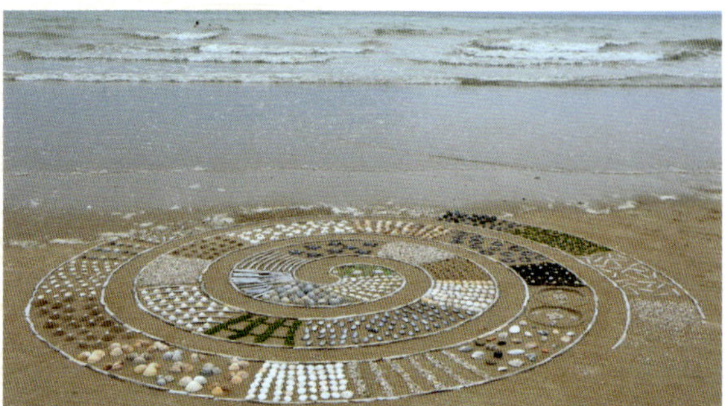

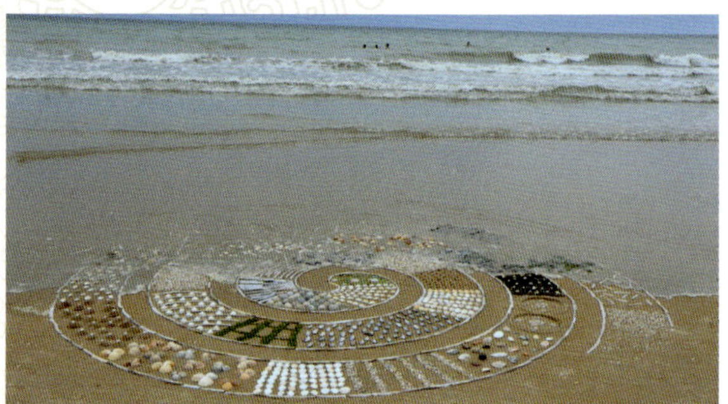

Mit einem Fotoapparat in der Hand warten wir darauf, dass die Welle unserer heutiges Tageswerk bedeckt. Ein junges Mädchen steht in unserer Nähe. Sie kontempliert, von dem Mandala gleichsam hypnotisiert. Die gute Welle kommt an, lässt das Arrangement untergehen, zieht sich zurück und hinterlässt nichts als ein Chaos an Muscheln. Verblüfft sehen wir, wie das junge Mädchen sich daran macht, mit einem Beutel die Elemente einzusammeln, wie einen Schatz.
Maïté und Marc

« Wenn wir große Schätze direkt vor unseren Augen haben, nehmen wir sie niemals wahr. Weißt du warum? Weil die Menschen nicht an Schätze glauben. »
Paulo Coelho

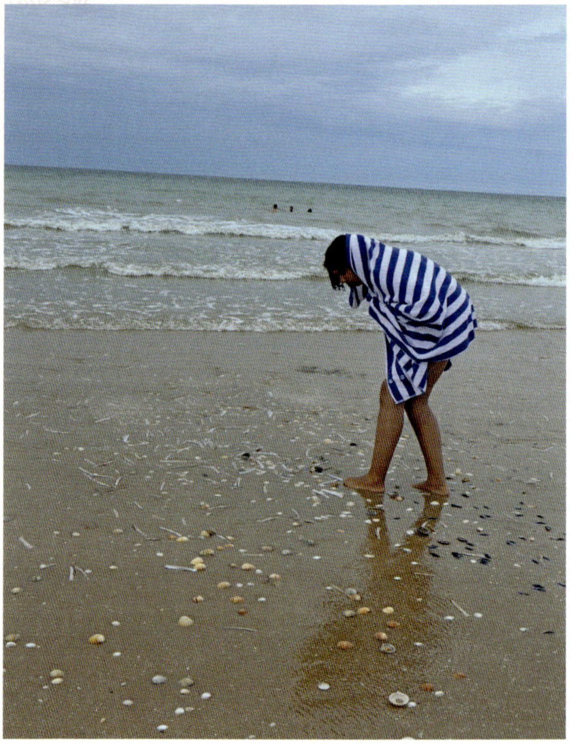

August
Strand „Plage de la Manche“

Steine, Venusmuscheln, Herzmuscheln, Schwertmuscheln, Miesmuscheln, Algen.

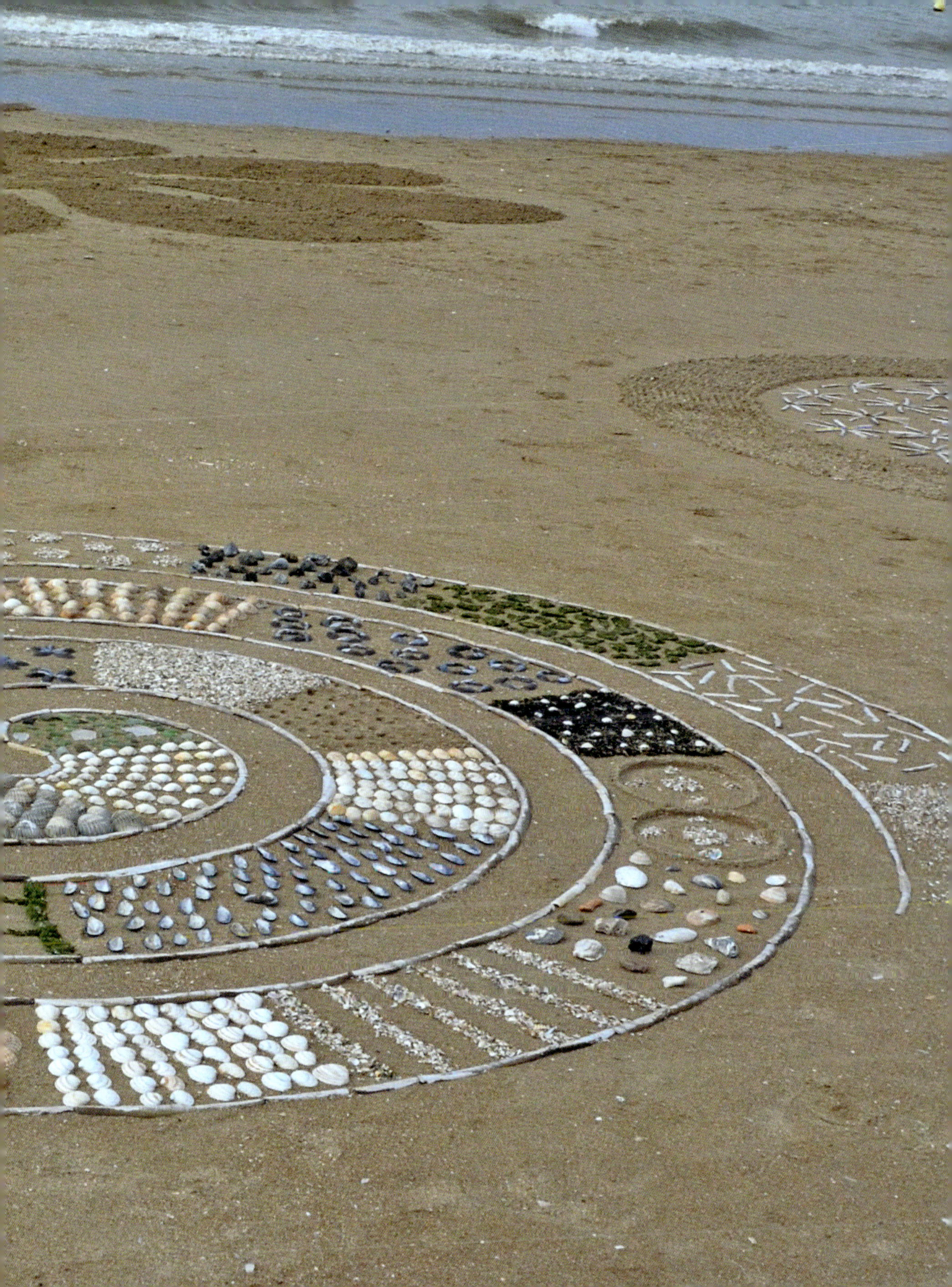

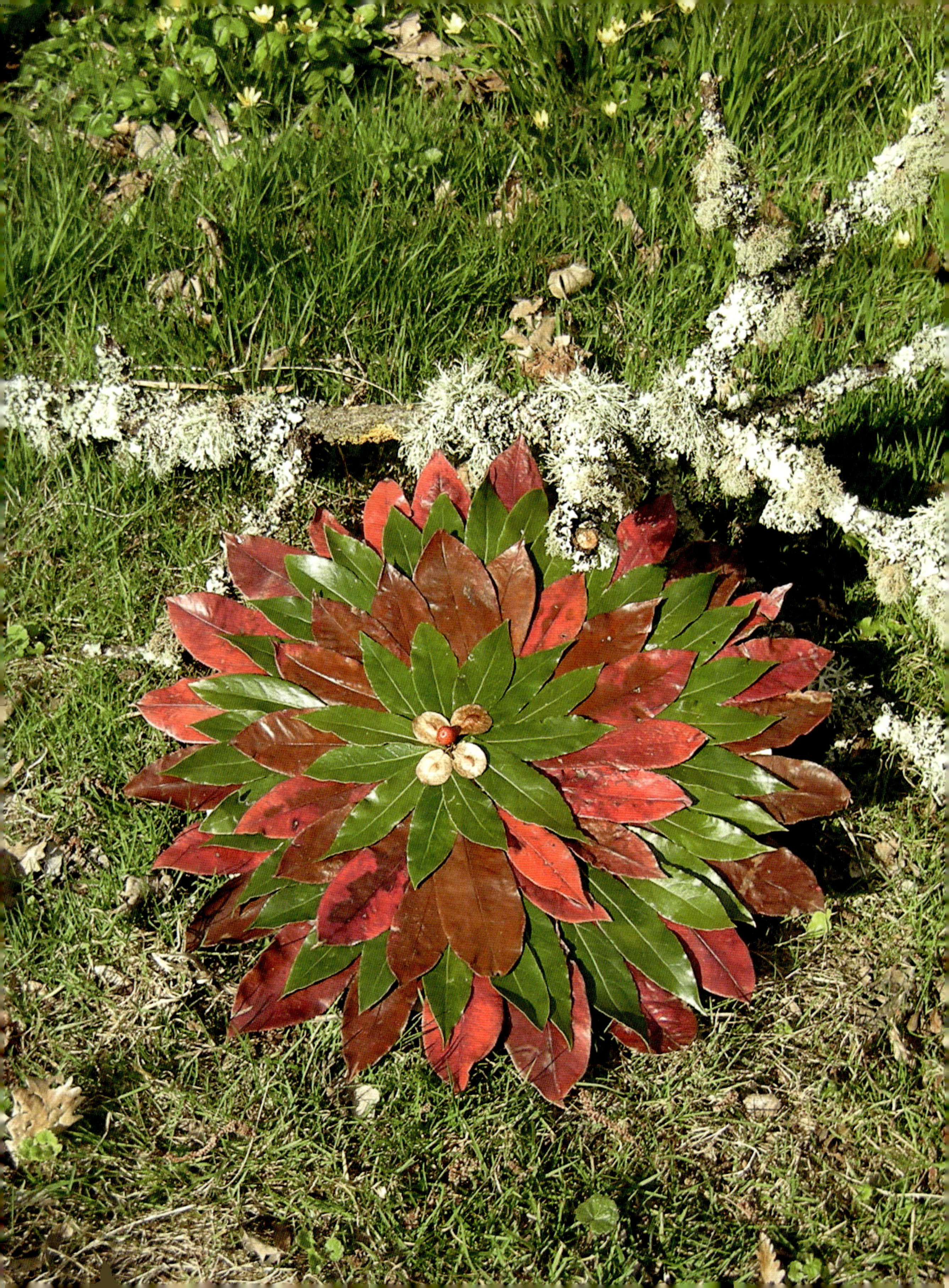

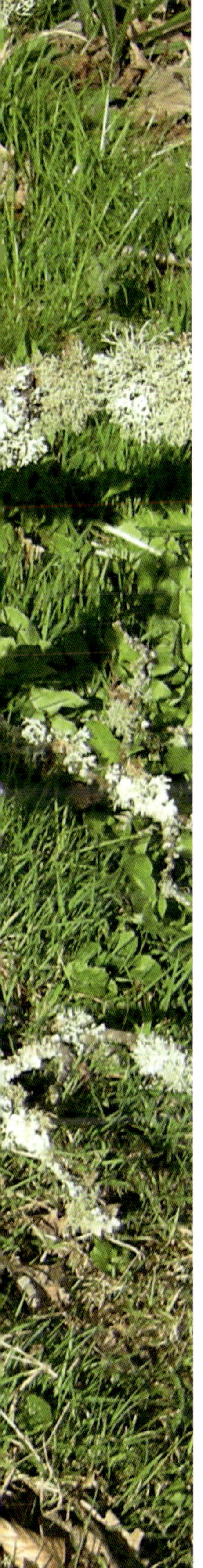

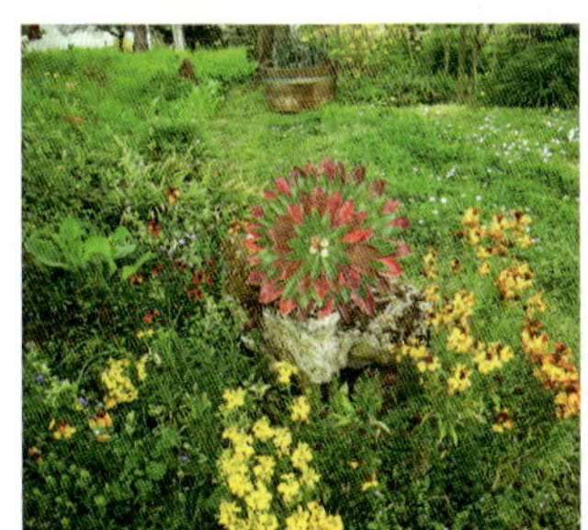

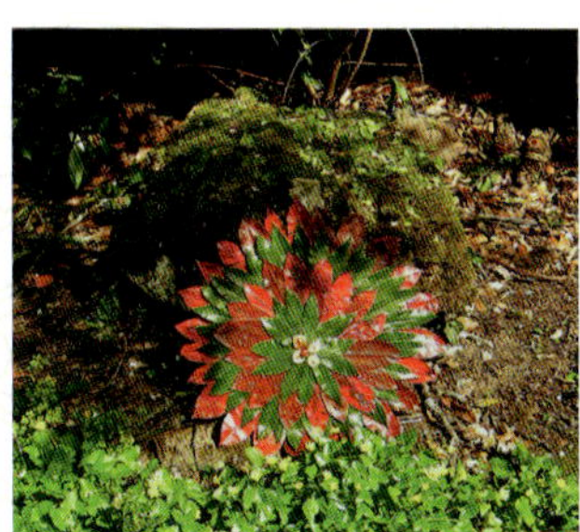

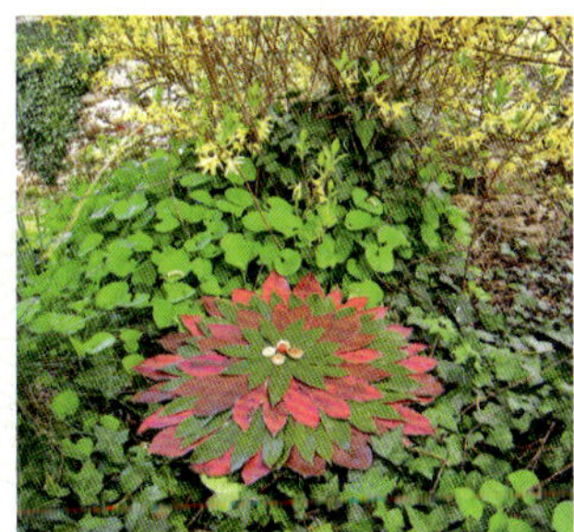

MANDALA DER VAGABUNDEN

Ich erinnere mich noch daran, wie ich zum ersten Mal den Schnee gesehen habe. Ich war zwei Jahre alt und er ging mir bis zu den Knien. Ich war drei Jahre alt, als ich zum ersten Mal den Zug nahm, um von Pau – meiner Geburtsstadt – nach Charente aufzubrechen. Eine Reise ohne Rückfahrticket, worüber nur mein Vater Bescheid wusste. Ich erinnere mich daran, wie mein Kinn auf dem Küchentisch liegt. Ich erinnere mich an Weihnachten, als ich sechs Jahre alt war und, zusammen mit meinem Bruder, die Geschenke im Kofferraum entdeckte… sie waren noch nicht verpackt. Ich erinnere mich an Angelo, den Sohn von Schaustellern, die einen Autoscooter besaßen. Ich war acht Jahre alt und er war für die Zeit der Kirmes in meiner Klasse. Er sprach wenig und schaute mich die ganze Zeit grinsend an. Das ganze Wochenende über konnte ich kostenlos Autoscooter fahren!
Maïté

« Weinet nicht, wenn ihr die Sonne verloren habt, die Tränen hindern euch daran, die Sterne zu sehen. »
Rubindranath Tagore

März
Feld in Charente

Lorbeerblätter, Früchte der Ulme, Seidelbastbeeren.

MANDALA DER REISE

Erinnerungen

Ich erinnere mich an diesen Hund, der so froh war, uns am Strand anzutreffen und sich inmitten des Mandalas, an dem ich bereits mehrere Stunden gearbeitet hatte, wild kläffend Streicheleinheiten abholen wollte. „Ich sage dir, dass diese Farbe nicht passt!" Ich erinnere mich an diese lebendig geführten Gespräche im Rahmen der Kreation eines Mandalas am Ende eines Workshops im Wald von „Fontainebleau". Ich erinnere mich an unsere Lachkrämpfe, die einen improvisierten Indianertanz um ein gemeinsam erstelltes Mandala am Ufer des Vassivière-Sees begleiteten. Ich erinnere mich an diesen Moment, ein magisches Geschenk, in dem ein Lichtstrahl plötzlich die Wolken durchbrach und das soeben erst vollendete Mandala aufscheinen ließ. Ich erinnere mich an das Legen meiner ersten Mandalas, als ich noch gar nichts davon wusste. Ich war ein Kind, und das spielte sich auf meinem Teller mit Kartoffelpüree ab. *Marc*

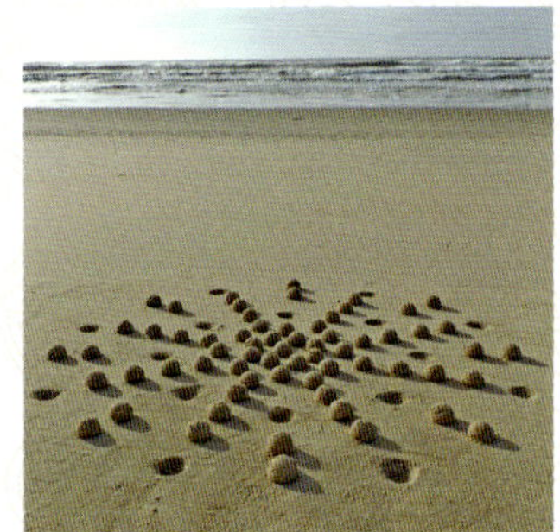

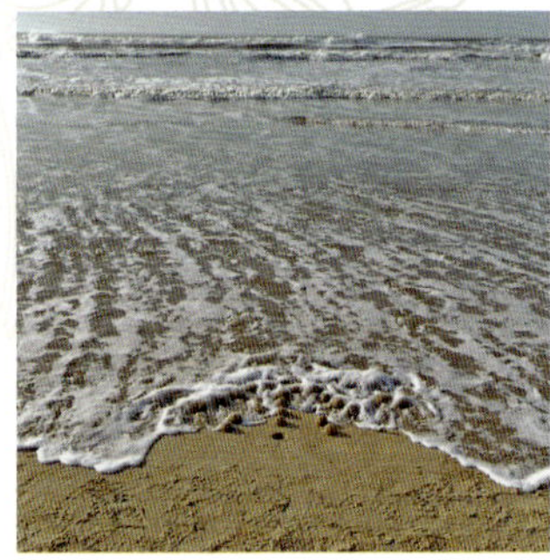

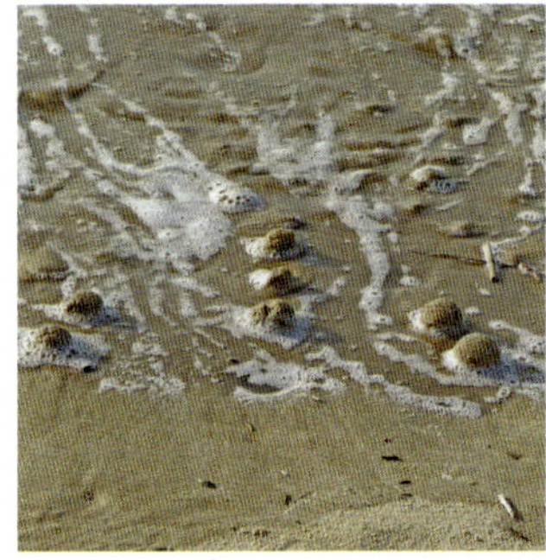

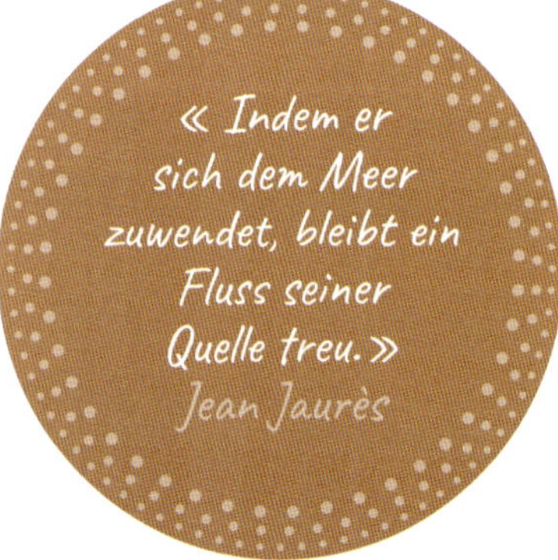

November
Atlantikküste

Sand.

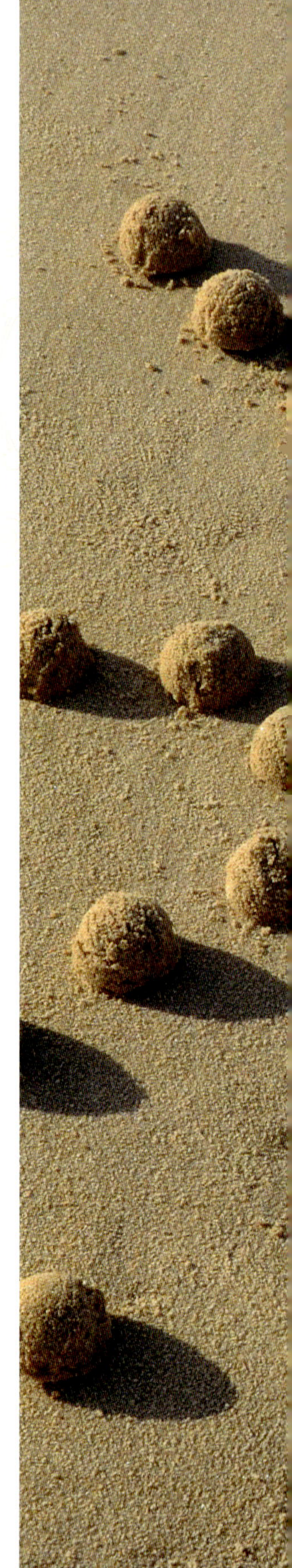

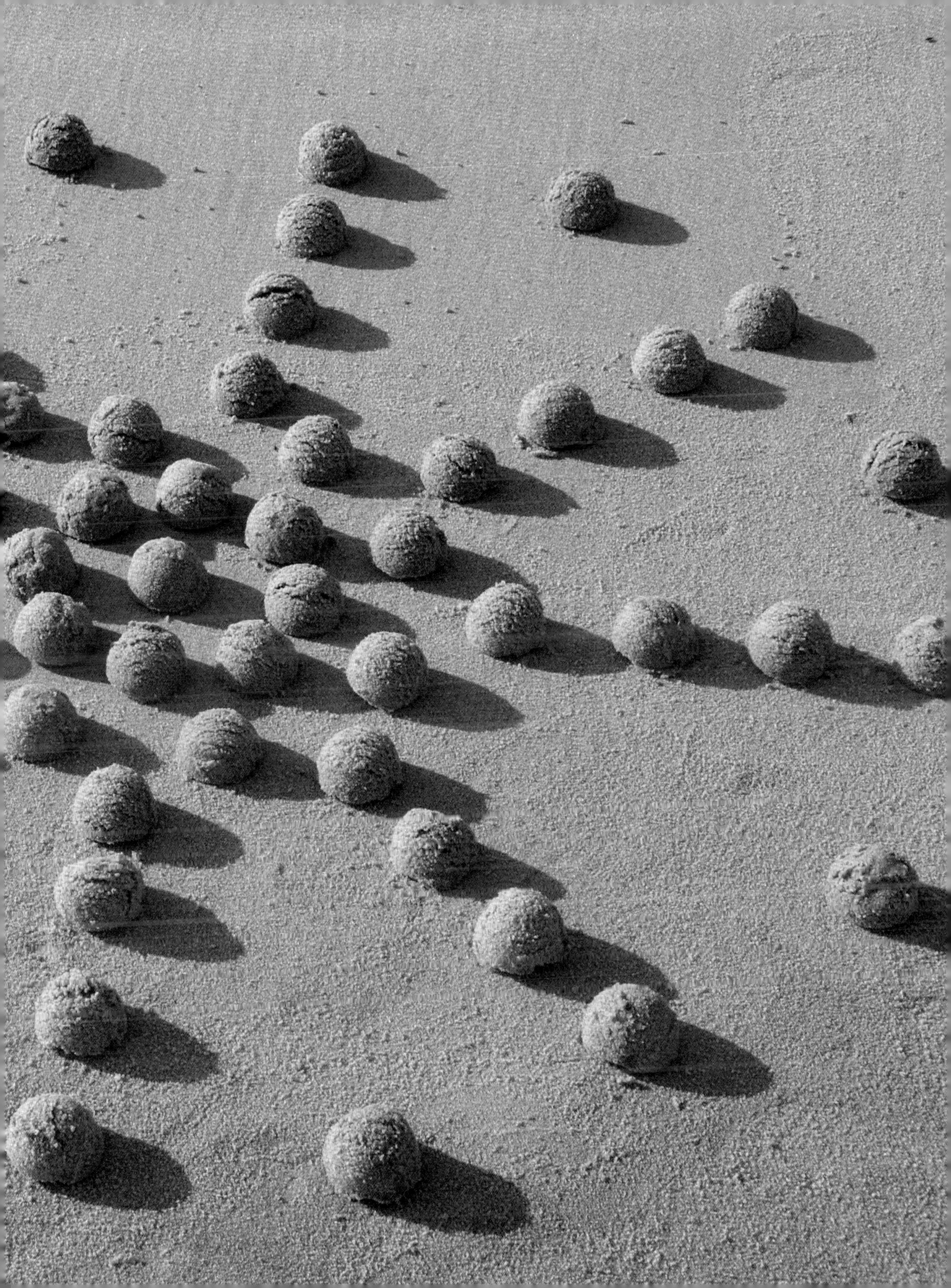

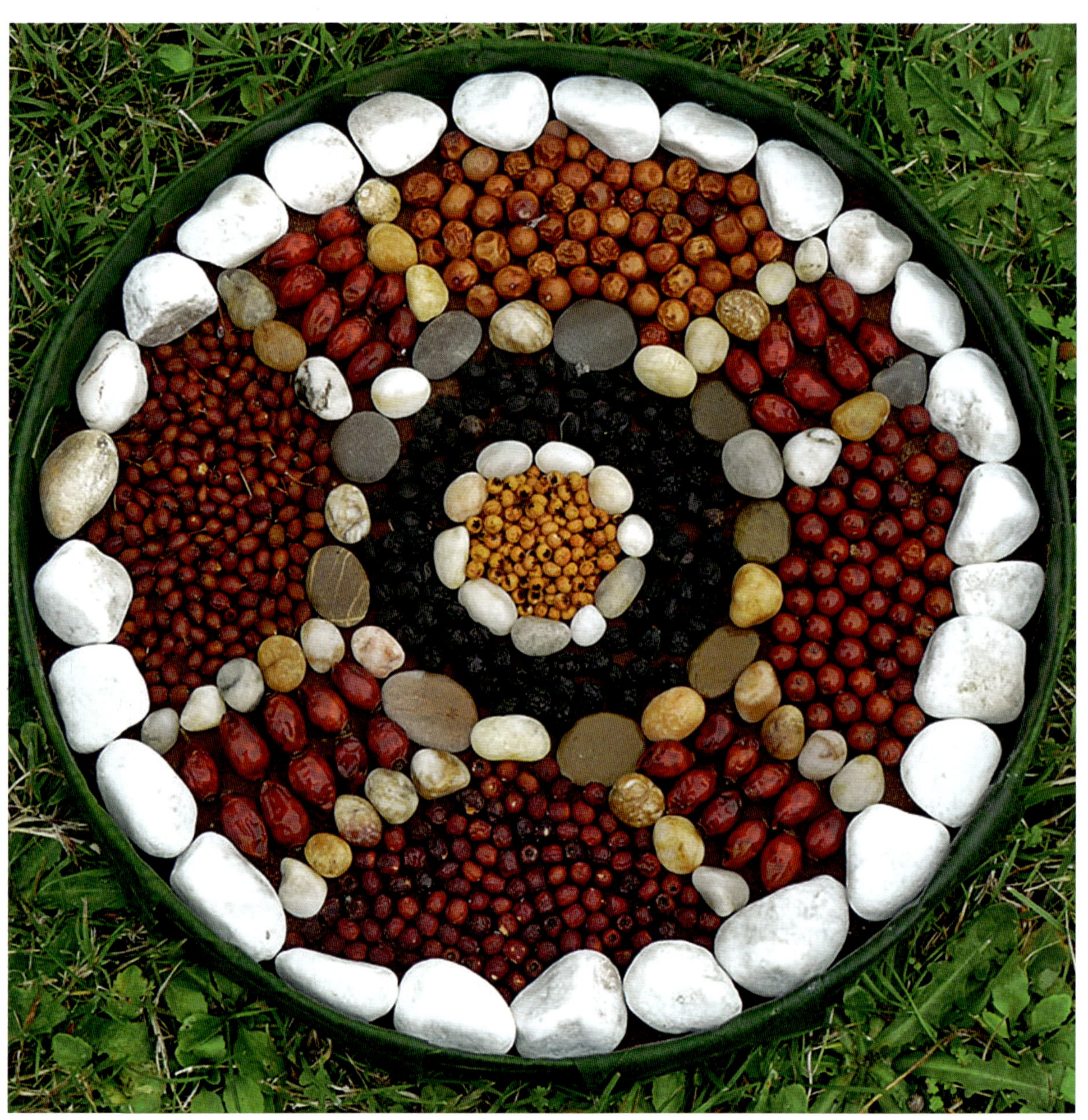

Von nah und fern

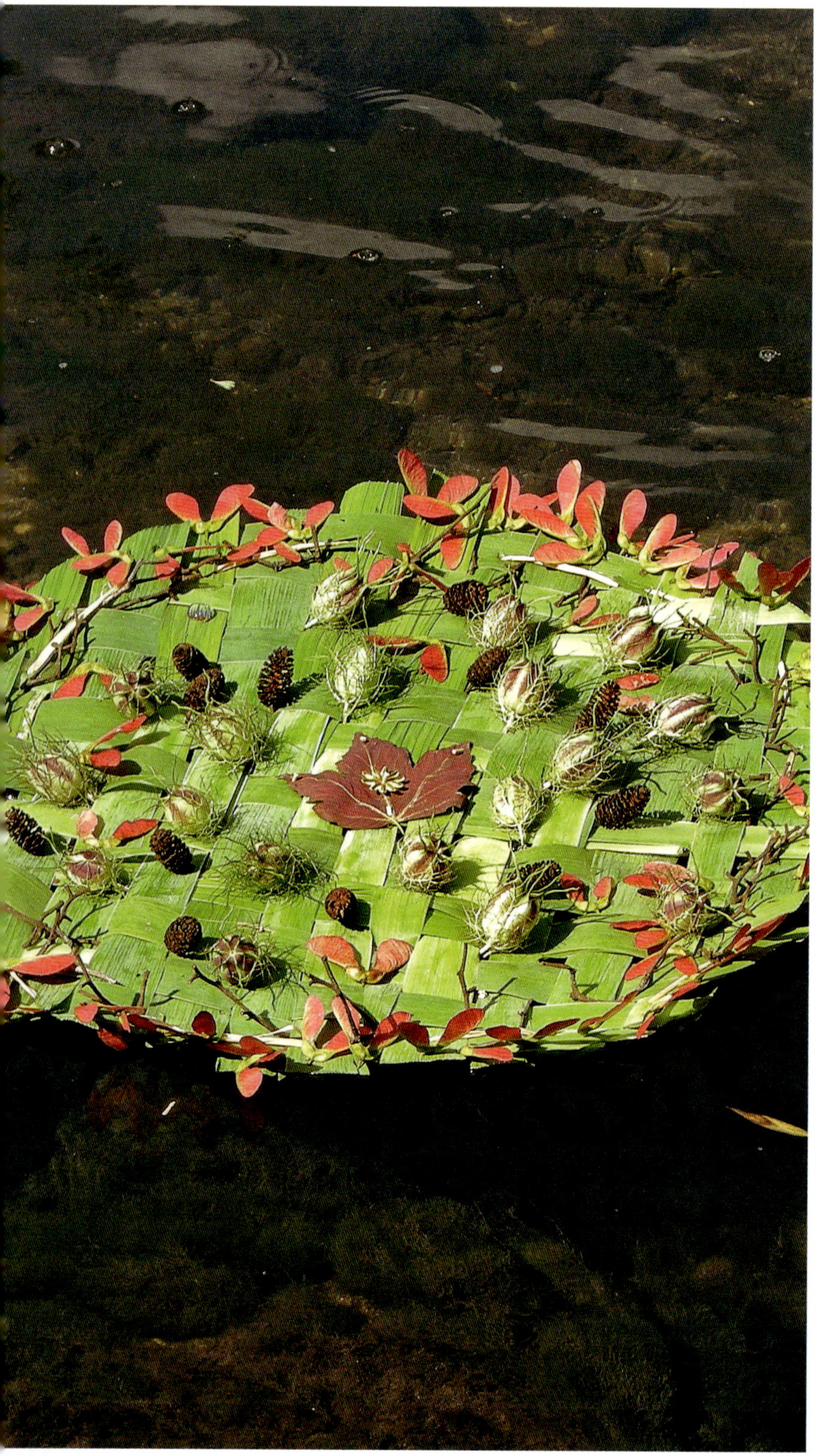

MANDALAQUA

« Indem er sich dem Meer zuwendet, bleibt ein Fluss seiner Quelle treu. »
Jean Jaurès

Juni
Antenne, Fluss in Charente

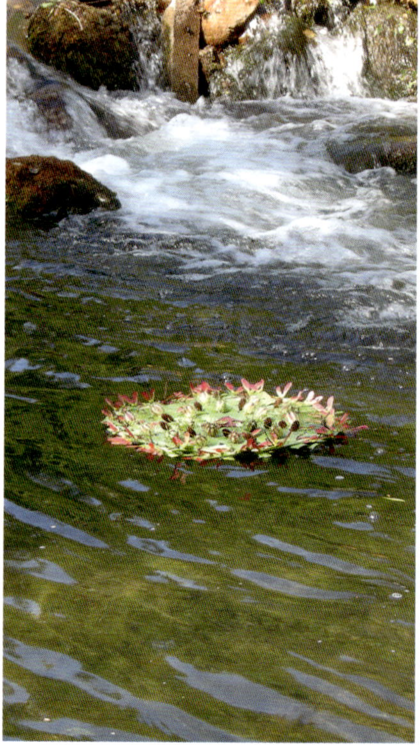

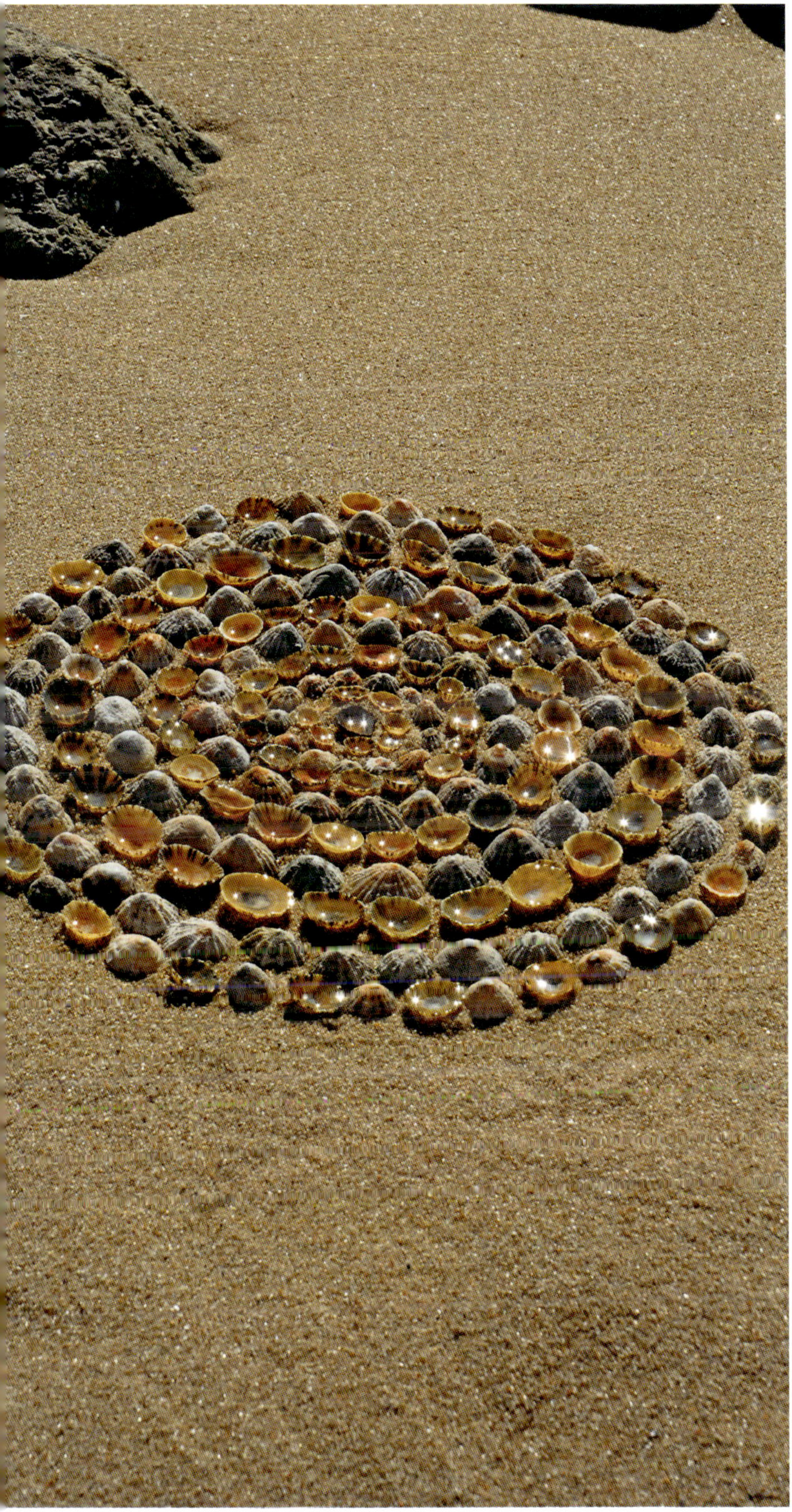

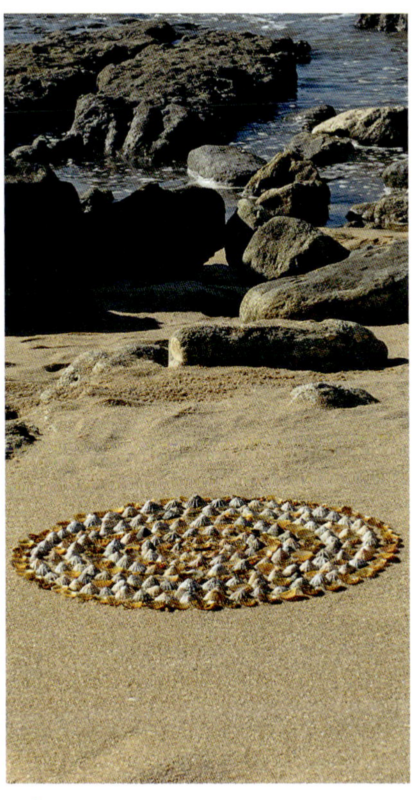

Schellenbaum-Mandala

« Einige Tautropfen auf einem Spinnennetz, fertig ist der Diamantenfluss. »
Jules Renard

September
Atlantikküste

Mandala des teuflischen Lachens

« Die Natur weiß besser über sich Bescheid als der Zufall. »
Ernest Ouellet

Juni
Limousin

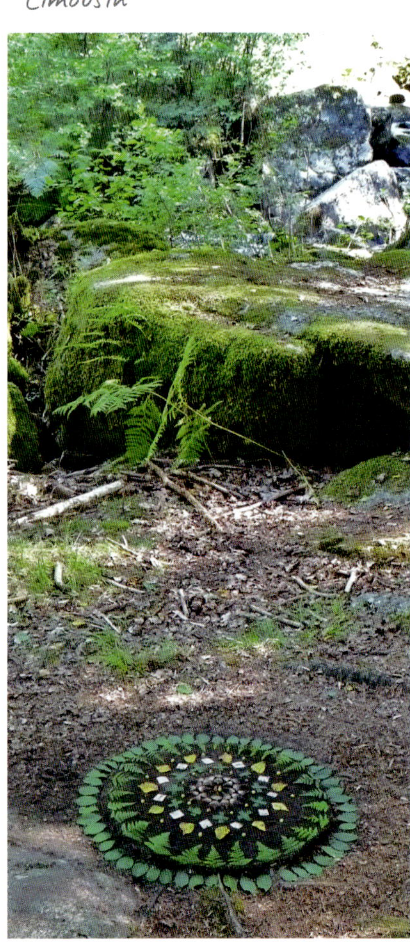

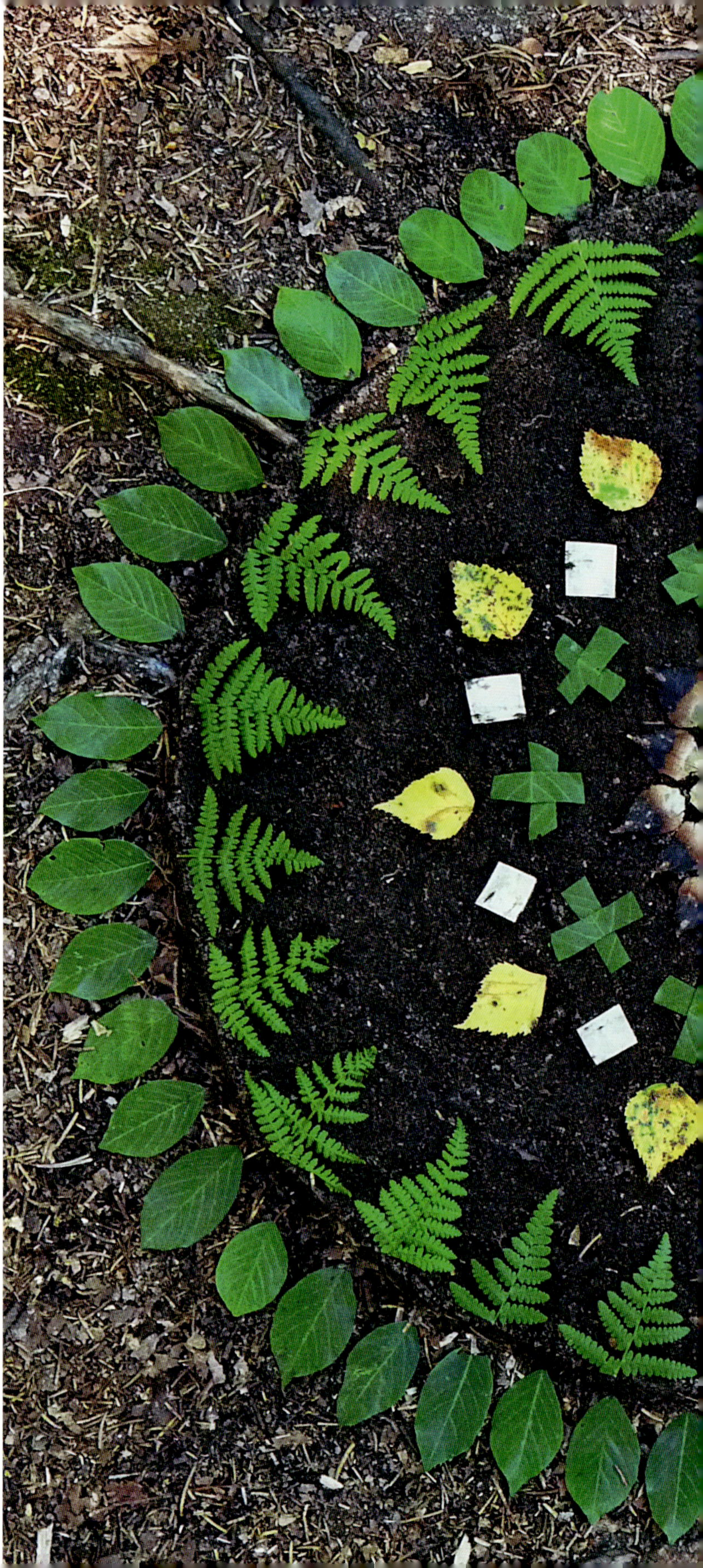

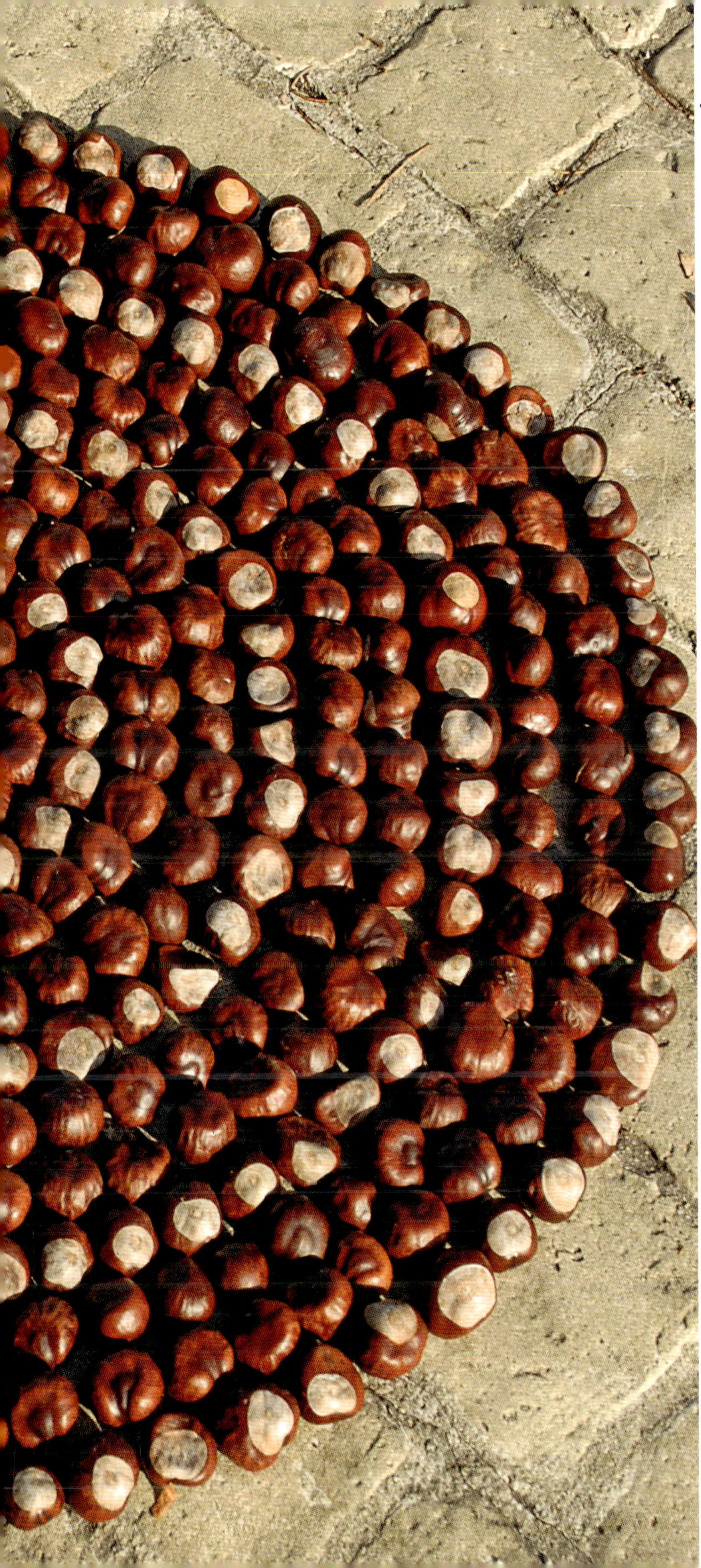

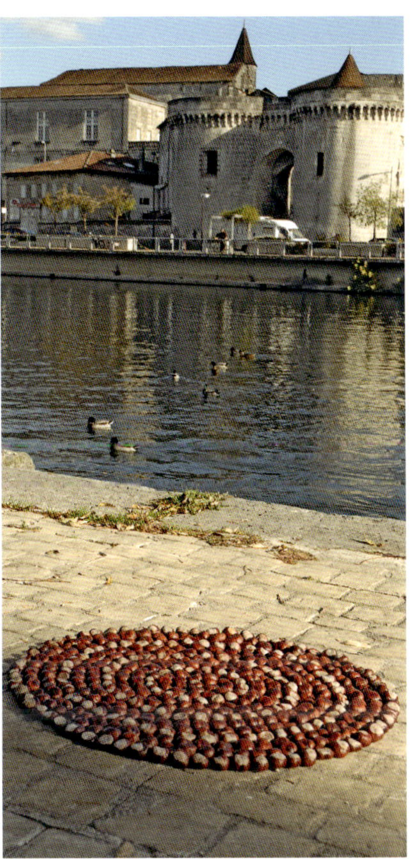

MANDALA DER GESTE

« Man ist immer bereit für die anstehende Geste, und man ist nie bereit für die ideale Geste, zu der man gerne bereit wäre. »
Yvan Amar

Oktober
Cognac

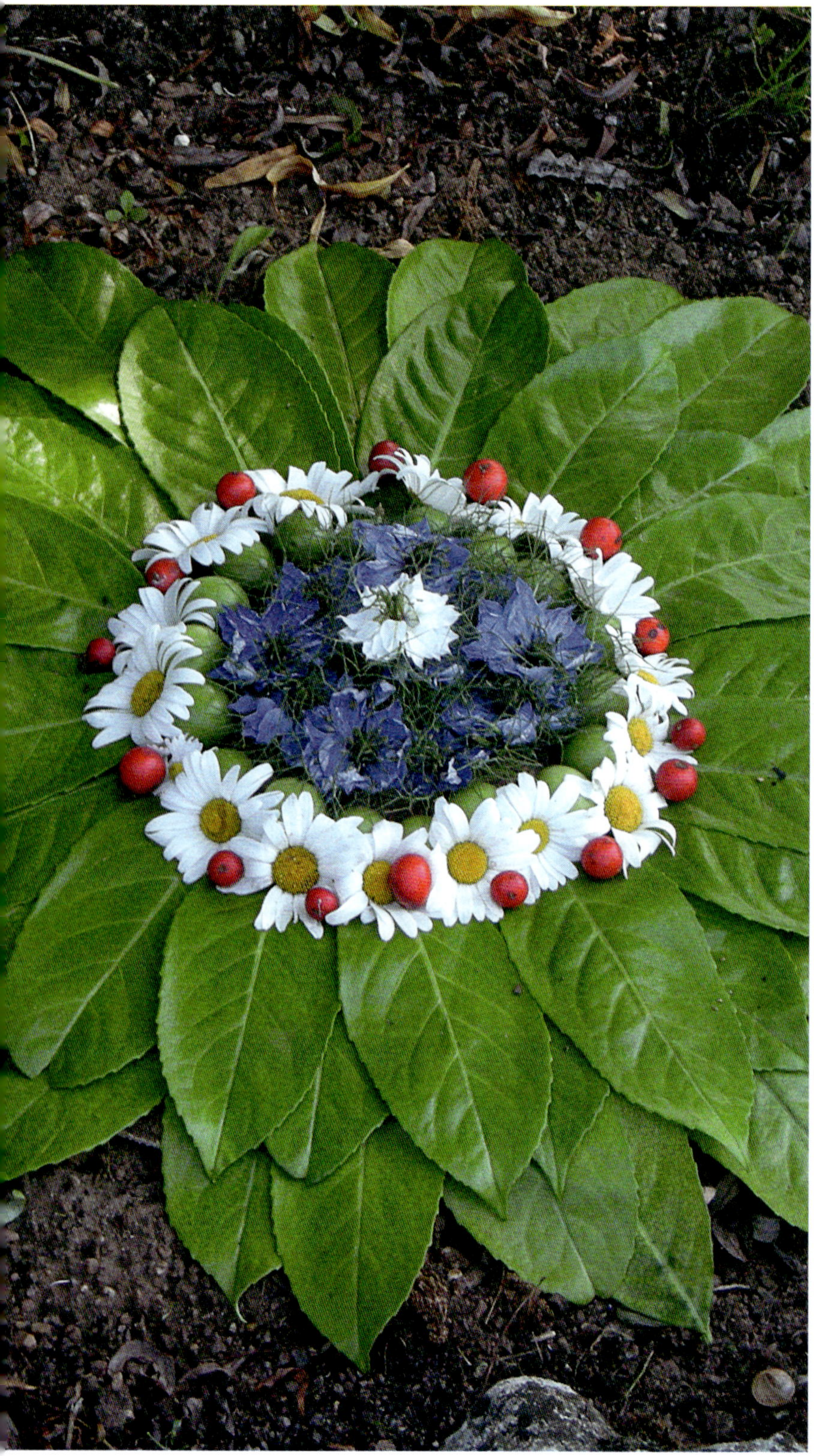

Mandala der Zärtlichkeit

« Das Leben ist eine Blume, deren Nektar die Liebe ist. »
Victor Hugo

Mai
Garten in Charente

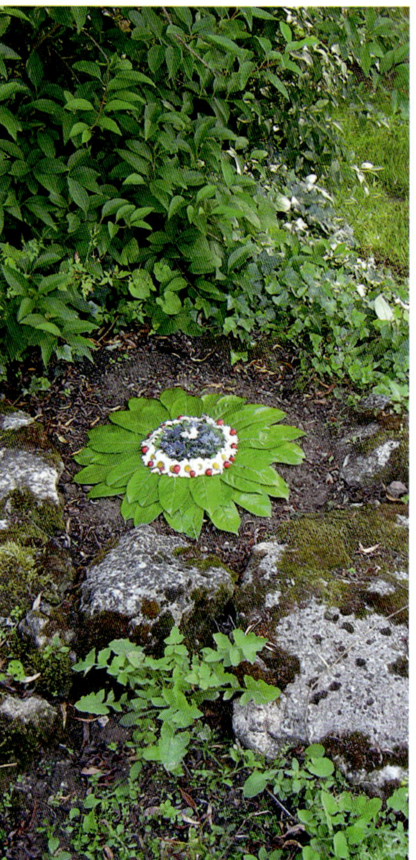

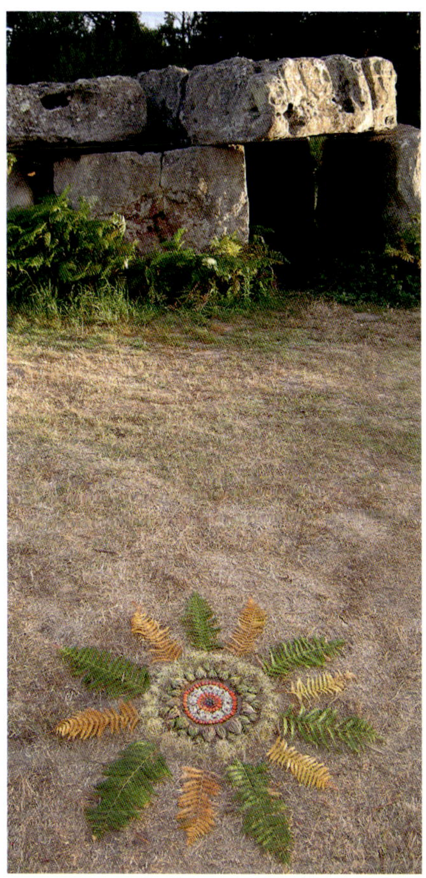

MANDALA DER SONNE

« Die Zärtlichkeit ist vergleichbar mit der Sonne, die am Ende des Tages schimmert, wenn ihre Wärme ein Licht geworden ist, das die Wesen und Dinge in eine Zartheit taucht, sanfter als eine Liebkosung. »
Jacques Salomé

September
Dolmen in Charente

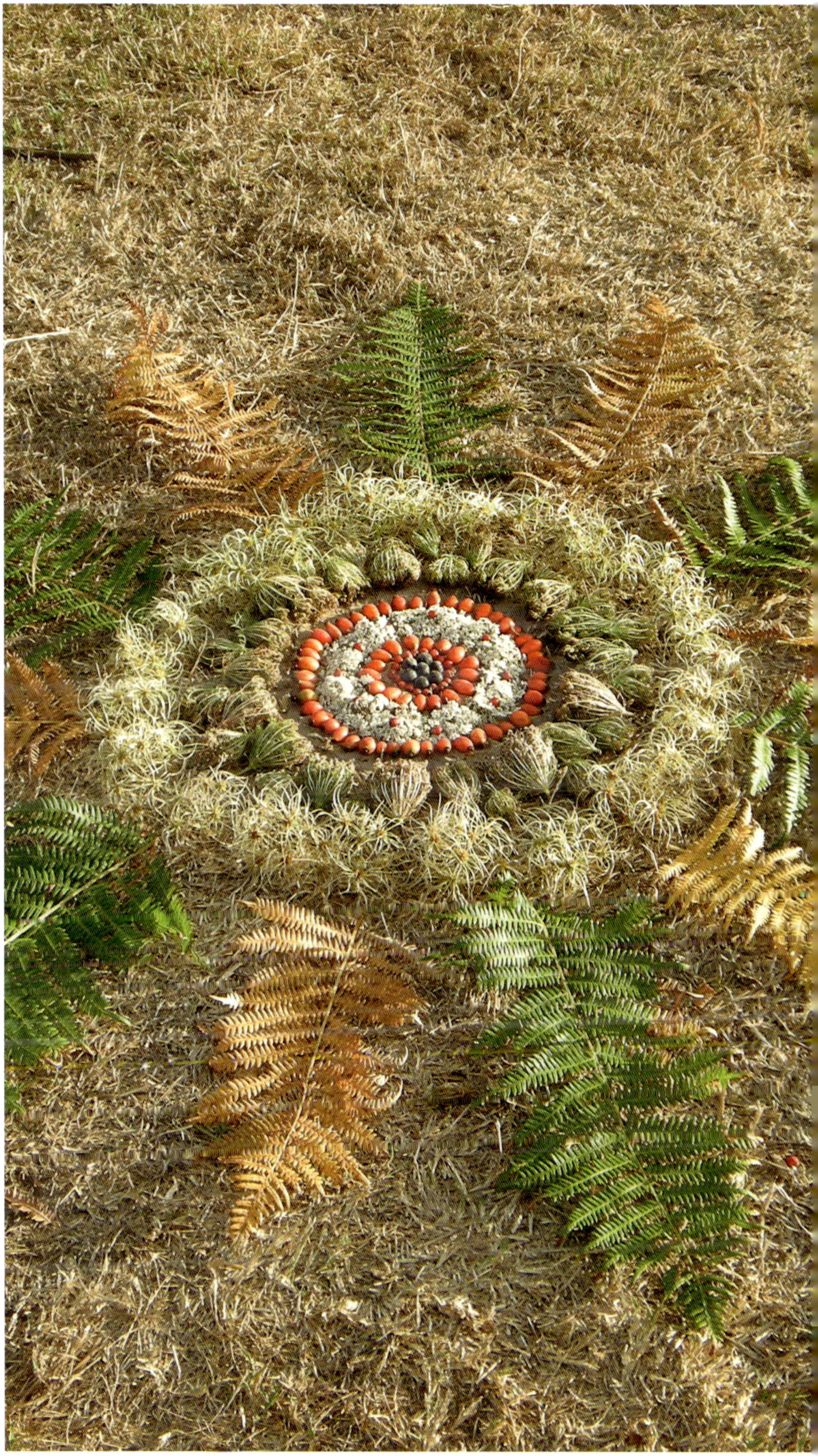

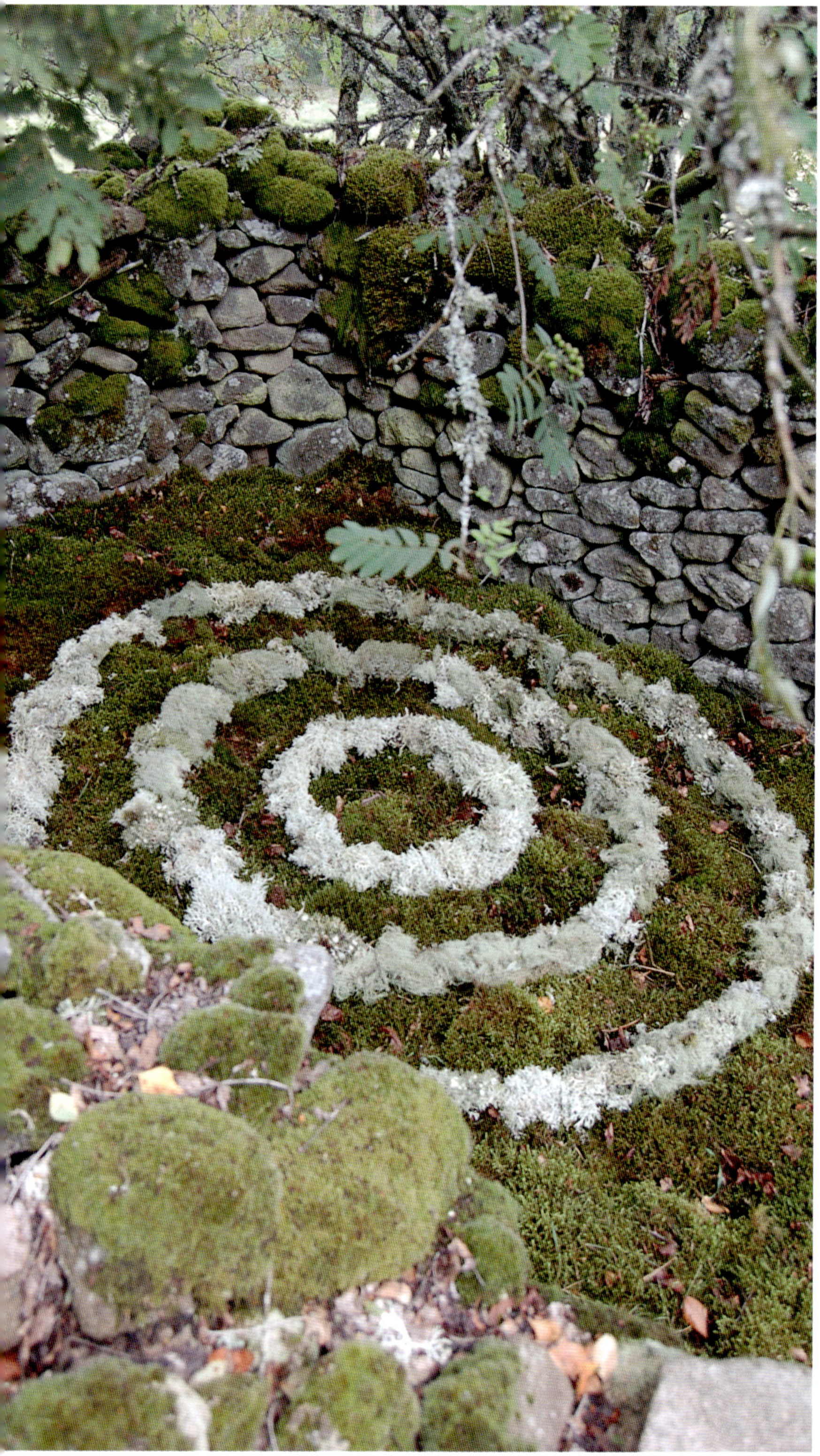

Mandala des Wesentlichen

« Wir brauchen weder Tempel noch komplizierte Philosophien. Unser Hirn und unser Herz sind unsere Tempel. »
Dalaï-Lama

Juli
Millevaches-Hochebene

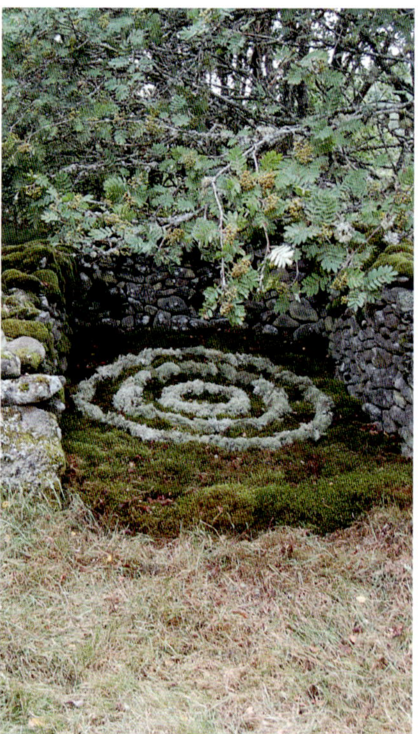

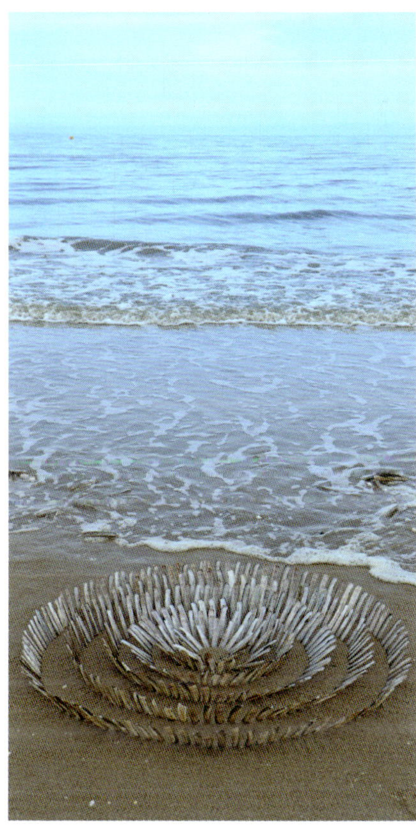

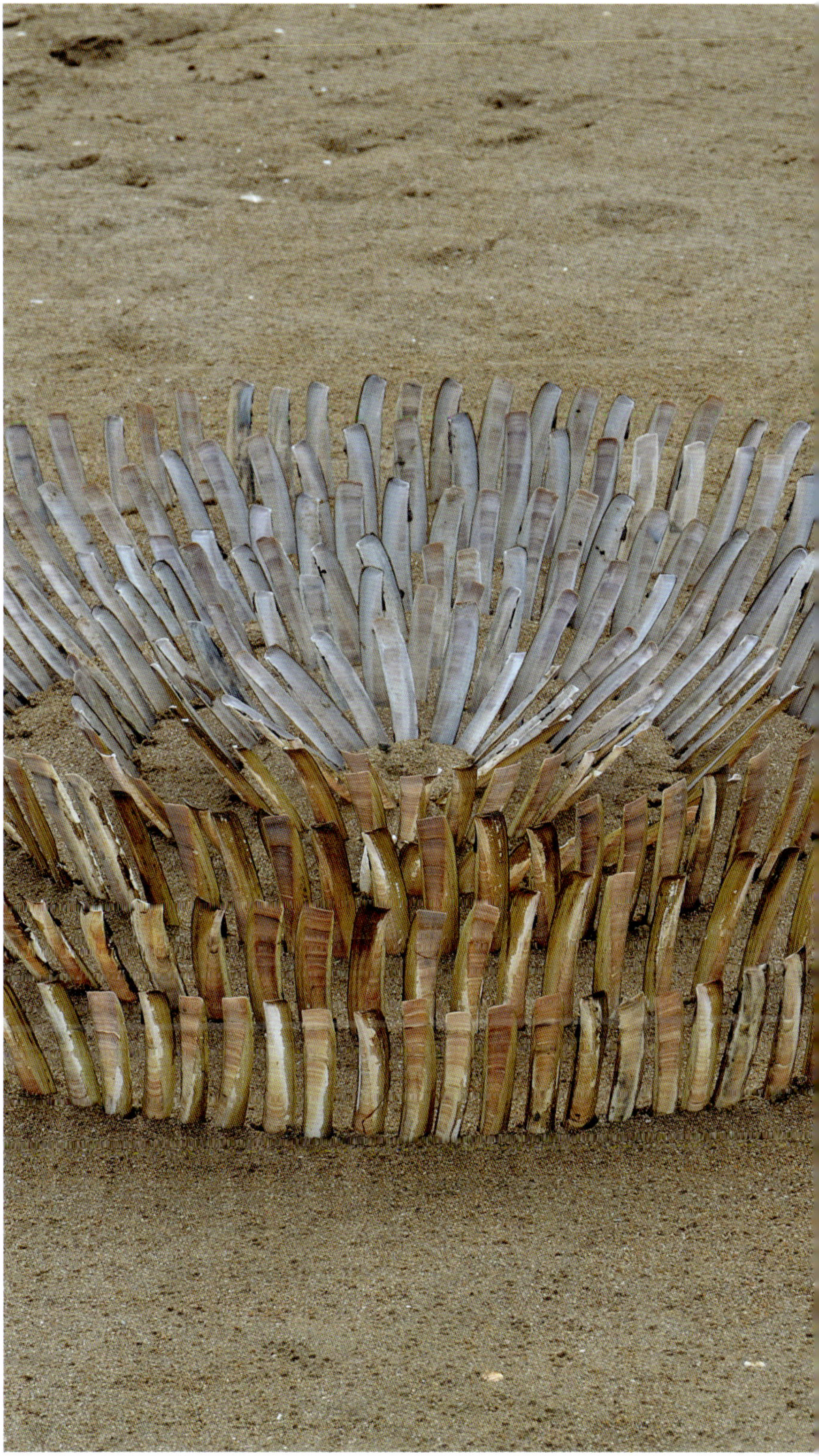

Schaum-Mandala

« Das Meer ist ein Weg ohne Ende, es besitzt eine nicht zu zähmende Kraft, eine stürmische Macht, und eine liebliche Milde, wenn es auf dem Sand zu Schaum wird. »
Tereza Batista

April
Cabourg

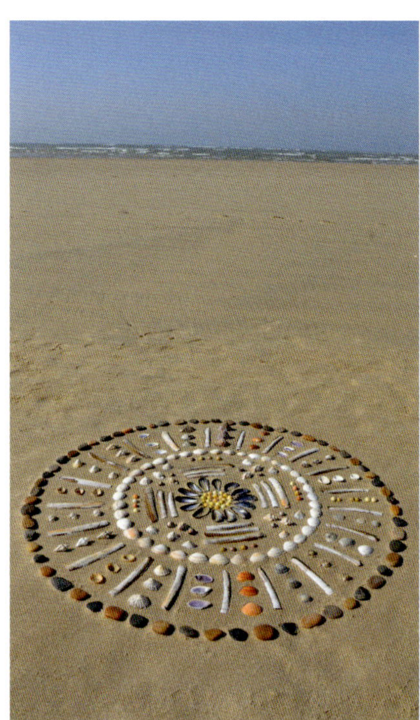

Mandala des blauen Himmels

« Erschaffen, das bedeutet doppelt leben. »
Albert Camus

April
Atlantikküste

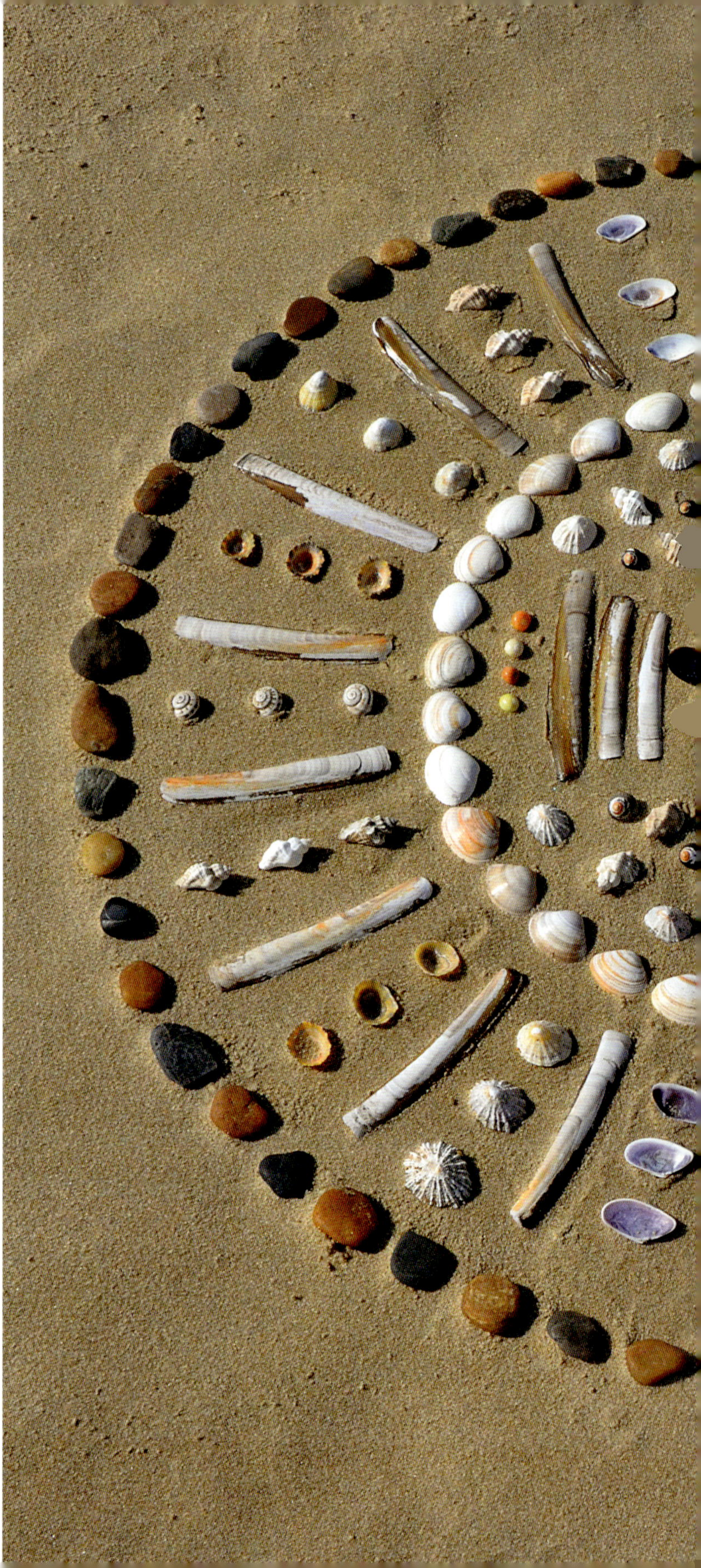

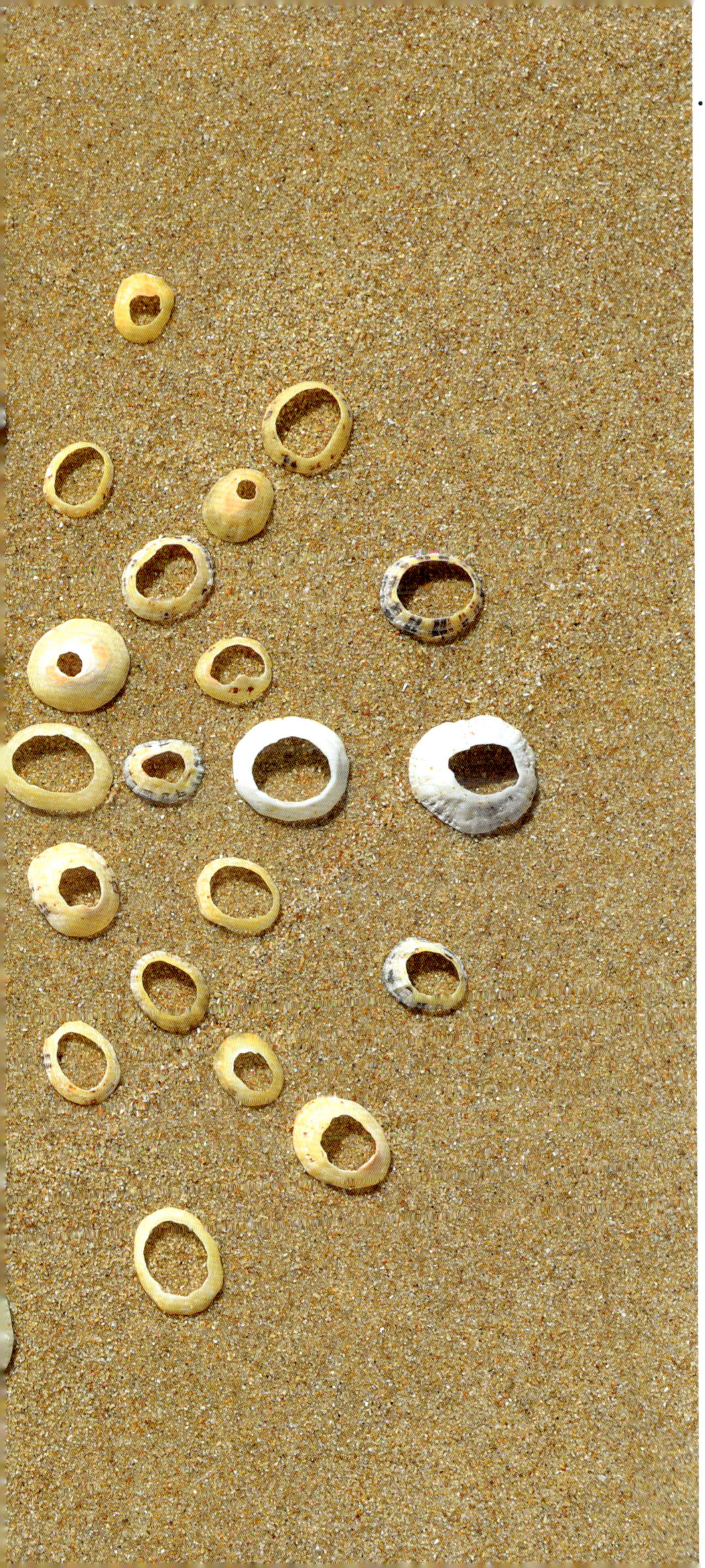

Mandala der wilden Küste

« Kunst reproduziert nicht das Sichtbarere, sie macht sichtbar. »
Paul Klee

Mai
Atlantikküste

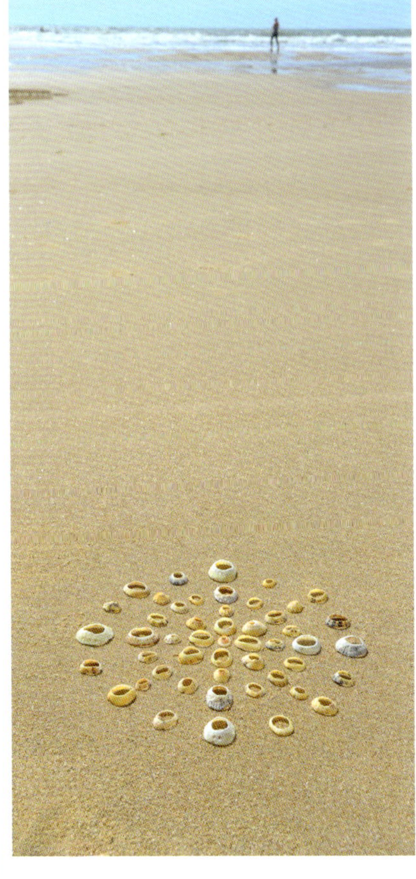

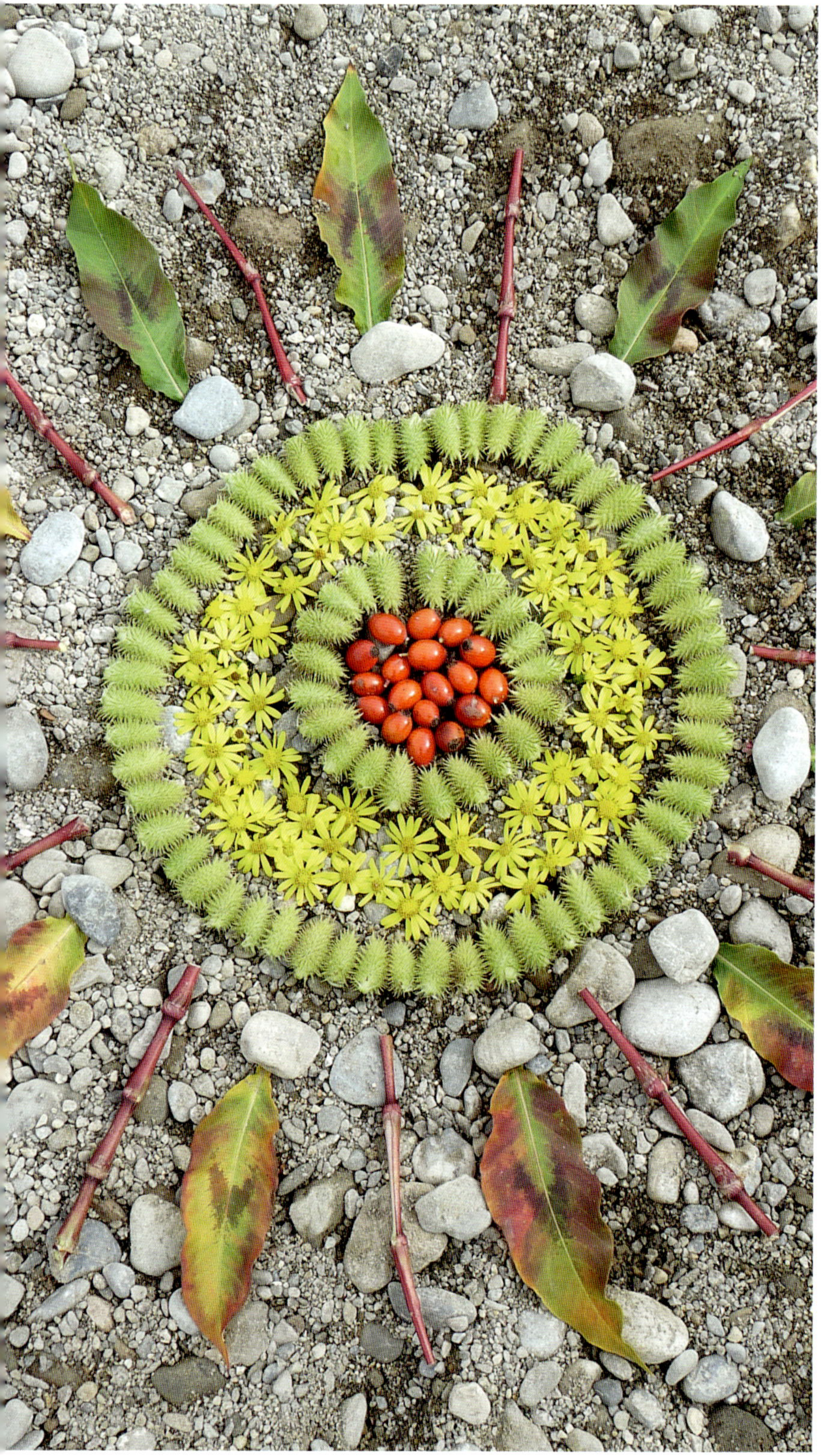

Mandala der Einfachheit

« Absolute Einfachheit ist die beste Art und Weise, sich zu unterscheiden. »
Charles Baudelaire

Oktober
Corbières

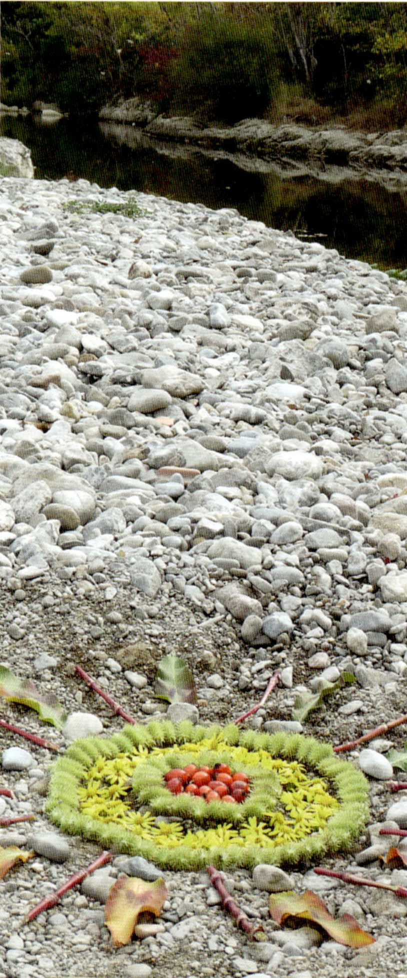

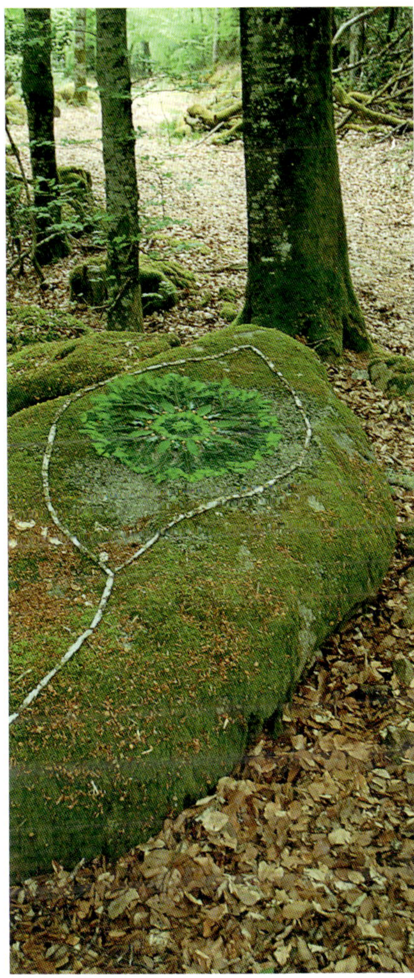

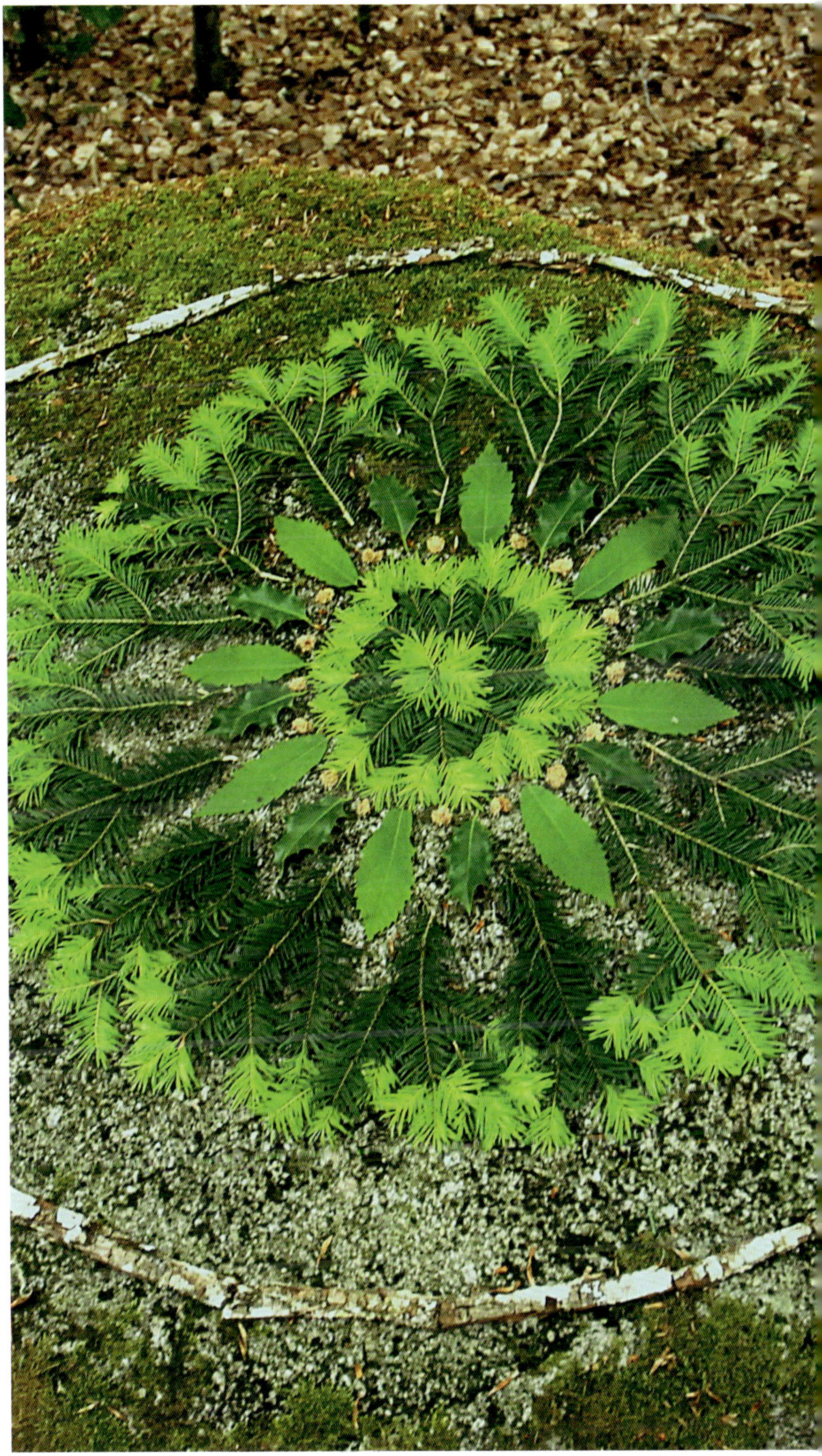

Mandala des Bitcks

« Wir meinen, die Natur zu betrachten, dabei ist es die Natur, die uns ansieht und uns prägt. »
Christian Charrière

Mai
Landschaft in Creuse

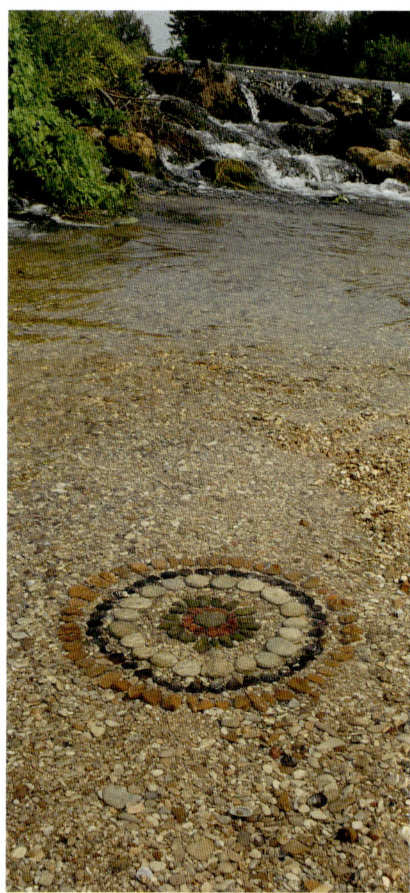

Mandala des Wahrnehmbaren

« In der Natur besteht ein Farbton, der gleich zu sein scheint, aus der Zusammenkunft einer Fülle verschiedener Farbtöne, wahrnehmbar nur für das Auge, das zu sehen weiß. »
Eugène Delacroix

August
Fluss „La Charente“

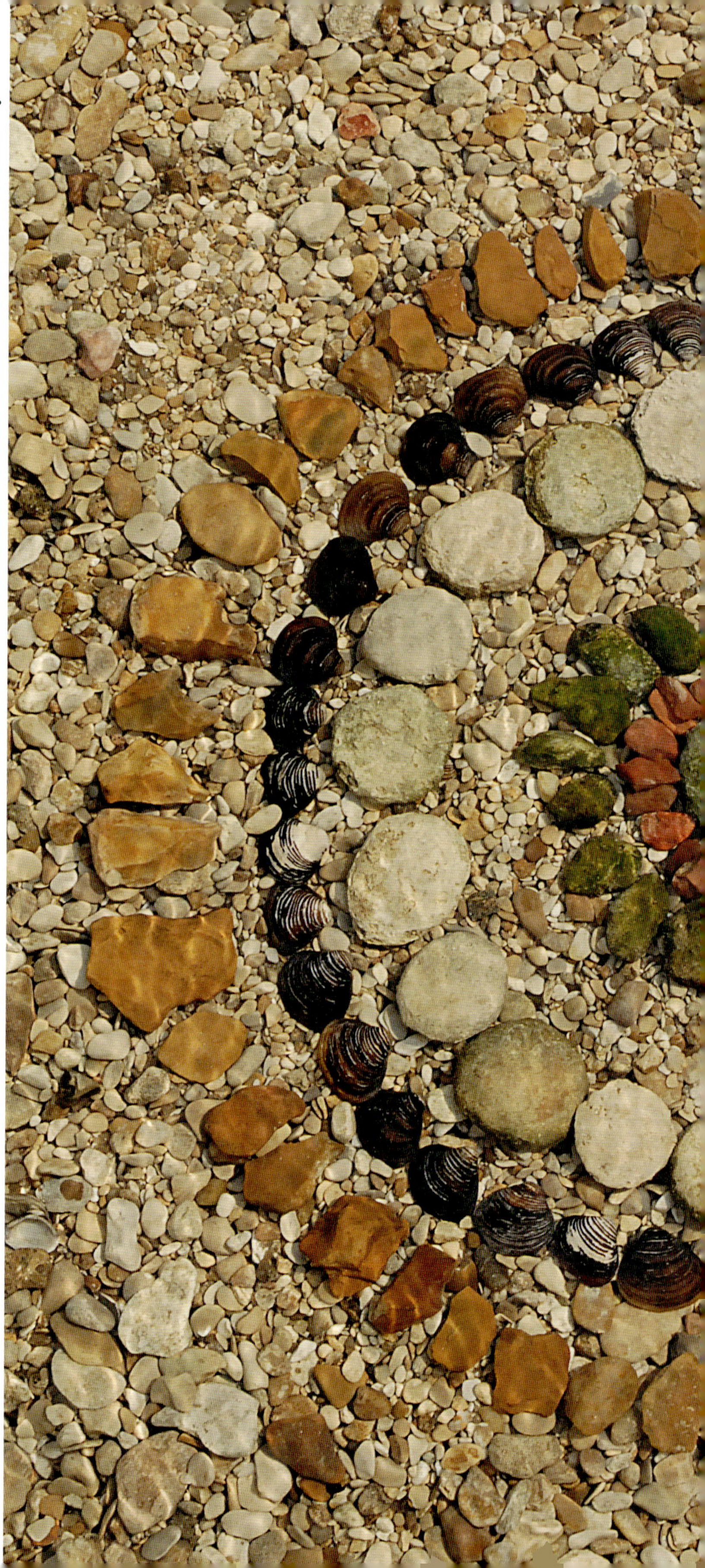

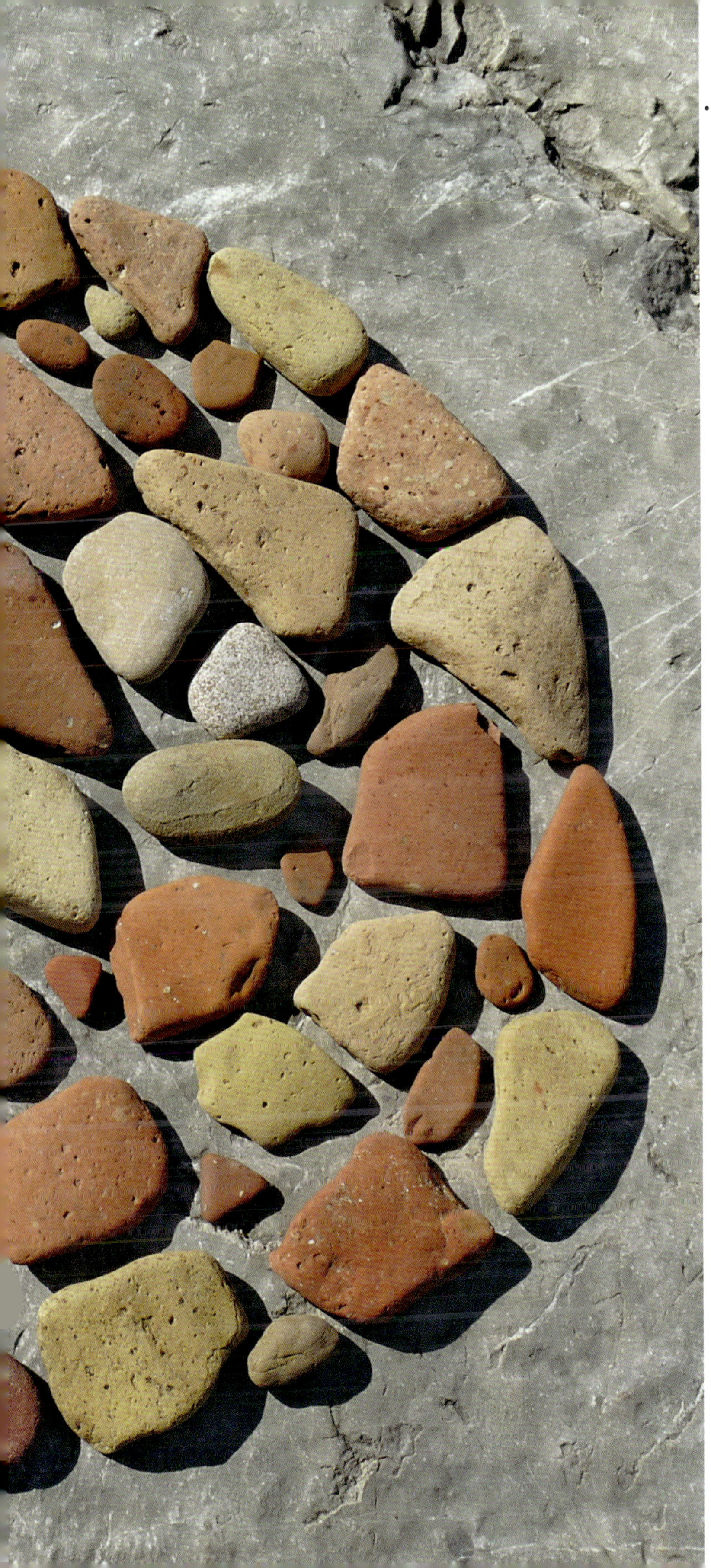

MANDALA DES STEINS

« Die Melancholie ist das Glück, traurig zu sein. » Victor Hugo

Oktober Corbières

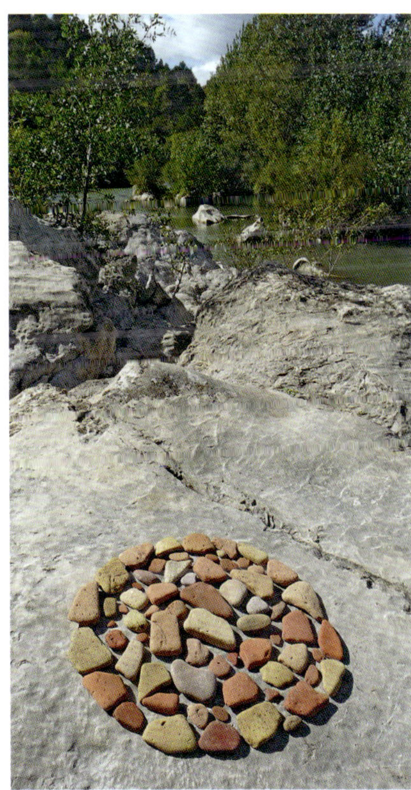

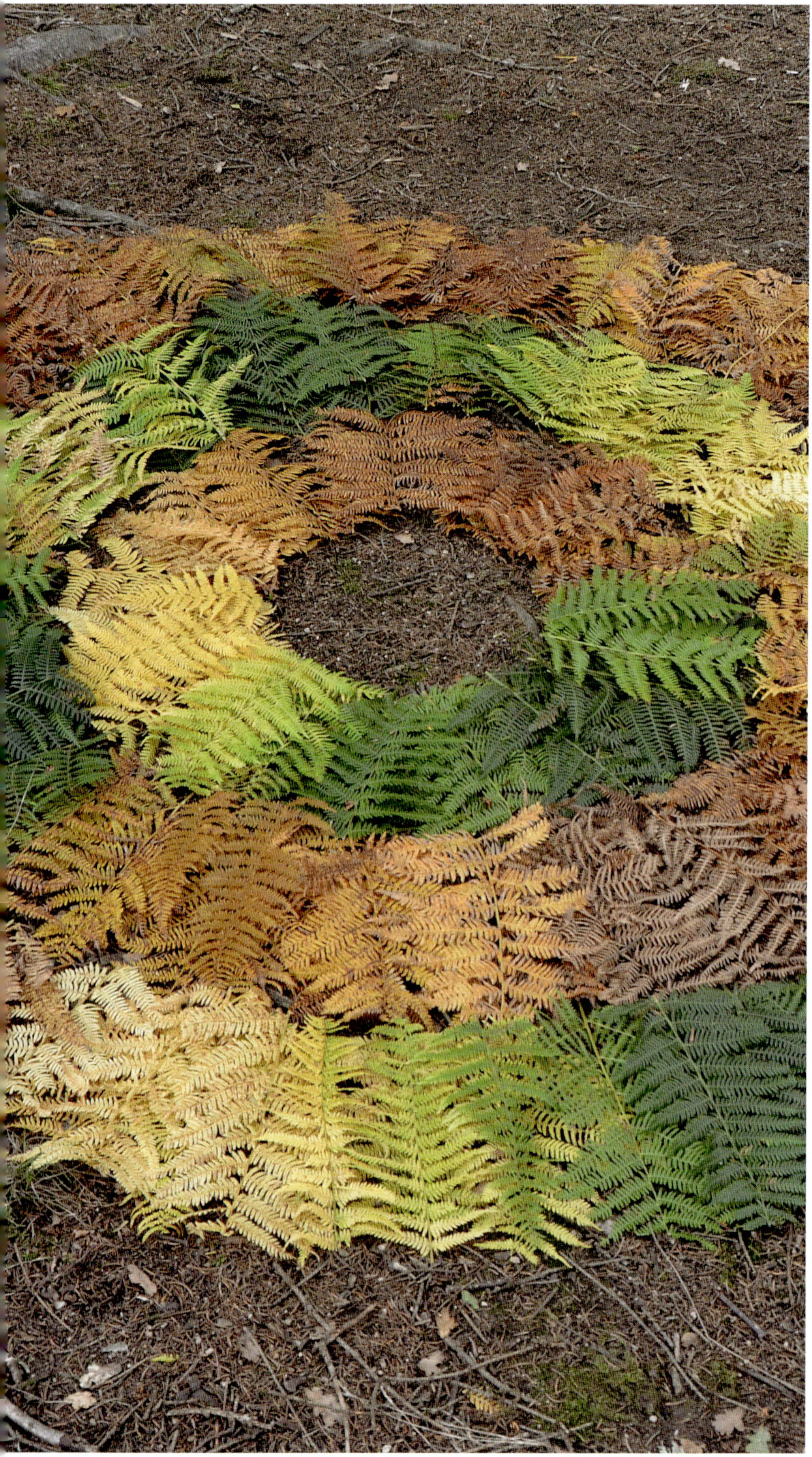

Mandala der Melancholie

« In einer Welt ohne Melancholie könnten die Nachtigallen nur noch rülpsen. »
Emil Cioran

Oktober
Am Ufer eines Teiches in Creuse

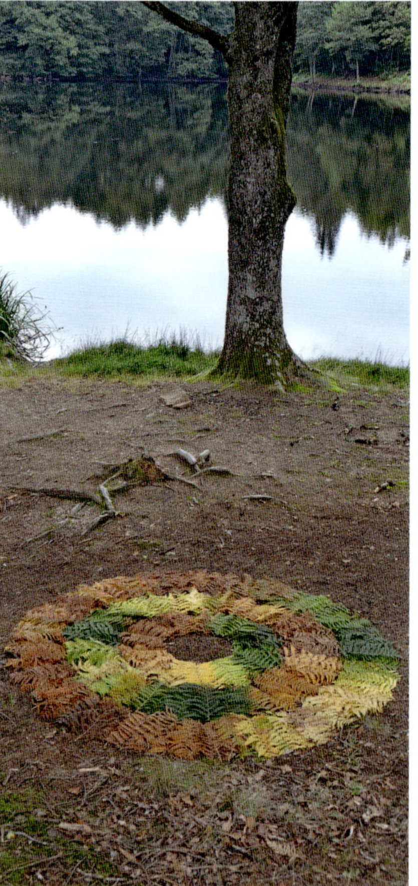

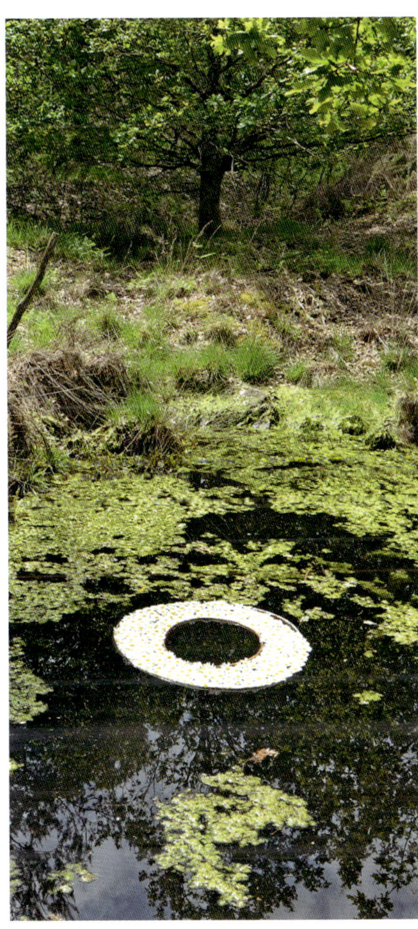

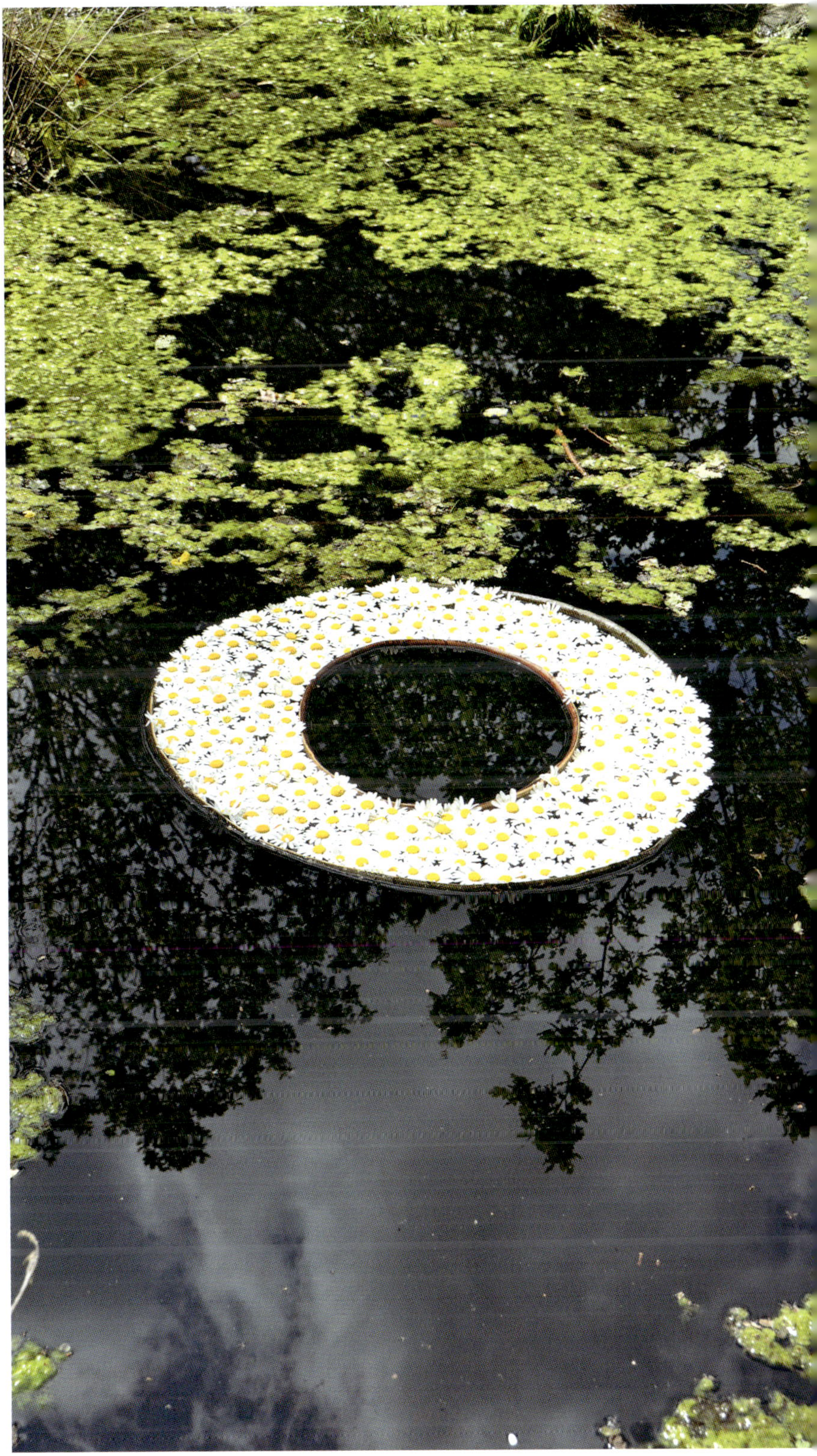

Heide-Mandala

« Wenn man die Natur betrachtet, stößt man auf den Schalk einer höheren Ironie: Sie hat zum Beispiel die Kröten neben den Blumen platziert. »
Honoré de Balzac

Mai
Regionaler Naturpark in Périgord-Limousin

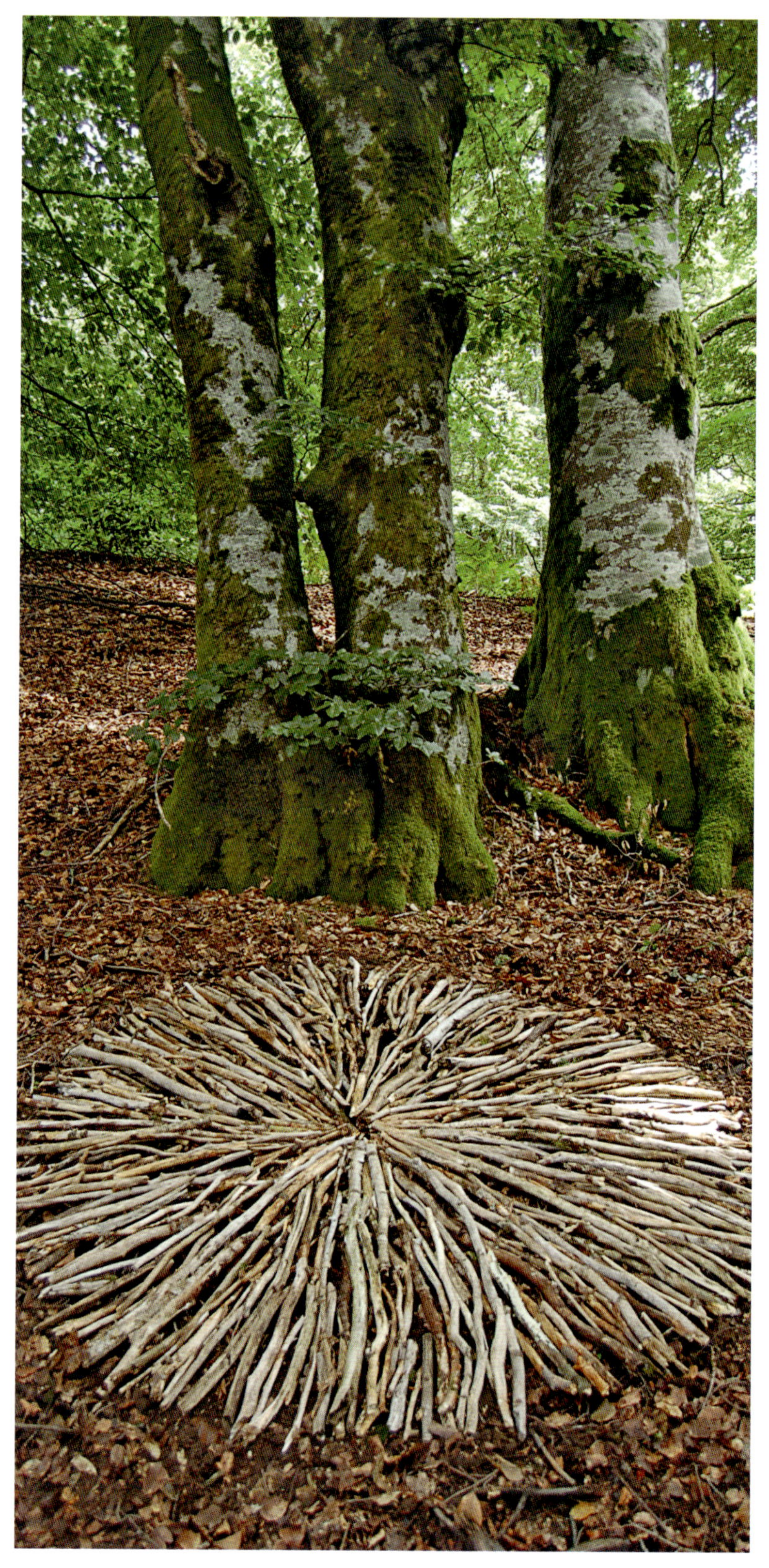

Und dann noch...

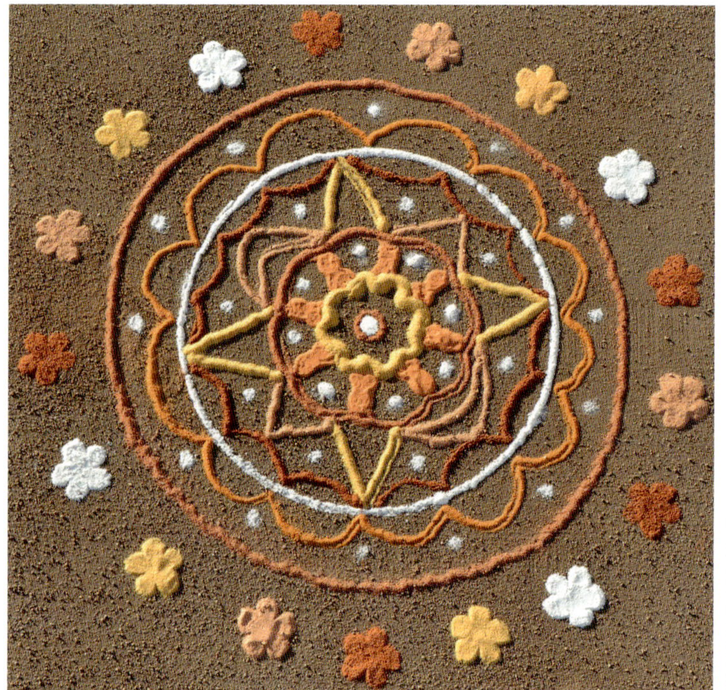

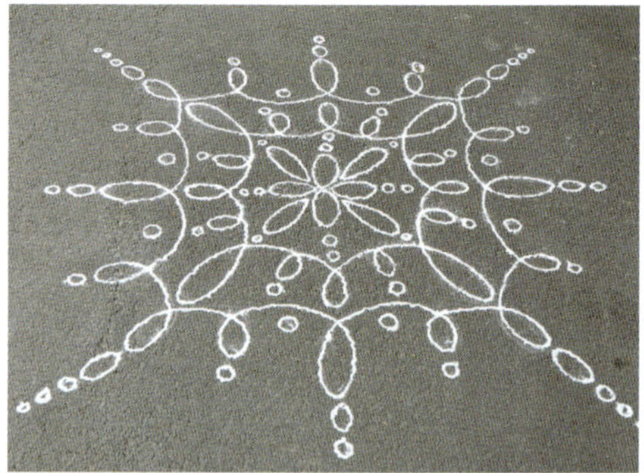

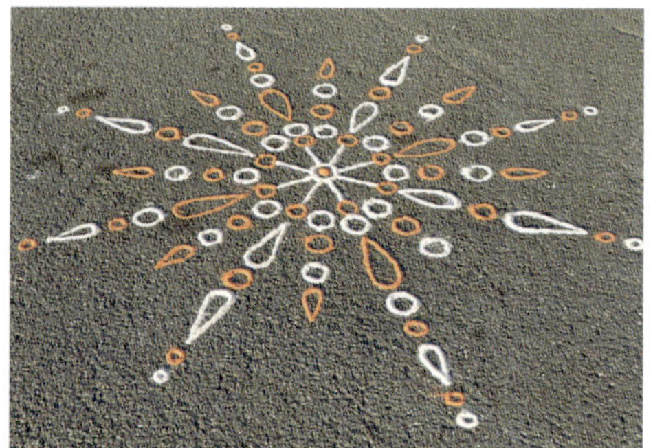

KOLAM-MANDALA

Indische Frauen zeichnen mit erhobener Hand in einer Morgen für Morgen aufs Neue durchgeführten Geste mit Reispulver grafische Muster auf den Boden, die man als Kolams bezeichnet. Diese vergänglichen Zeichnungen werden von Müttern an Töchter weitergegeben. Es handelt sich um eine spirituelle Symbolik, die gleichermaßen das Heim beschützt und alle mit Wohlwollen empfängt, die die Schwelle des Gebäudes übertreten.
Maïté und Marc

« Die Kunst ist schön, wenn Hand, Kopf und Herz zusammenarbeiten. »
John Ruskin

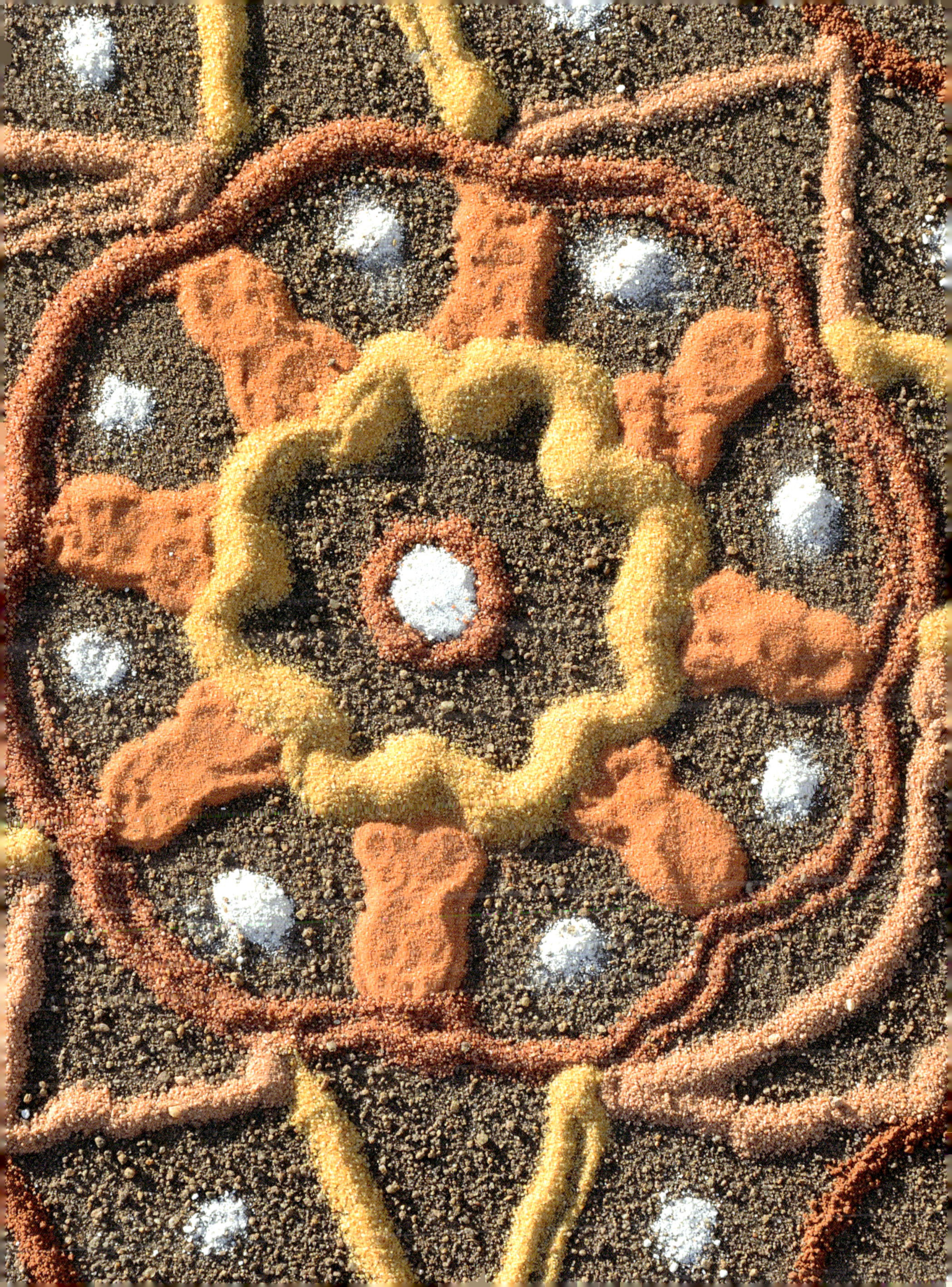

Mandala der Unendlichkeit

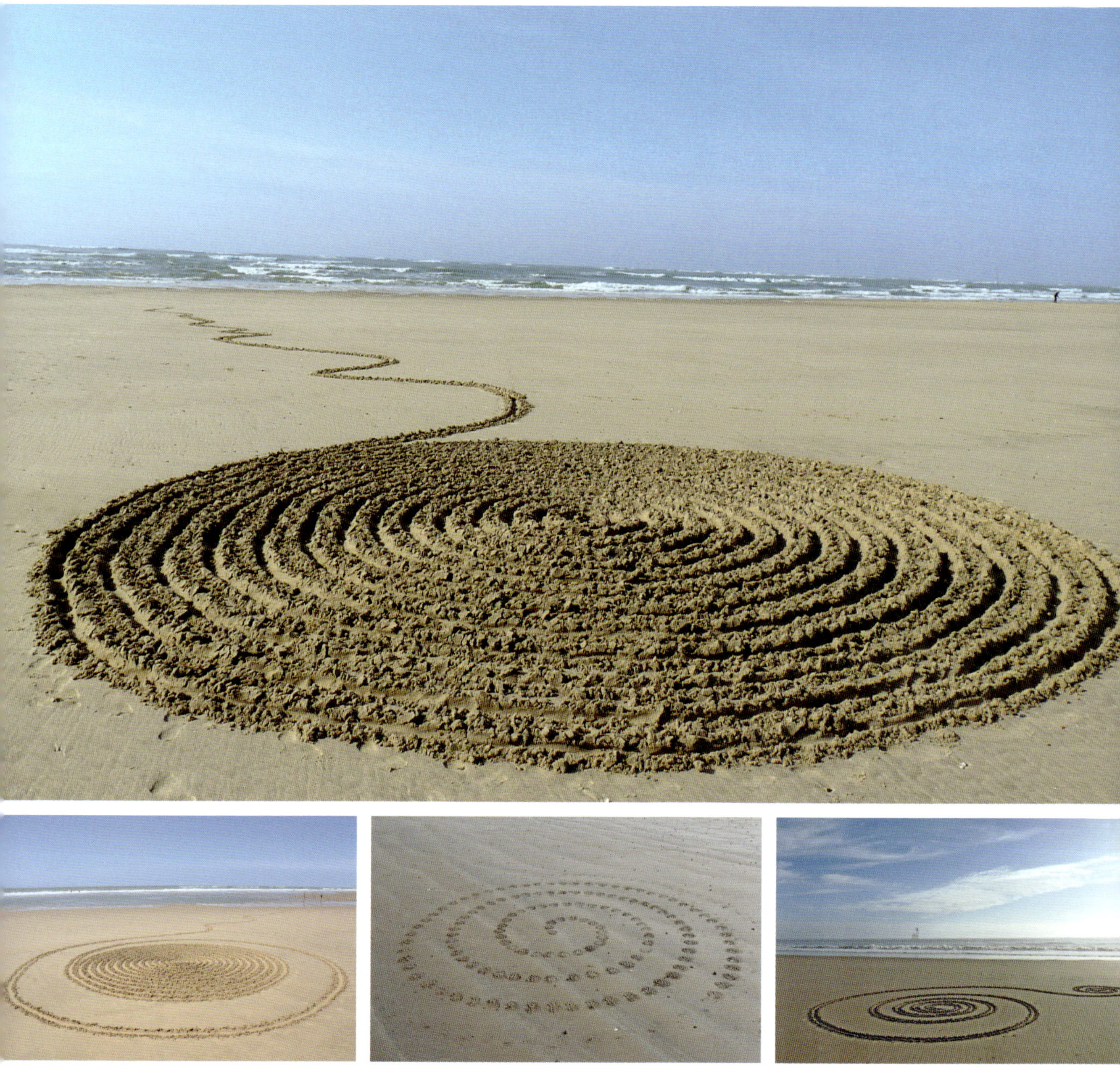

« Am Meer stehend, die Augen geschlossen, ich kann spüren, wie der Atem des Windes mir zuraunt: Du bist ein Kind des Universums, nicht weniger als der Ozean, die Berge und der Himmel, wo auch immer du bist, du bist an deinem Platz. »
Maïté

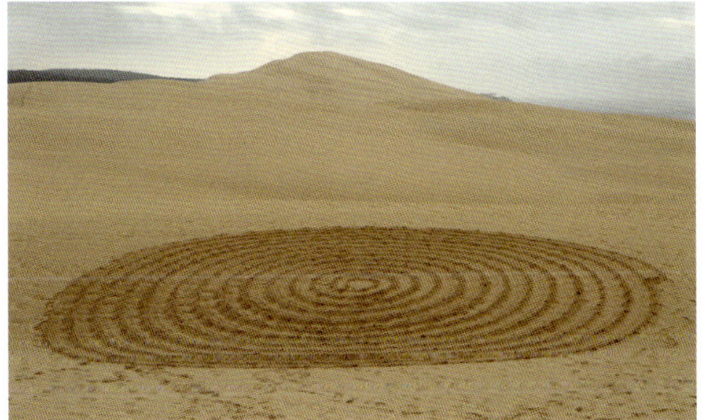

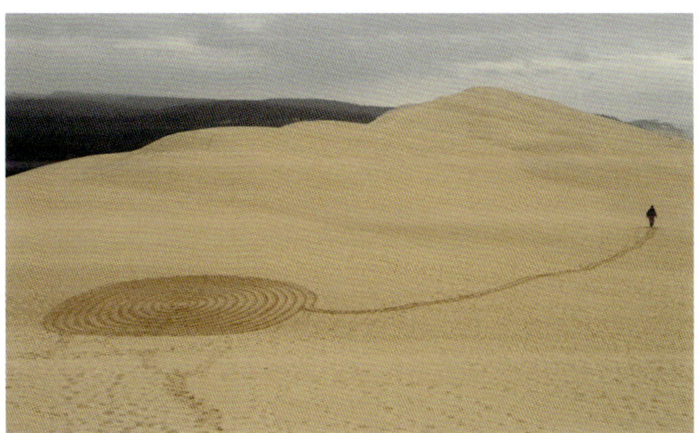

Ich erinnere mich, wie ich mit fünf Jahren die Arme gekreuzt habe und mich drehe, ich drehe mich singend um mich selbst. Ich verliere das Gleichgewicht und lasse mich auf die Erde plumpsen. Ich liebe dieses Gefühl von Erde, das mich schweben lässt und davonträgt. Ich bin 40 Jahre alt, die Arme gekreuzt drehe ich mich, drehe mich singend um mich selbst. Ich verliere das Gleichgewicht und lasse mich auf die Erde plumpsen… *Maïté*

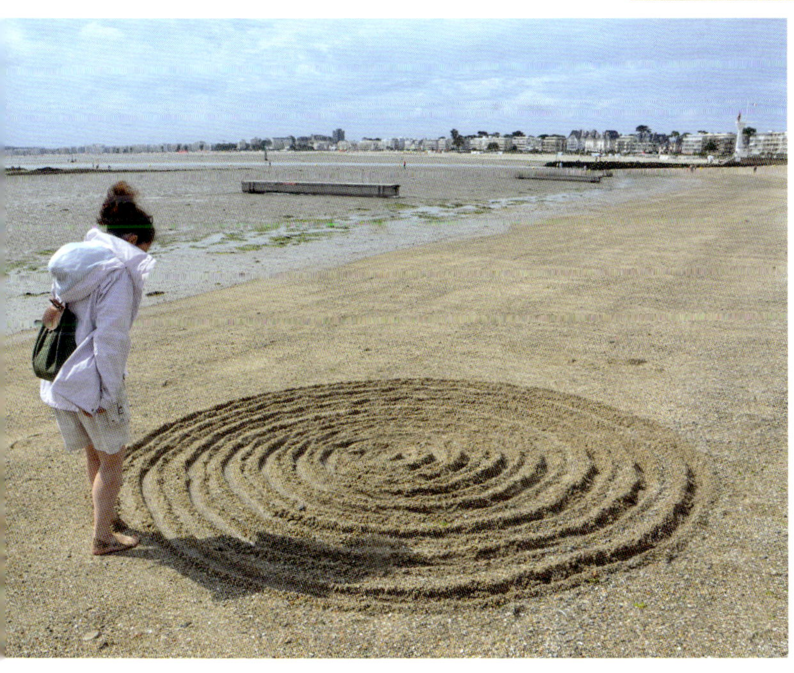

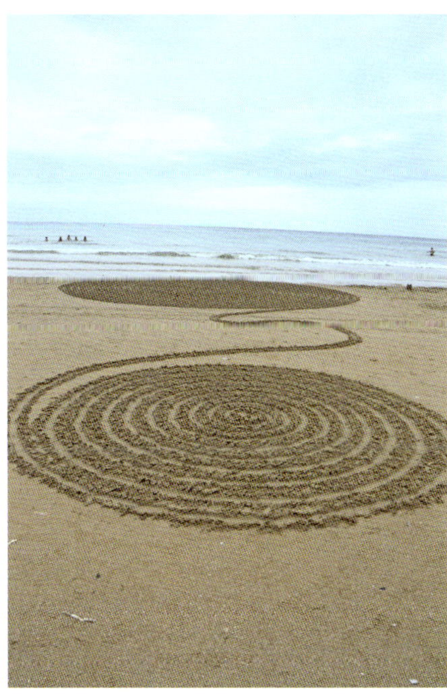

Mandala um einen

Geschichte von einem Baum, der leben wollte

Ich bin bei meinen Eltern, die in der Stadt wohnen. Meine Mutter sagt zu mir: „Schau mal, wer geboren ist!“ Ich folge ihr in ihren winzigen Hof und entdecke ein kleines Büschel, das aus dem Sockel eines Sonnenschirms springt. Ein Samenkorn hatte im Sand ausgetrieben, direkt am Fuße des Sockels. Einige Monate später frage ich, ob es etwas Neues vom Bäumchen gibt. Meine Mutter erzählt mir, dass er dermaßen groß geworden ist, dass sie ihn ausgerissen und auf den Kompost geworfen hat. Ob er da noch ist? Ja, er war da, die Wurzeln seit zwei Tagen in der Luft. Heute wohnt in meinem Garten ein großartiger Ahorn, sechs Meter hoch.
Maïté

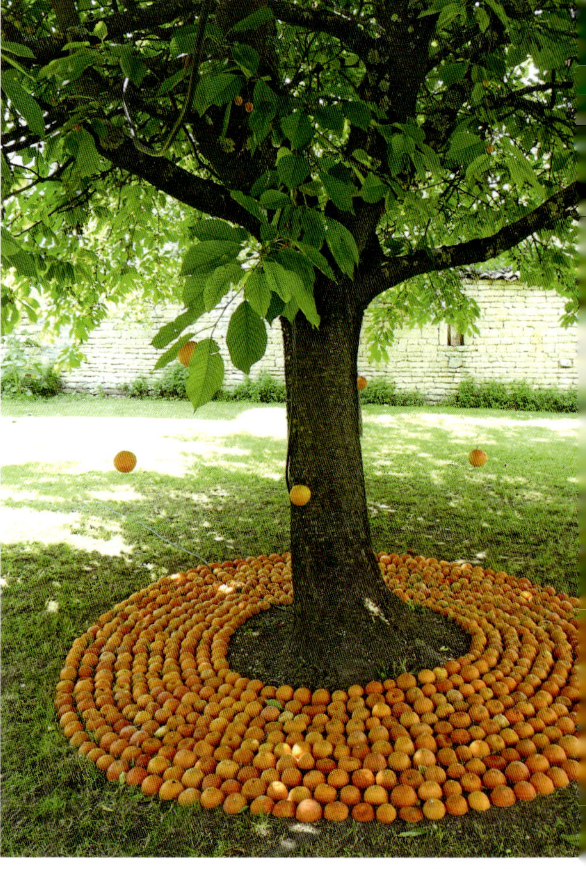

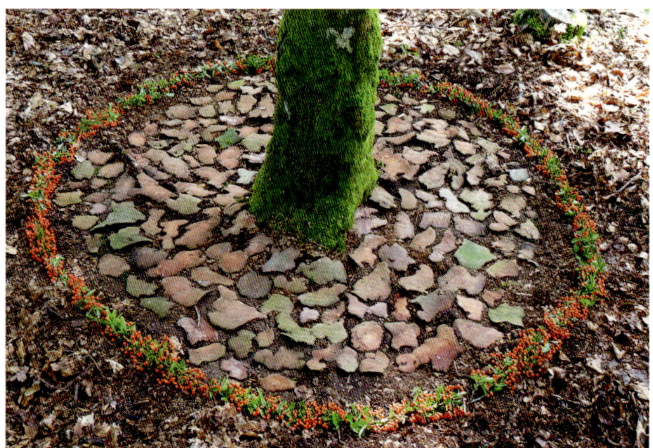

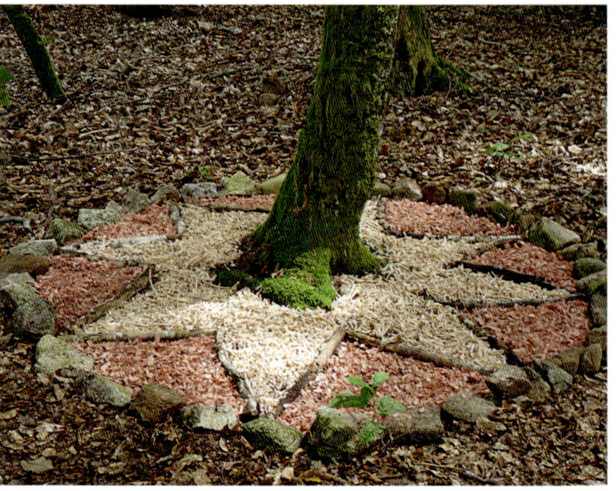

BAUM

« Ohne die Bäume, in denen er spielen kann, bliebe der Wind unsichtbar. »
Christiane Singer

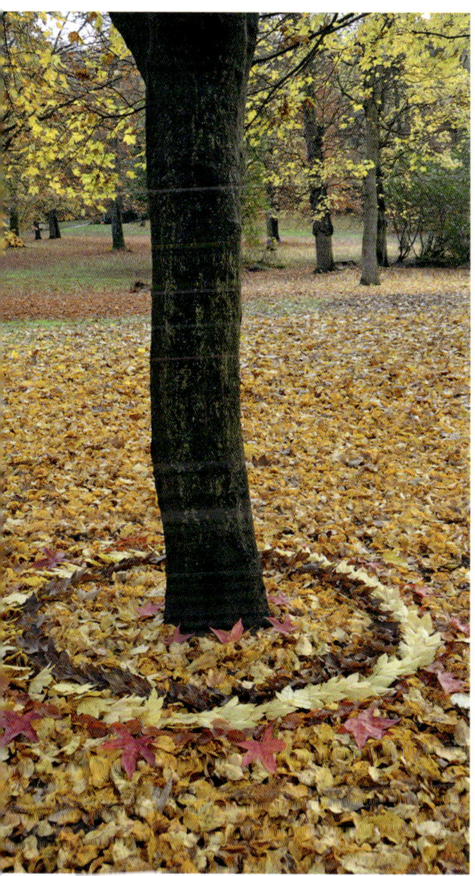
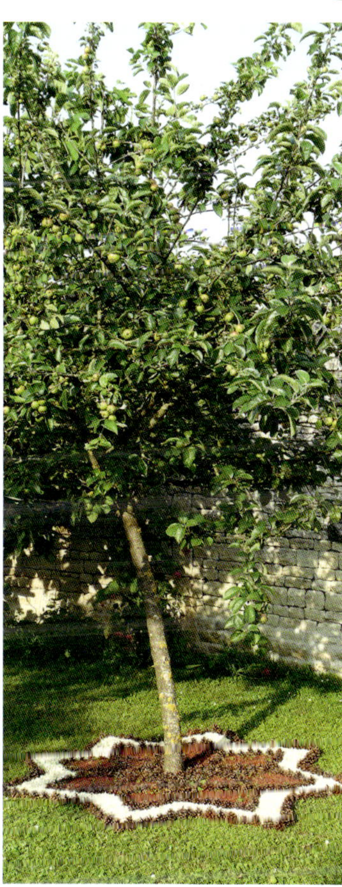
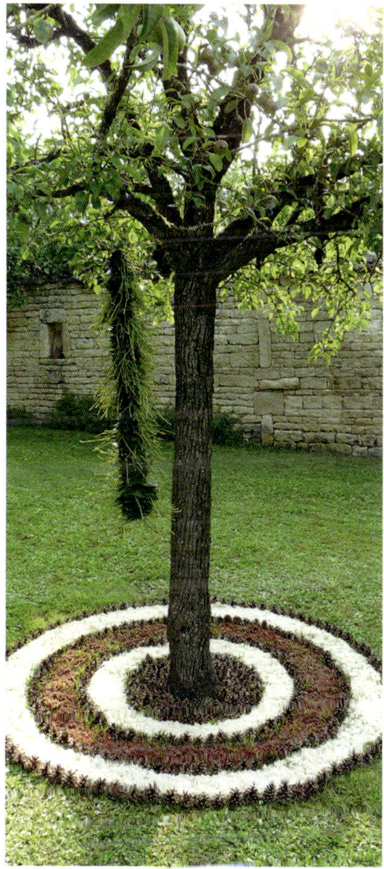
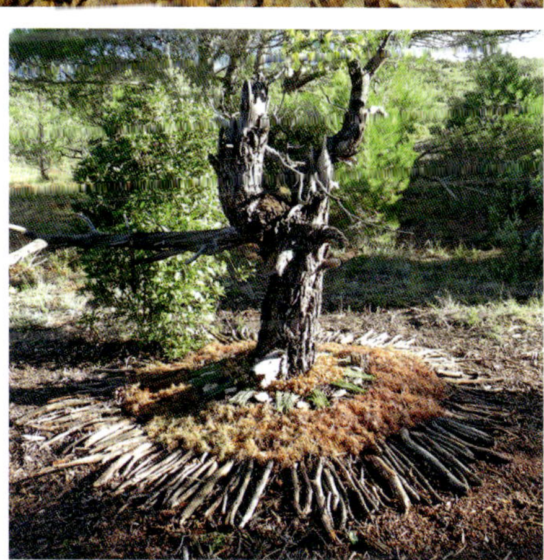
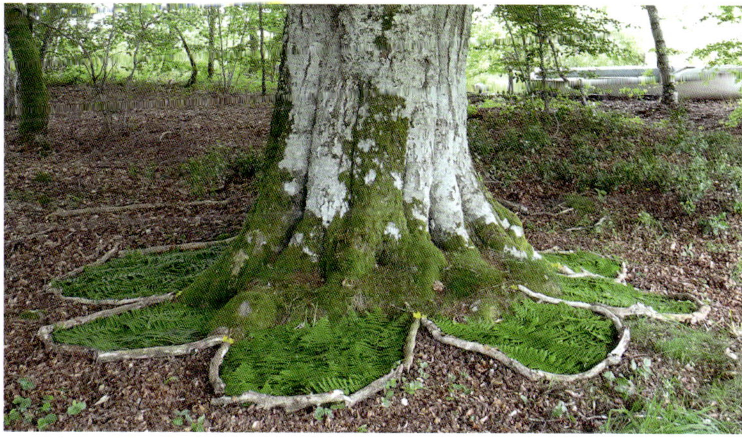

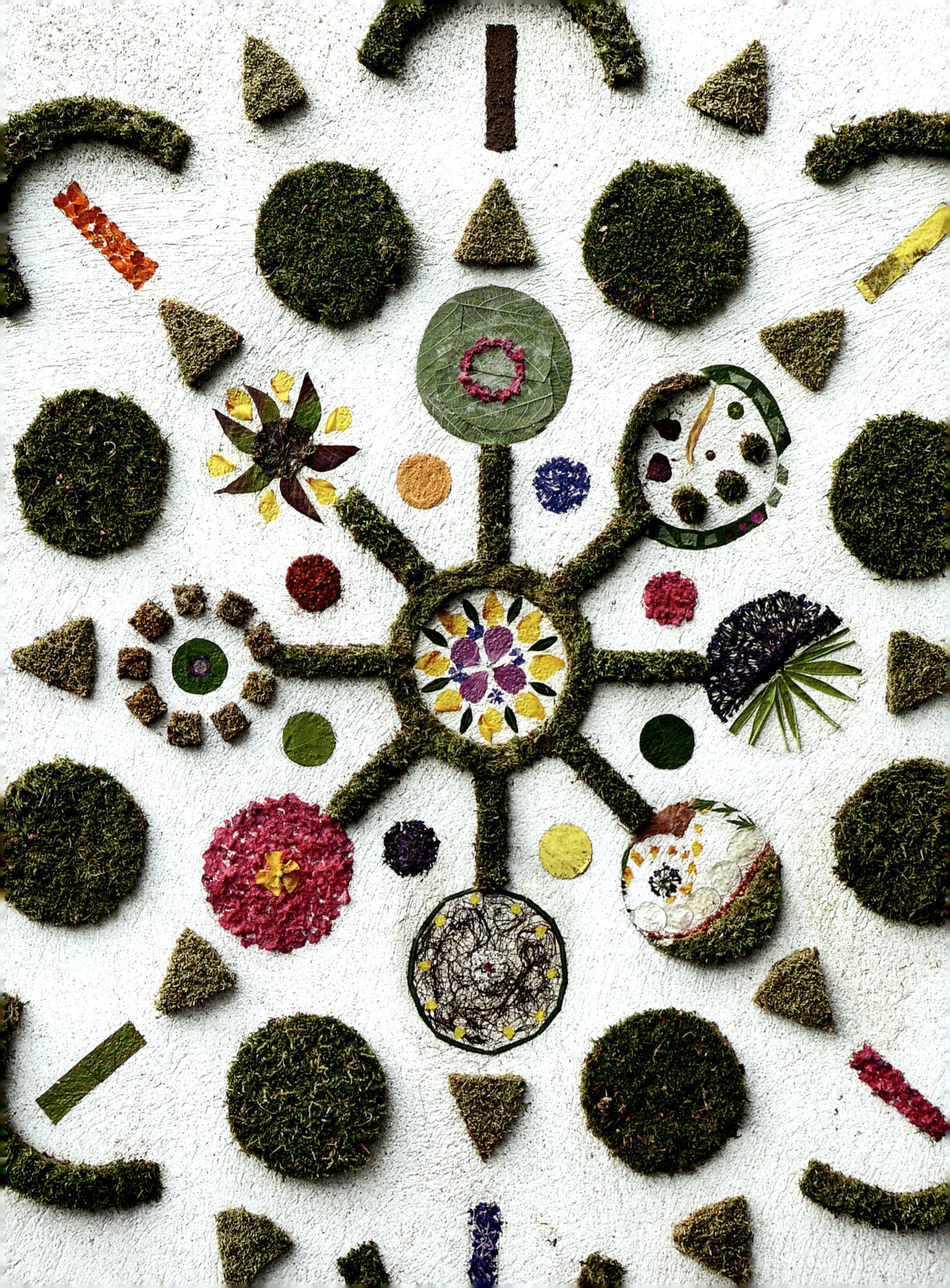

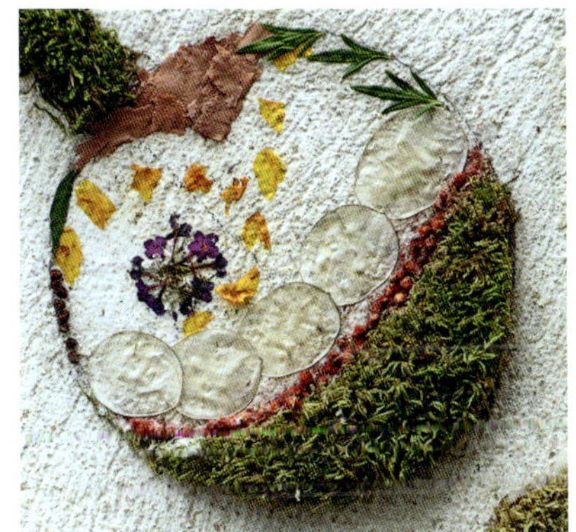

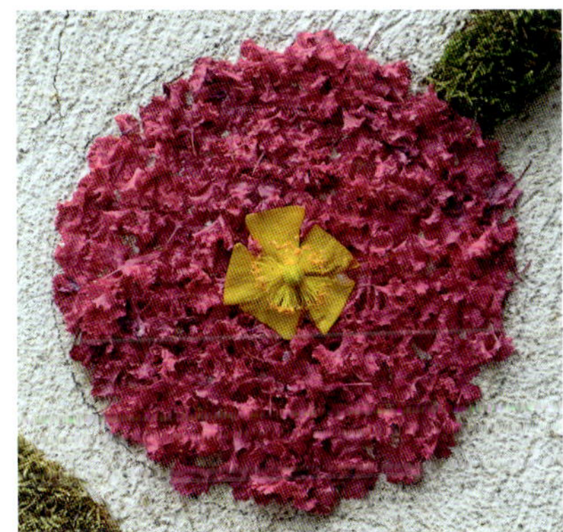

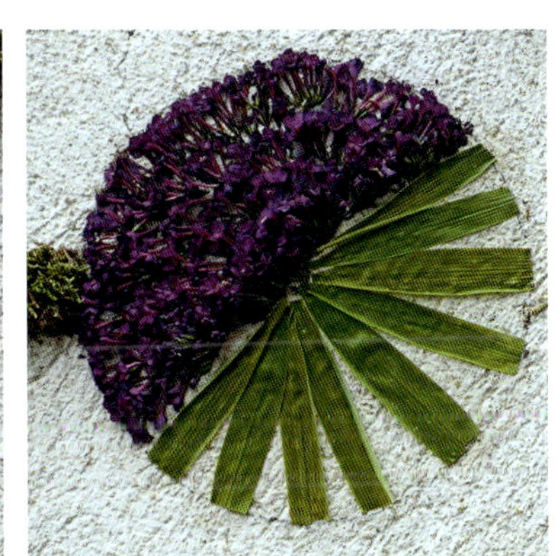

Pflanzliche Graffiti-Mandalas

Für ein pflanzliches Graffiti nutzen wir einen essbaren Kleber, den wir selber herstellen.

Hier unser ungefähres Rezept (sonst wäre es zu einfach...):

- Geräte: ein Behältnis, weder zu groß noch zu klein
- Etwas zum Umrühren
- Zutaten: Mehl, Zucker, Wasser

Füllen Sie die gewünschte Menge Mehl in das Behältnis. Mit Wasser einen Teig anrühren, bis die gewünschte Konsistenz erreicht ist. Zucker hinzufügen, aber weniger. Wenn nötig etwas Mehl hinzufügen, aber nicht unbedingt. Dann noch etwas Wasser, wenn Sie meinen, dass es sein müsste. Auf geringer Flamme umrühren, dann die nötige Menge an Flüssigkeit hinzugießen, bis Sie die Konsistenz zufriedenstellt. Im Zweifelsfall noch einmal überprüfen. Viel Glück! Mit etwas Übung wird Ihnen zweifelsohne eines Tages etwas gelingen, das hält.
Maïté und Marc

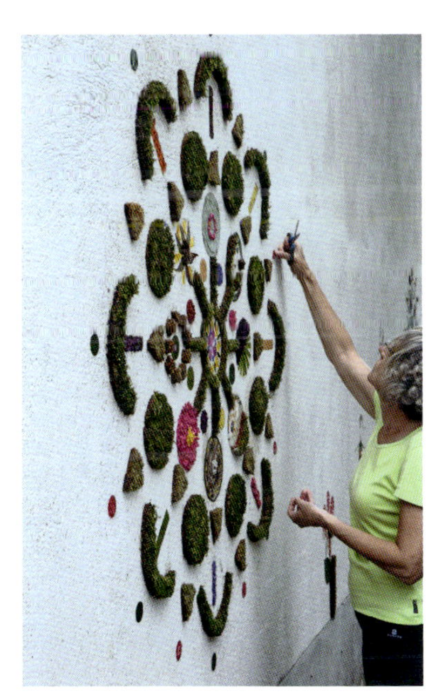

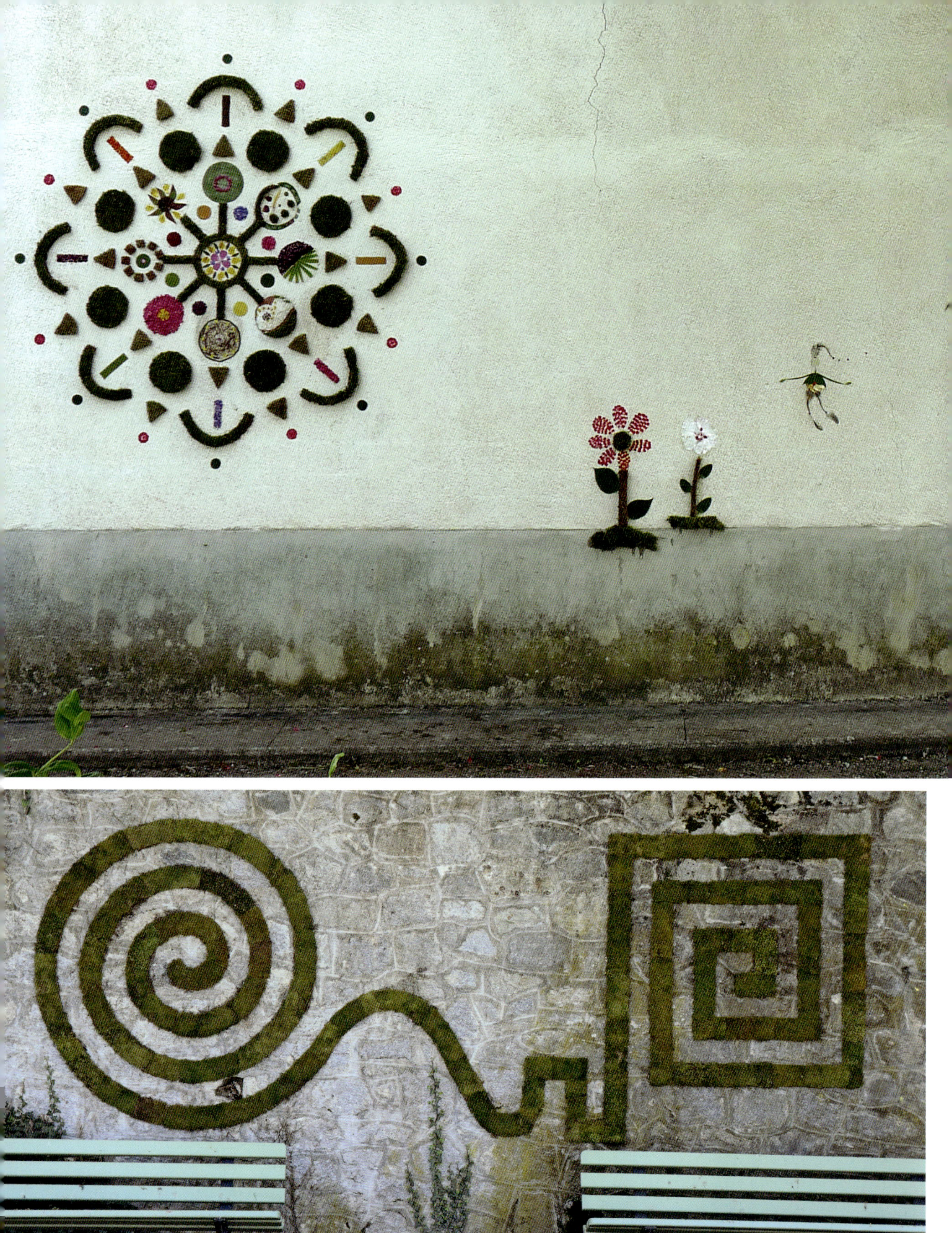

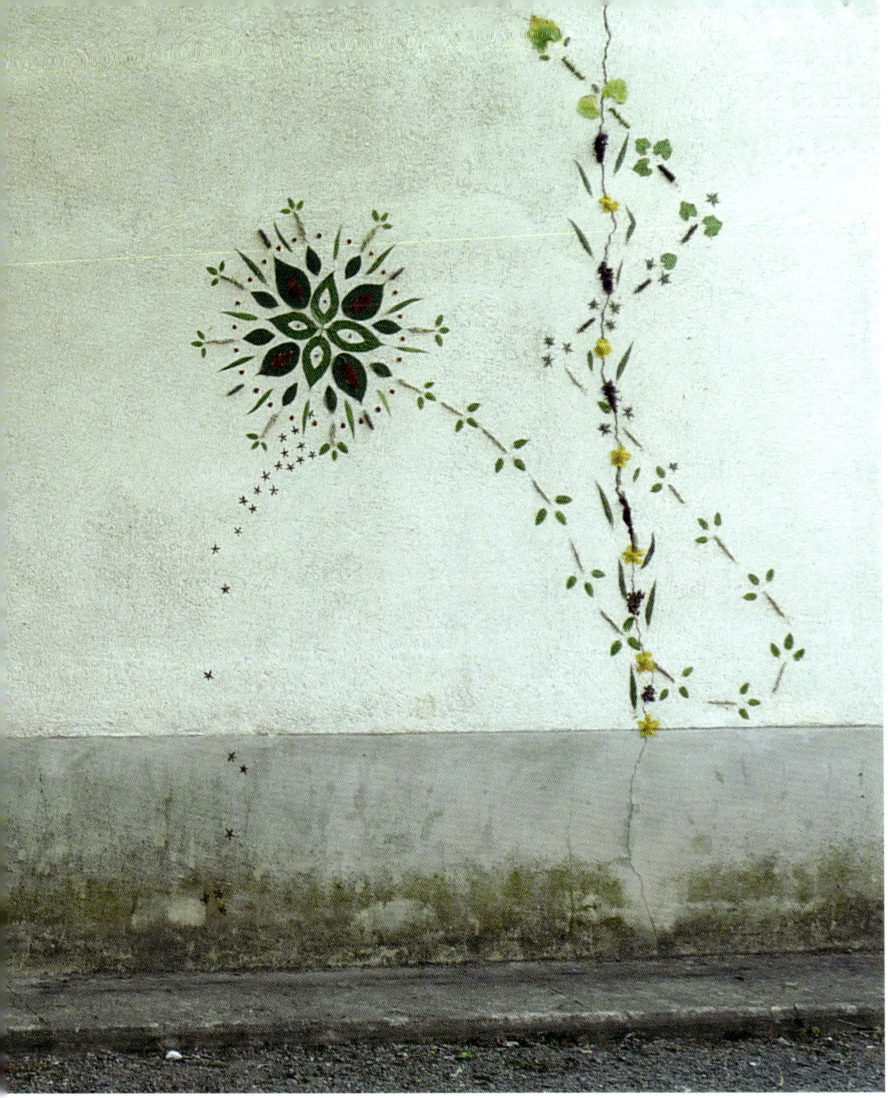

« Wenn man erst einmal die Grenze überschritten hat, gibt es keine Grenzen mehr. »
Alphonse Allais

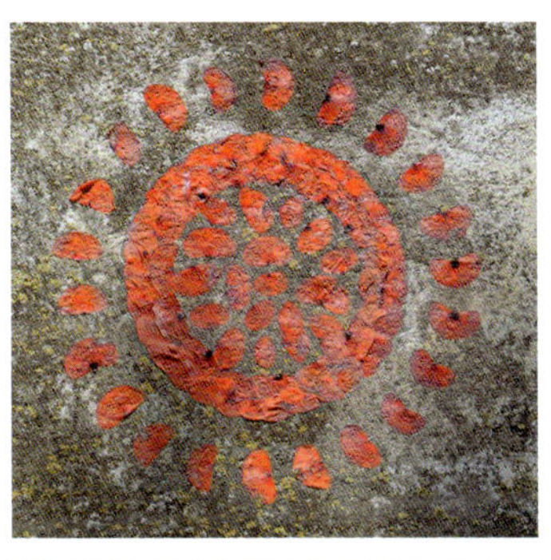

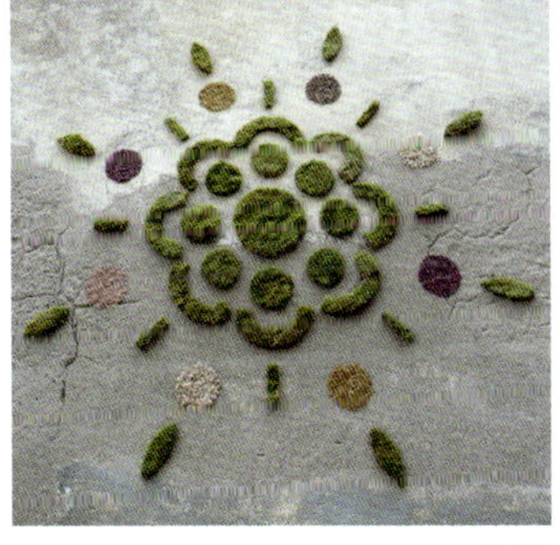

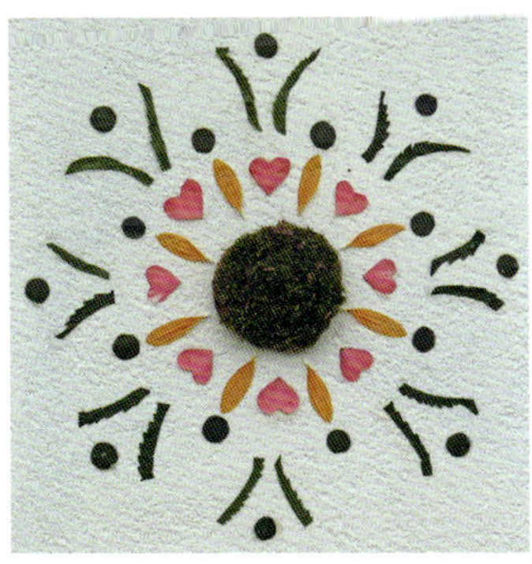

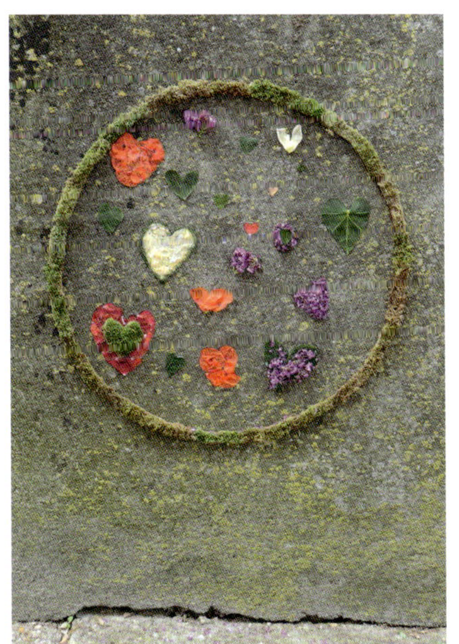

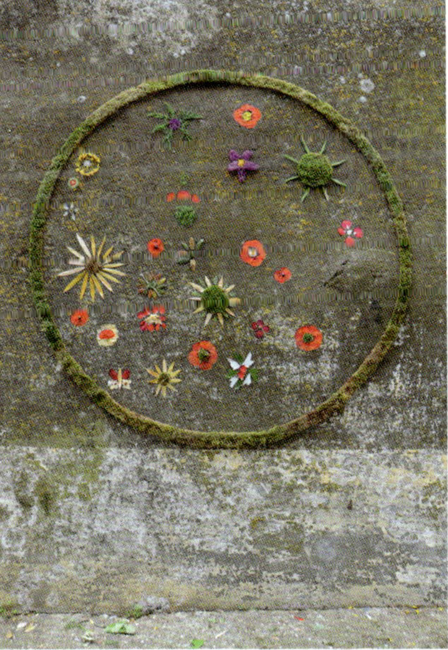

Und noch mehr …

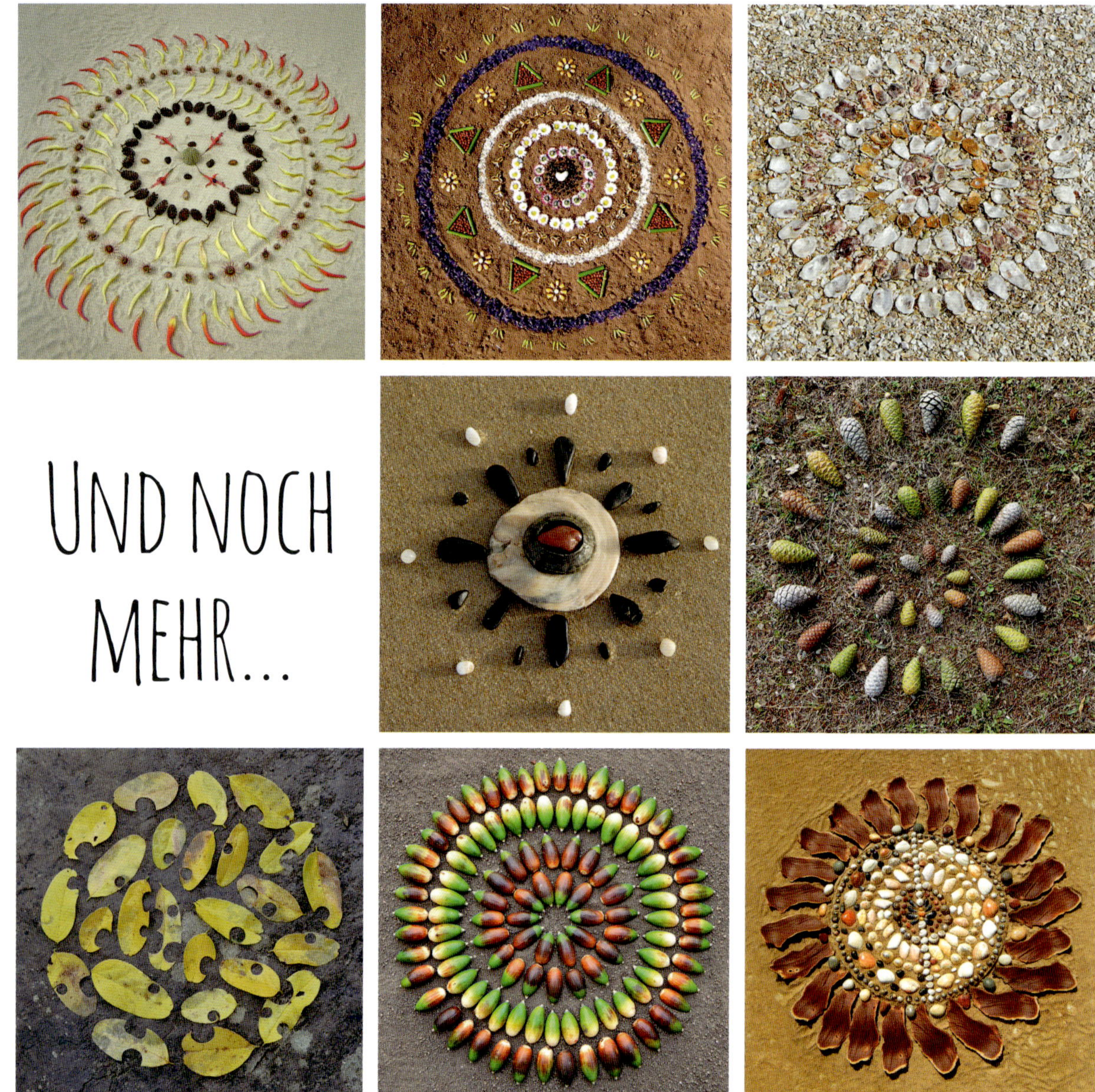

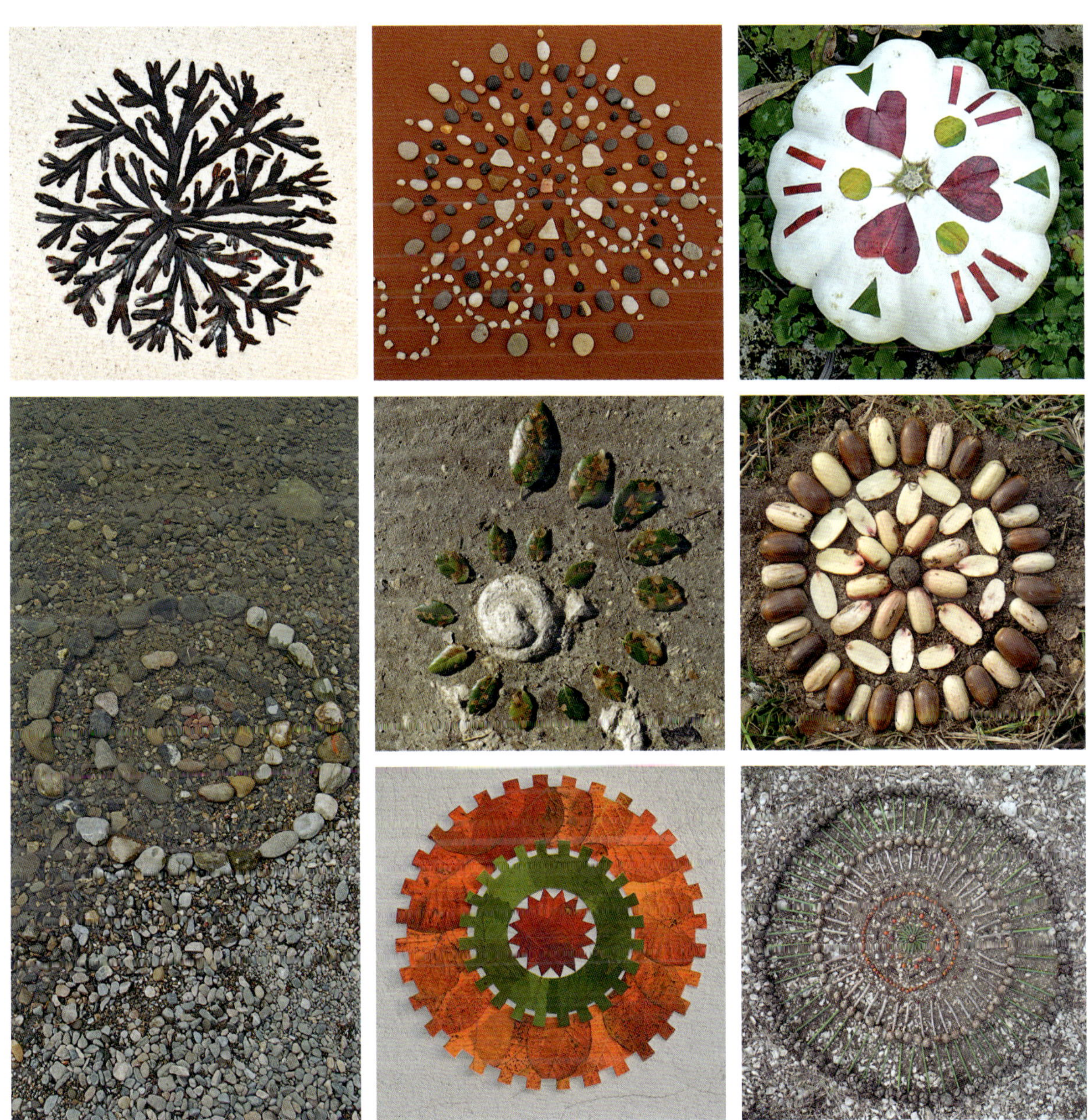

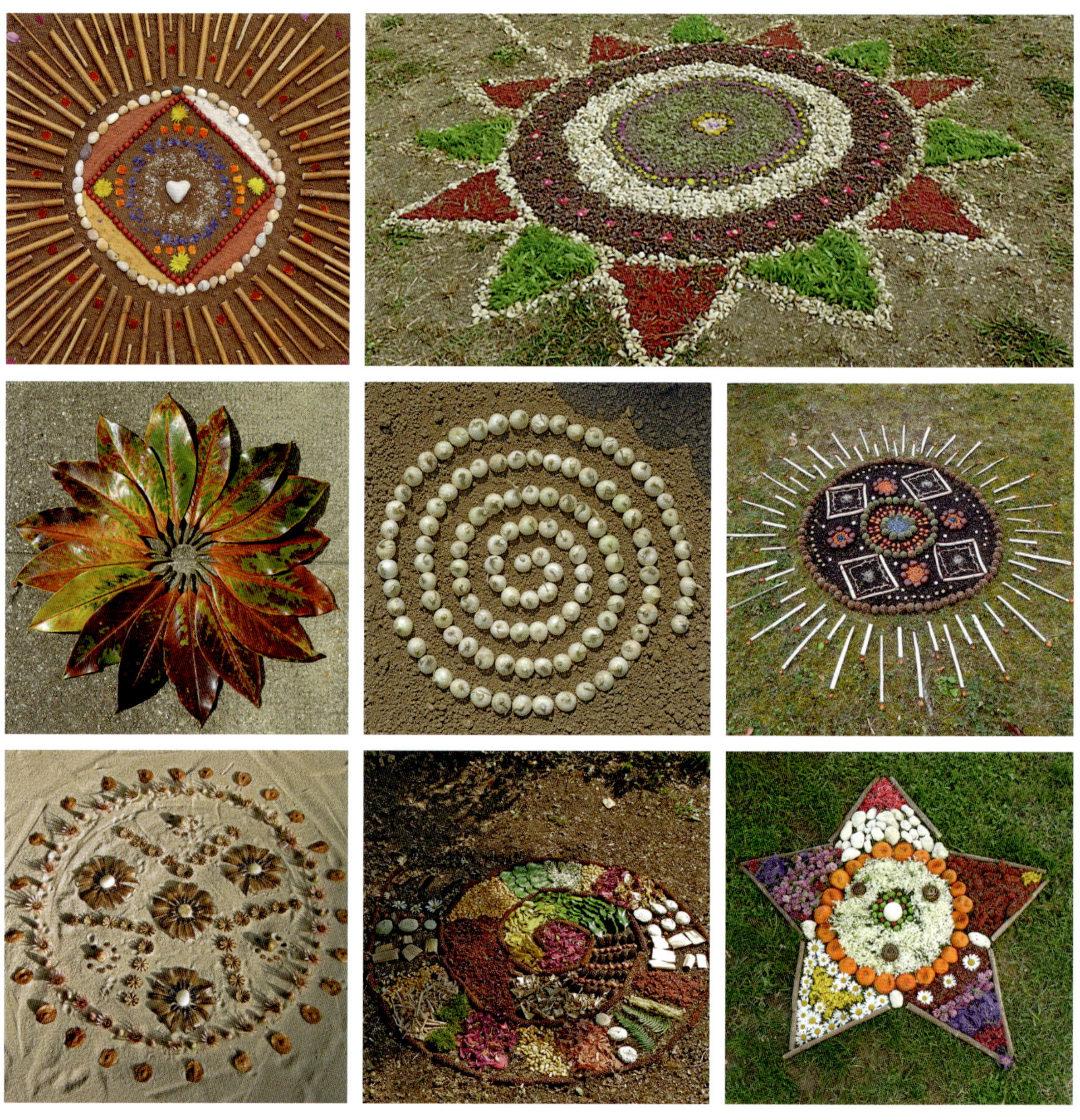

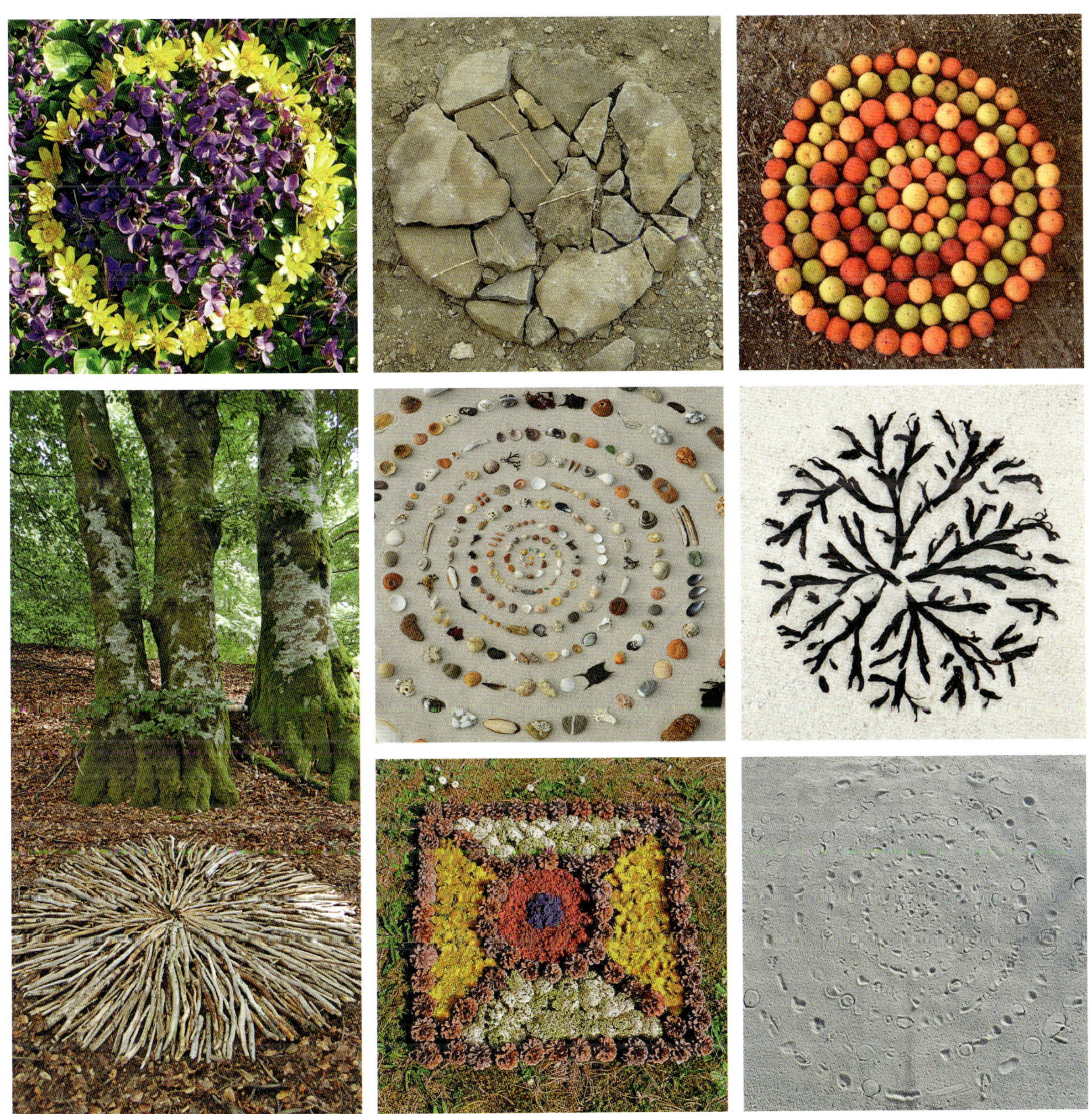

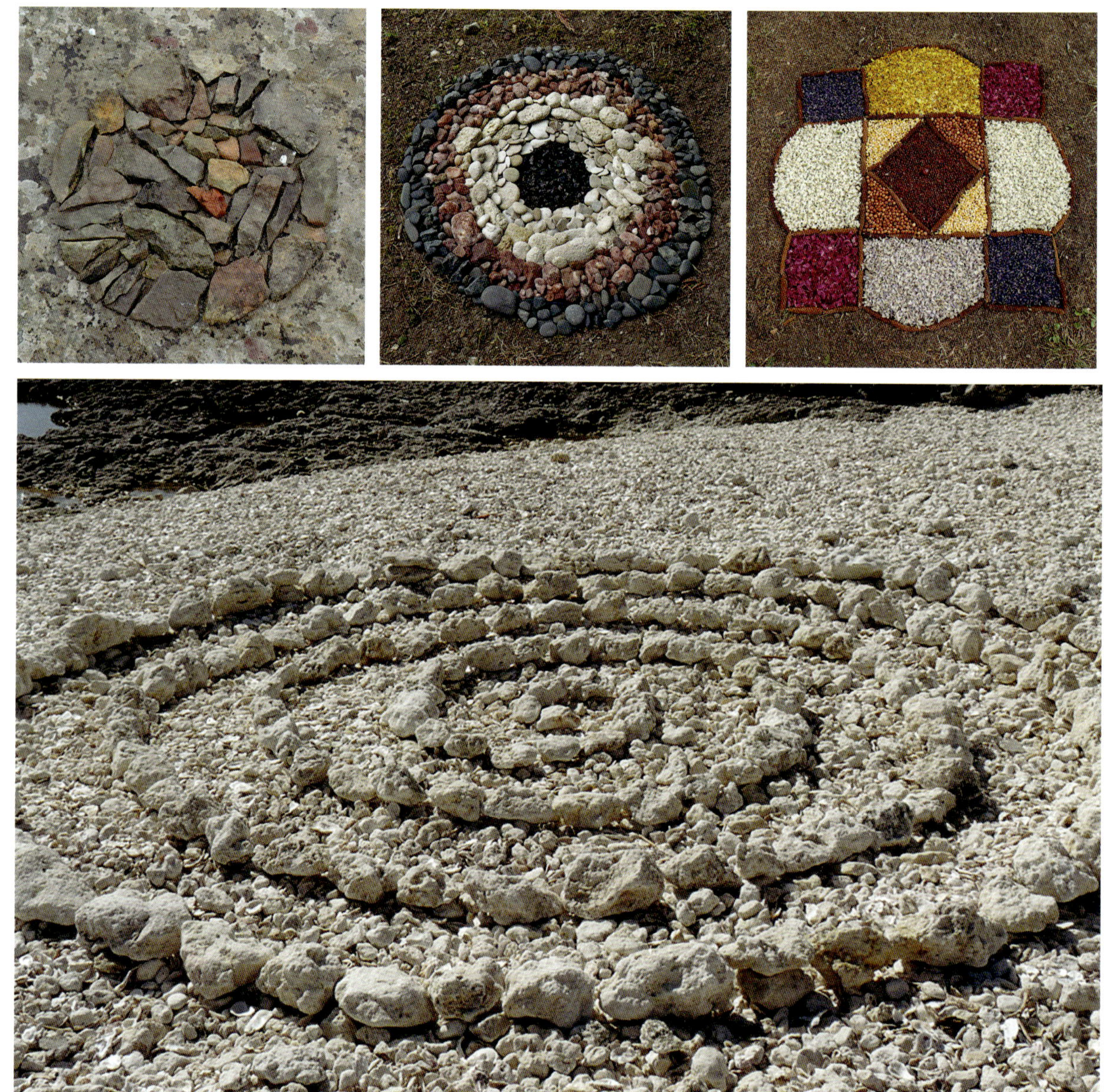

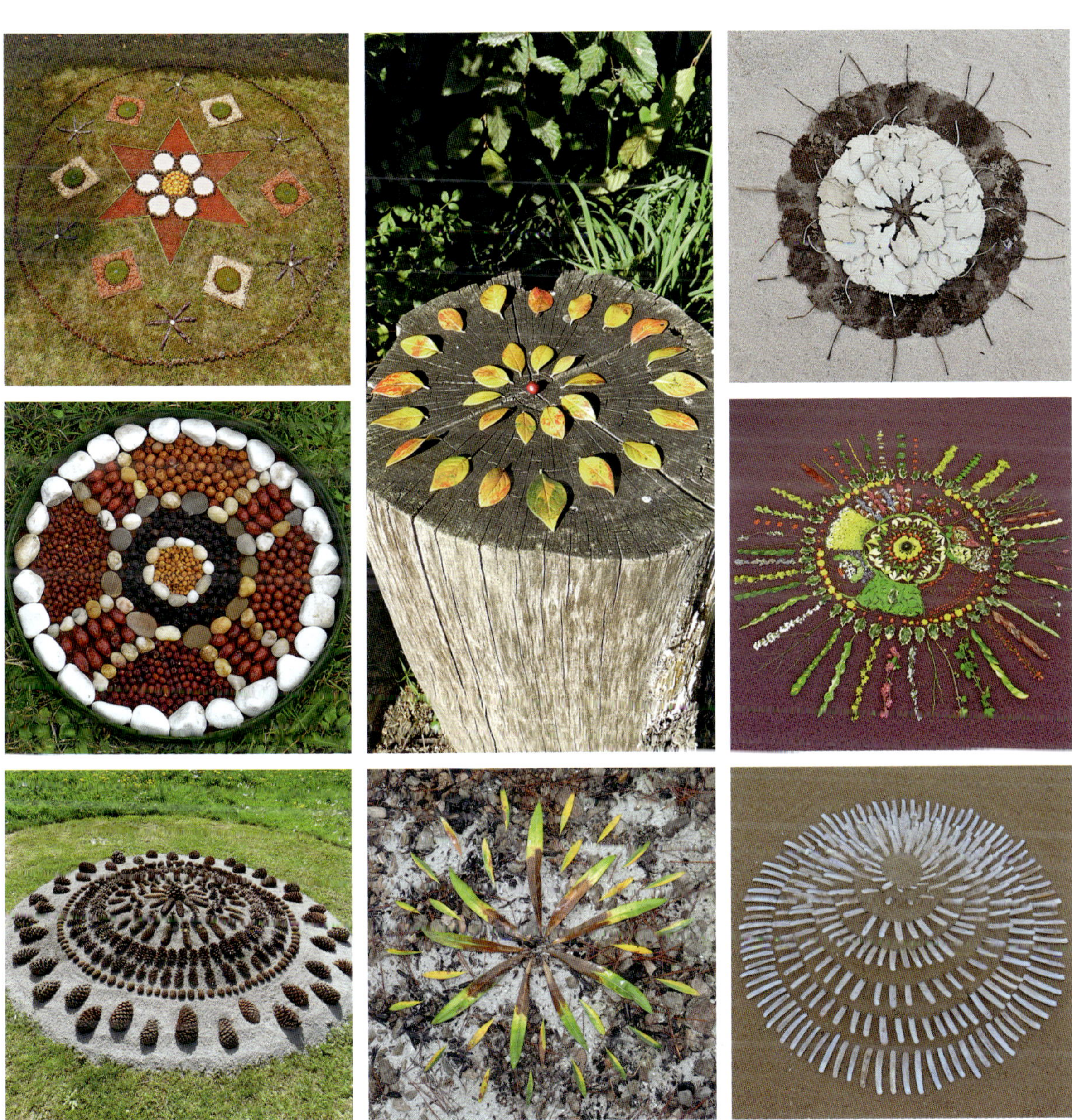

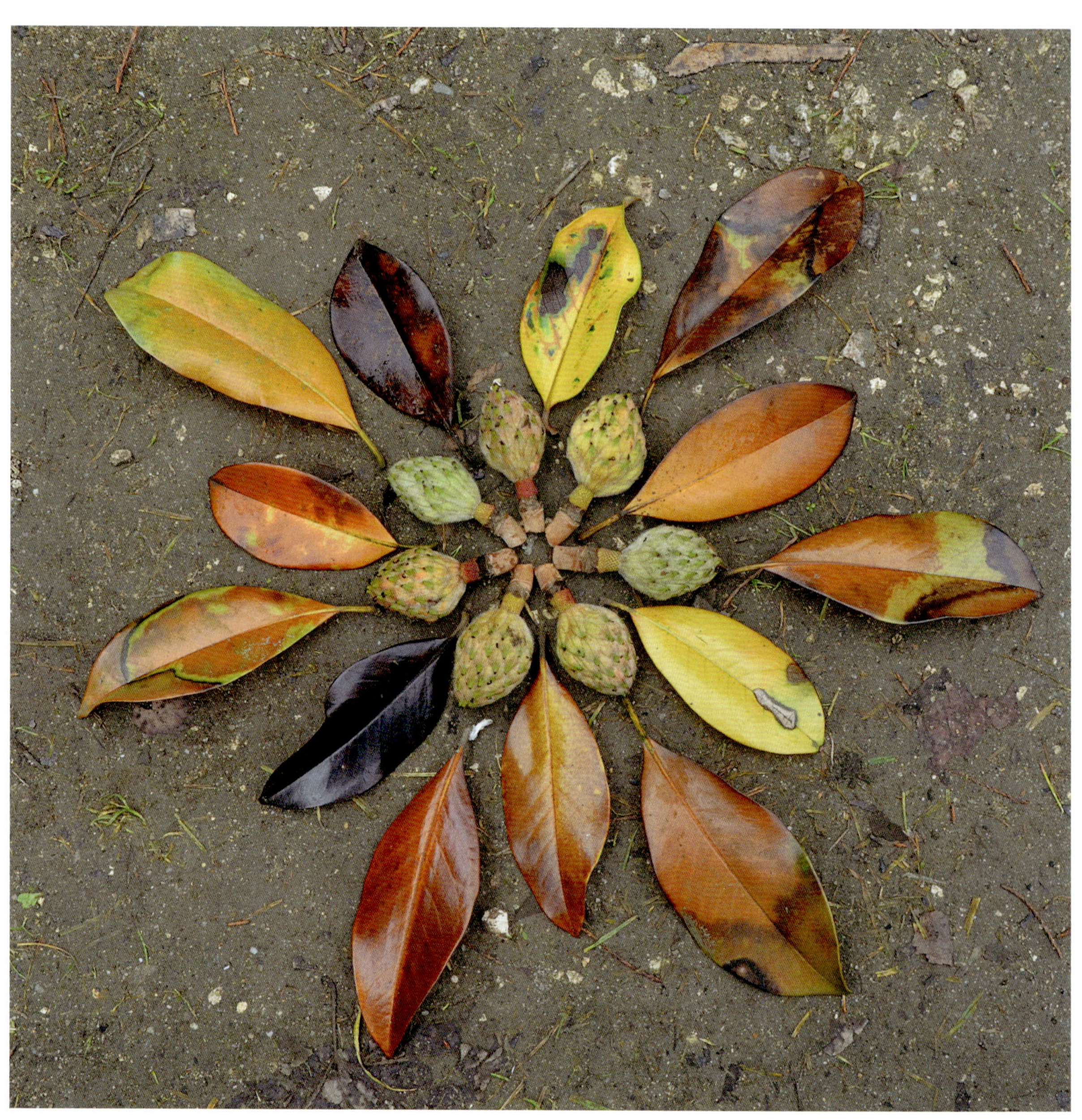

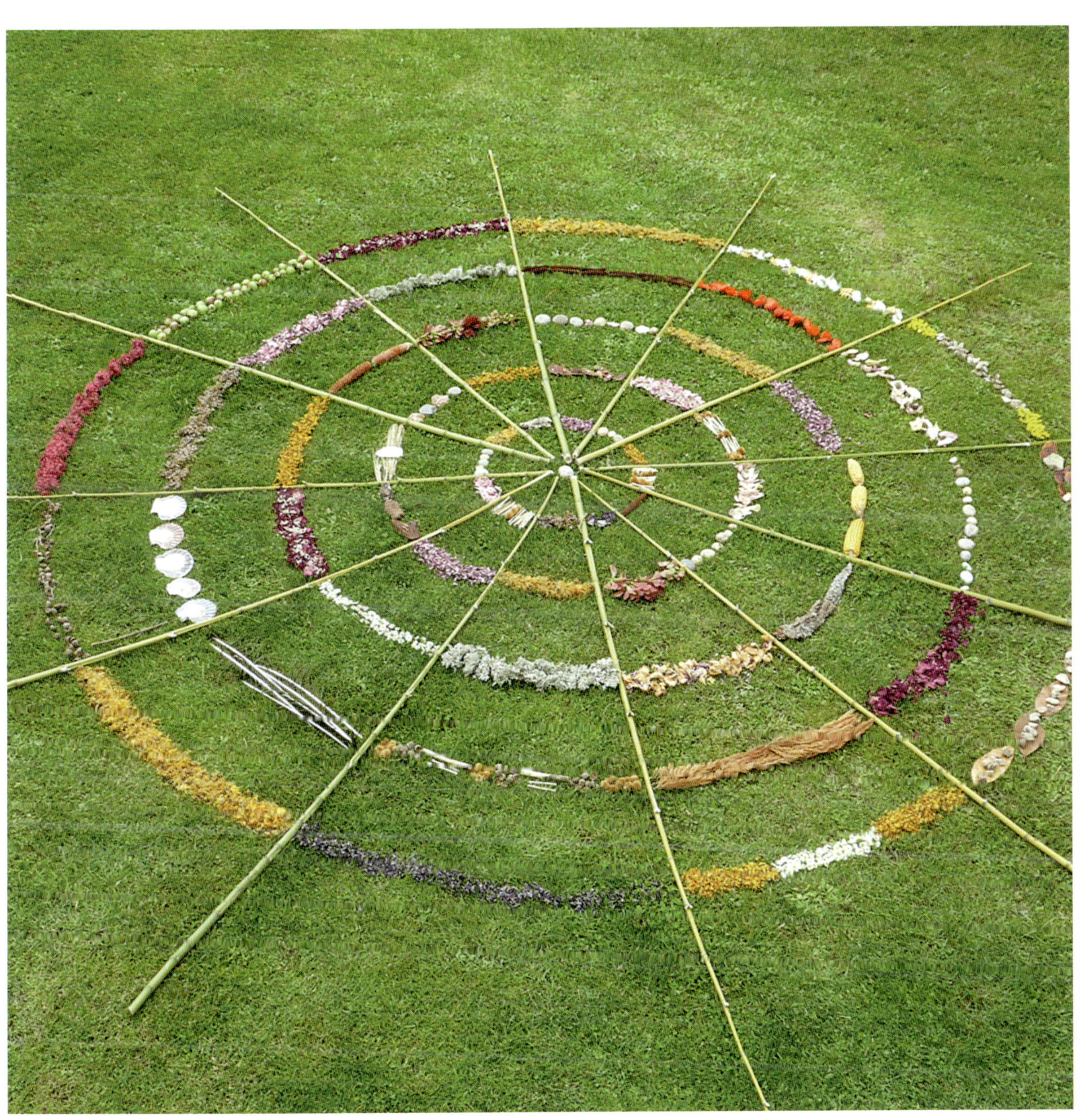

Eine Ausstellung mit den Fotos dieser Veröffentlichung ist erhältlich:

- eingerahmte Fotografien und großformatige Drucke auf Leintuch (sie können im Außenbereich ausgestellt werden)
- Möglichkeit des Legens von Mandalas vor Ort, innen oder außen

Weitere Ausstellungen von Marc Pouyet:

- Künstler der Natur, Künstler des Gartens
- Im Spiel mit der Natur (eingerahmte Fotografien und Spiele, die aus Naturmaterialien hergestellt wurden)
- Naturkünstler in der Stadt
- „Kleine Land Art“

Workshops:

- Mandala-Seminare, Land Art (Kinder und Erwachsene)
- Land Art-Installationen, vergänglich und dauerhaft
- kreative Kunstspaziergänge

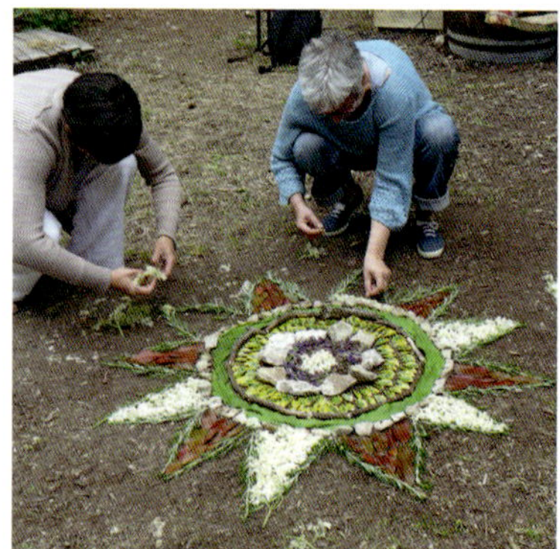

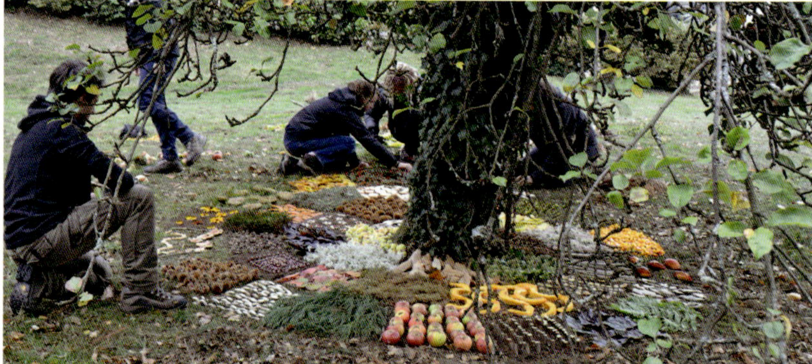

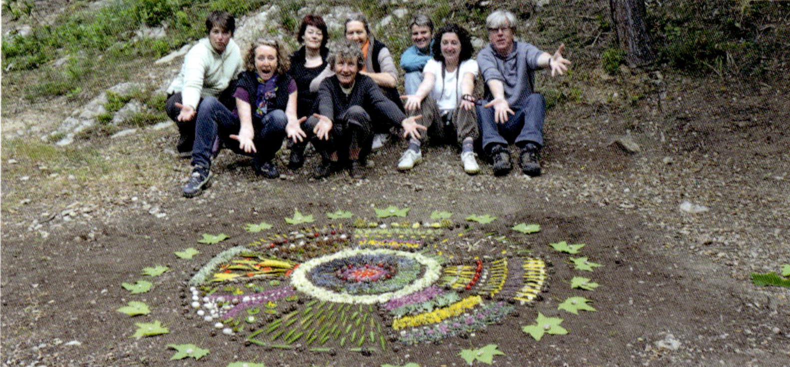

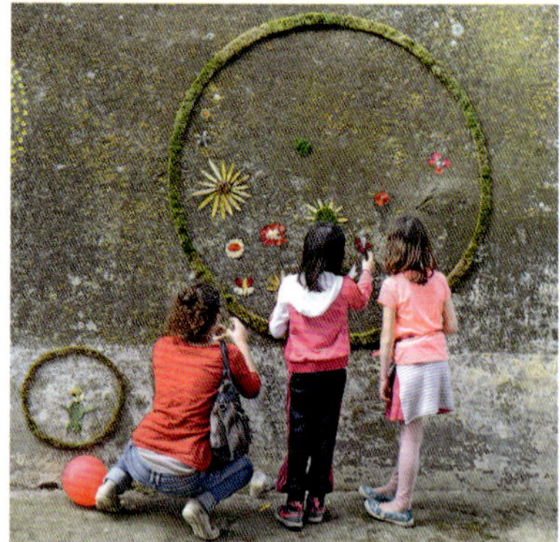

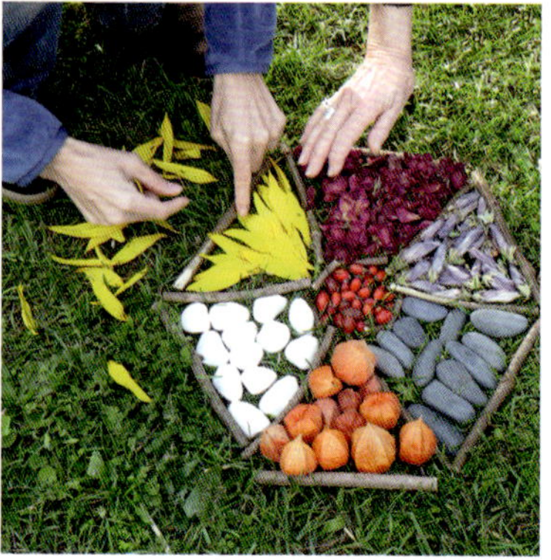

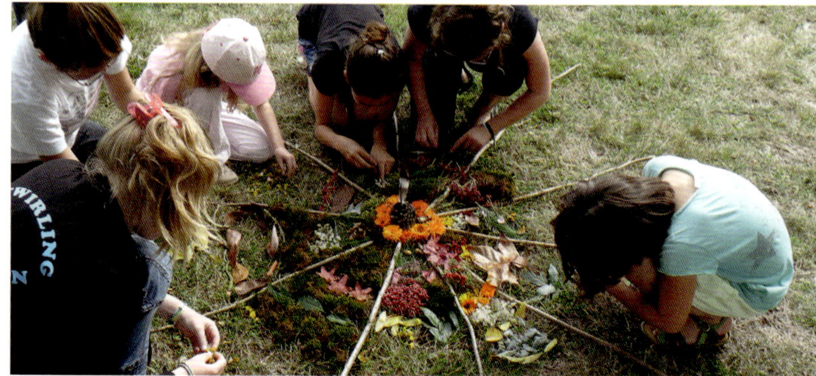

Die Autoren

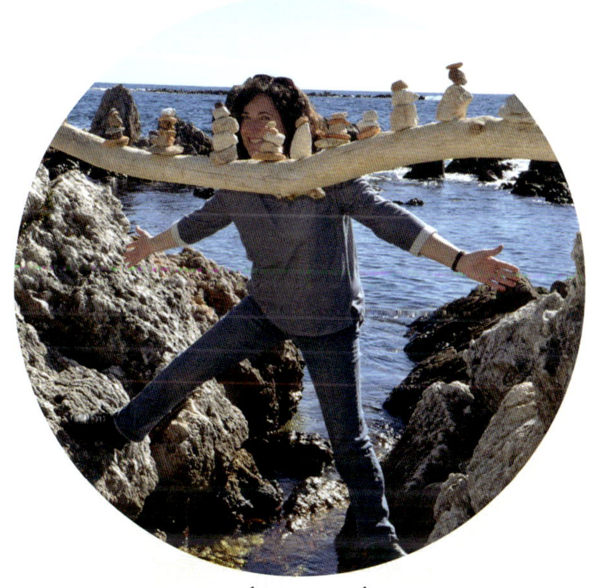

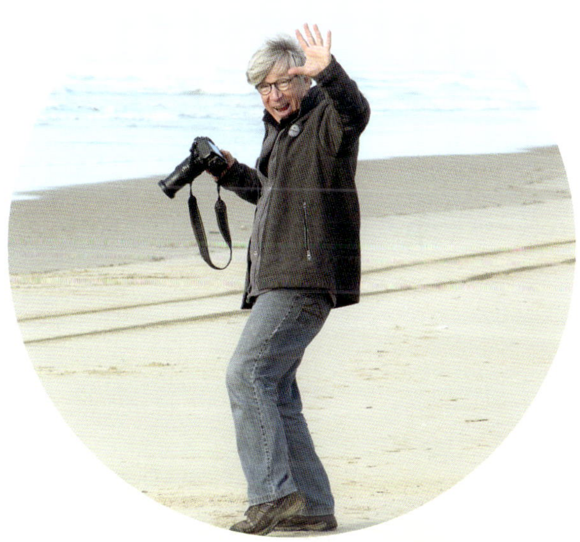

Maïté Millieroux

Ausgebildet in zwischenmenschlicher Kommunikation am Zentrum „Ifrecom“ in Nantes. Individuelle Begleitung von Erwachsenen, Paaren und Kindern. Seminare zur zwischenmenschlichen Kommunikation und Persönlichkeitsentwicklung. Begleitung von Fortbildungen zur Persönlichkeitsentwicklung.

Bildhauerin, Naturkünstlerin
Forscherin in Verbindung mit der Natur. Land Art, Street Art. Kreation vorübergehender Installationen.

Referentin
Workshops zur Kunst für Kinder und Erwachsene, im Umfeld von Schulen und Vereinen. Begleitung von Seminaren und Einführungen in die Land Art.

Maïté Milliéroux
5 impasse des Tuleries 16100 Saint-Brice
(0033)6 22 31 28
landart-maite@orange.fr
www.maite-millieroux.com

Marc Pouyet

Ausbildung zum Grafiker an dem „École d'arts graphiques Corvisart“, Paris
Zunächst in der Werbung beschäftigt, dann Grafiker und Illustrator beim Verlag „éditions Nathan“ im Bereich pädagogische Spiele.
Illustrator für Jugendliteratur
Verlage, Presse, Spiele und Spielwaren
Grafiker

Bildhauer, Naturkünstler
Forscher in Verbindung mit der Natur. Land Art, Street Art. Kreation vorübergehender und fester Installationen.

Referent
Workshops zur Kunst für Kinder und Erwachsene, im Umfeld von Schulen und Vereinen. Begleitung von Seminaren und Einführungen in die Land Art.

Marc Pouyet
Les Plaines 23260 Saint-Maurice-près-Crocq
(0033)5 55 67 80 04 // (0033)6 47 42 30 40
pouyet.marc@wanado.fr
www.marc-pouyet.net

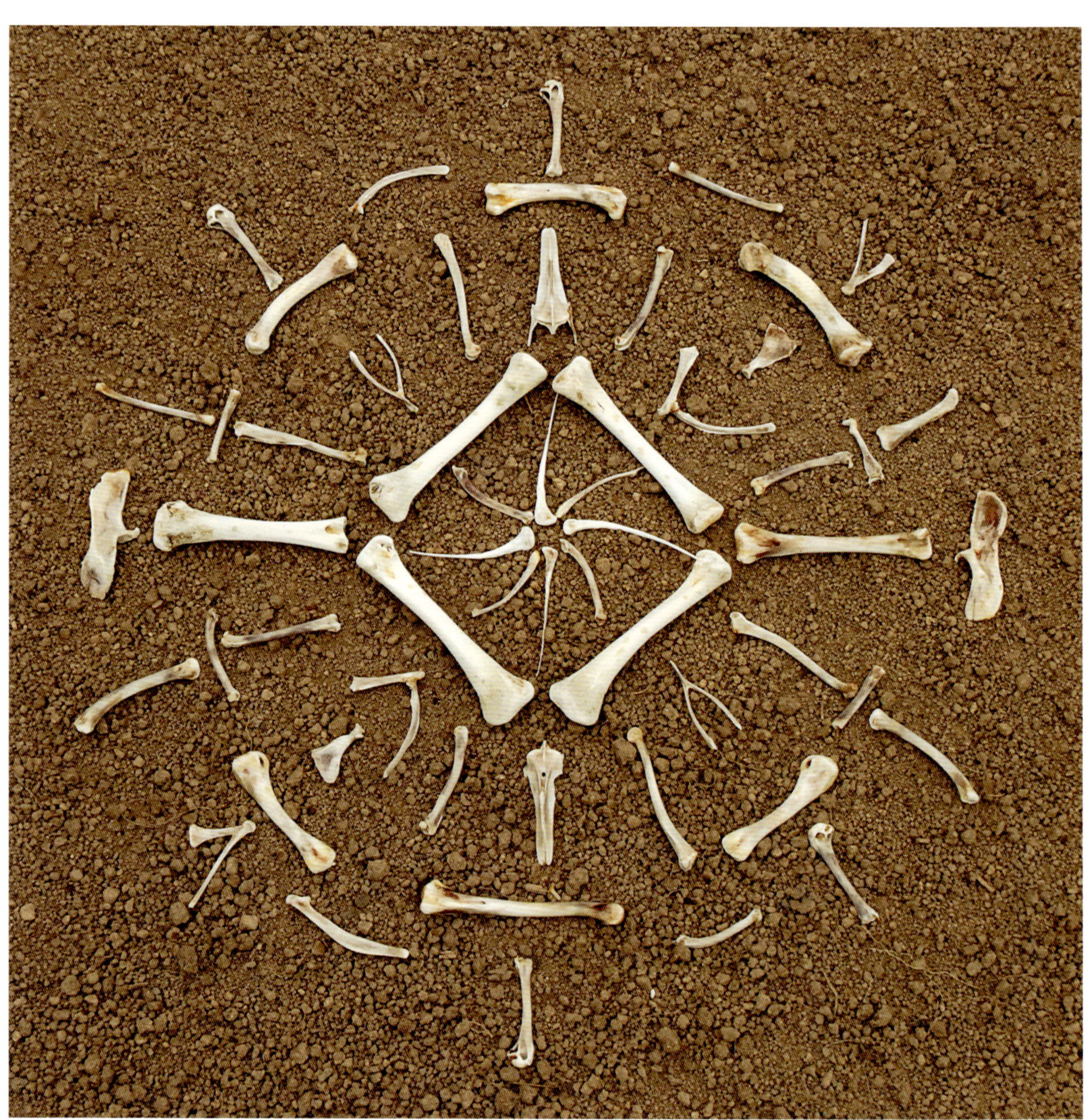

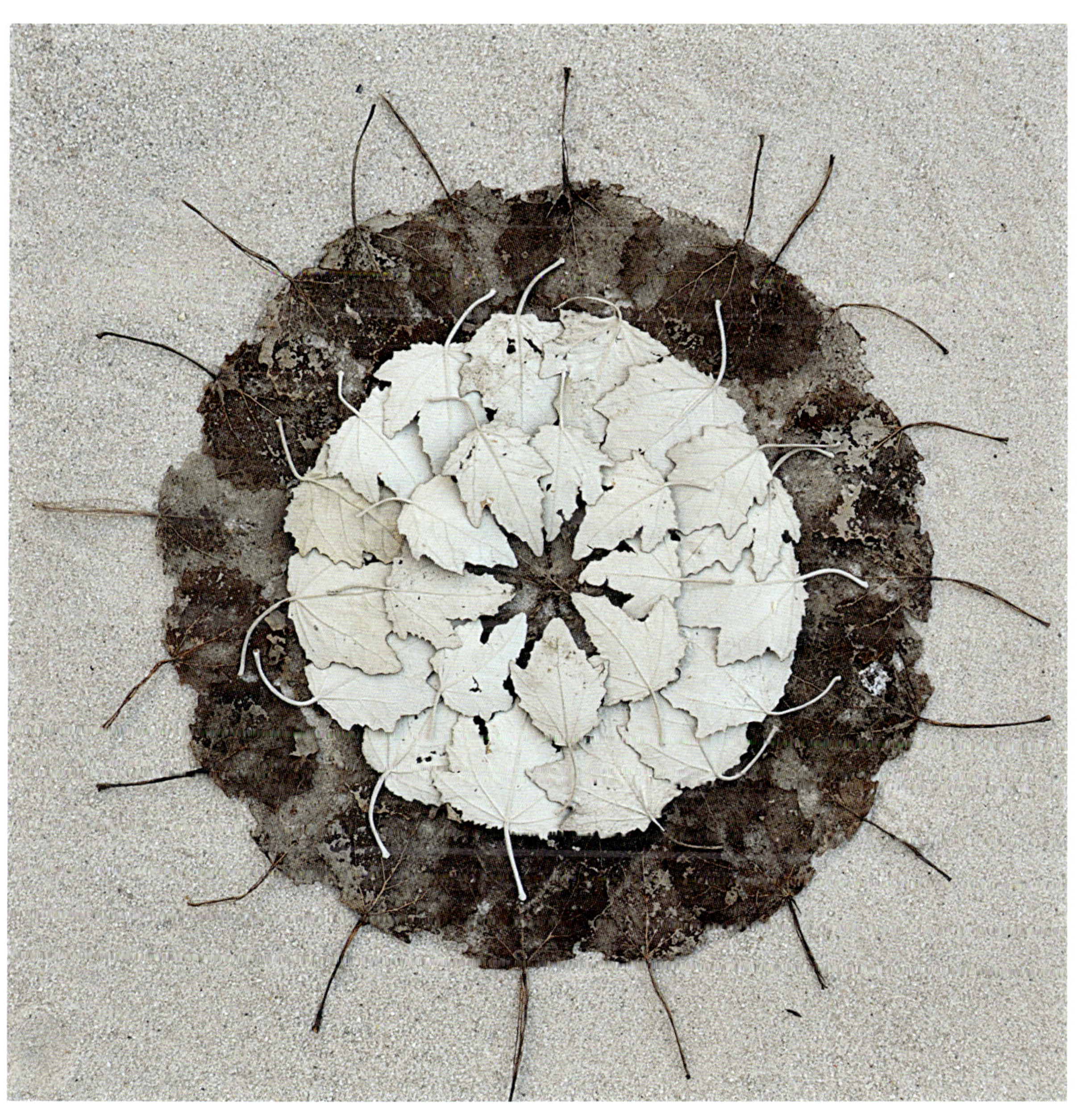